企业风险防控三道防线

顶层设计、应对方法与经典案例分析

尹维劼————著

人民邮电出版社

北京

图书在版编目（CIP）数据

企业风险防控三道防线：顶层设计、应对方法与经
典案例分析 / 尹维劼著. -- 北京 ：人民邮电出版社，
2024.2
　ISBN 978-7-115-62956-2

　Ⅰ．①企… Ⅱ．①尹… Ⅲ．①企业管理－风险管理
Ⅳ．①F272.35

中国国家版本馆CIP数据核字(2023)第225337号

内 容 提 要

　　风险防控是企业生存与发展的保障，企业做不好风险防控，就难以安全生产。

　　本书从顶层设计、第一责任、一体化、合力这4个维度诠释了企业风险防控的要点，提供了100个经典案例及大量的图表、示例，加之实战心得，使读者阅读起来直观、有身临其境之感，同时有助于读者掌握防范与化解风险的本领。

　　本书适用于企业中高层管理者与关键岗位人员、会计师事务所与其他中介机构从业人员、企业管理咨询师和从事企业研究与监管的学者等，也可作为企业普通员工的风险防控工作手册、咨询机构的培训教材及备考风险管理师的参考书。

◆ 著　　　　尹维劼

　　责任编辑　刘　姿

　　责任印制　周昇亮

◆ 人民邮电出版社出版发行　　北京市丰台区成寿寺路 11 号

　　邮编　100164　　电子邮件　315@ptpress.com.cn

　　网址　https://www.ptpress.com.cn

　　天津千鹤文化传播有限公司印刷

◆ 开本：700×1000　1/16

　　印张：17.75　　　　　　　　　2024 年 2 月第 1 版

　　字数：234 千字　　　　　　　2024 年 2 月天津第 1 次印刷

定价：98.00 元

读者服务热线：(010)81055296　印装质量热线：(010)81055316
反盗版热线：(010)81055315
广告经营许可证：京东市监广登字 20170147 号

前言

21世纪初，企业风险问题引起人们的广泛关注。近些年，金融危机、欧债问题等加剧了国际社会的不稳定，企业风险陡增，关乎企业的生存与发展，许多企业因自身风险防控能力弱而在竞争中被淘汰。风险防控是企业生存与发展的保障，企业要想持续健康发展，就必须具备高水平的风险防控能力。现在许多企业已深知风险防控的紧迫性、重要性，但不知该从何下手才能做好风险防控工作。基于此，笔者精心编写了本书。

本书以问题为导向，从问题出发，深入剖析问题，落脚于解决问题；注重理论与实践的结合，相关经典案例均来自真实情景；强调体系化，逻辑结构严明。

本书内容结构严谨，从4个维度诠释了风险防控的精要之处。

一是顶层设计。企业如何下好风险防控的一盘棋，这是风险防控顶层设计问题。首先，企业必须增强风险防控意识，建立缜密的风险防控逻辑思维；其次，企业必须做好防线布局、制度布局、数智化布局和文化布局，统筹风险防控工作。

二是第一责任。企业业务单元及其支持部门，是风险防控的第一道防线，承担首要的直接责任，即第一责任。企业要善于辨识风险，分清战略风险、市场风险、运营风险、财务风险与法律风险及其二级风险的特征。企业应对风险的措施主要有构建风险事件库、完善风险预警指标体系、做好重大风险事件的应急管理。

三是一体化。风险管理、内部控制和合规管理是风险防控的第二道防线，实施一体化管控有利于提升这道防线的效率与效果。企业要构建一体化的组织体系与运行机制，同时要在一体化的总架构上充分发挥风险管理、内部控制和合规管理各自在风险防控中的优势。

四是合力。审计监督、监察监督和监事监督是风险防控的第三道防线，因三者讲究独立性，所以应注意监督的合力。企业要克服部门各自为政的毛病，夯实监督合力的根基，构建以风险为导向的大监督组织体系；审计部门、监察部门及监事会（或监事）要针对风险防控的目标，开展有特色的监督工作。

笔者从事风险防控及其相关工作 20 多年，尤其在近几年带领团队对风险防控做了大量细致的调研工作，在许多方面取得了具有创新性的成果，并在实际工作中加以运用，成效明显。本书能够出版，得益于人民邮电出版社的鼎力支持，也得益于风险内控合规工作团队成员李昊泽、曾妮、胡铁军、刘晓娜、徐毅等的辛勤付出，还得益于德勤咨询吴俊、胡明哲等的帮助，在此深表谢意！

尹维劼

2023 年 11 月 18 日

于北京万年花城

目录

第1篇
顶层设计：如何下好风险防控的一盘棋

1

第 2 篇
第一责任：担当风险防控的先锋

第 3 章　慧眼识风险：第一道防线的风险辨别方法

第 3 篇
一体化：如何处理好风险管理、内部控制与合规管理之间的关系

第6章 切中窾要，相得益彰：风险管理、内部控制与合规管理作用的发挥

顶层设计：如何下好风险防控的一盘棋

发展是企业的第一要务，但光追求发展而忽视自身的安全可能会使企业处于万劫不复的地步，所以风险防控对于企业来说相当重要。风险无处不在，风险防控在企业中应当是全方位、全过程的，而且是上下同心，全员参与。风险防控就好像我们在下一盘围棋，首先我们应当明白下棋的逻辑思维；其次要进行合理的布局；最后才是做具体的工作，以走好每一步。风险防控的顶层设计即依据逻辑思维进行的合理布局。

第 1 章 | **风险防控逻辑思维：从识别风险到**
应对风险

1.1　定海神针：企业做不好风险防控，就难以安全

1.1.1　案例导读

问题提出

风险防控体系薄弱导致企业陷入危险境地

DX 集团的资本扩张始于 2012 年，之后 7 年间完成实质性的重大并购多达 20 次。随着集团产业的高速扩张，DX 集团各种荣誉加身，财富一路飙涨。但大手笔融资下激进的多元化扩张，为日后的危机埋下了"地雷"。2019 年，DX 集团引爆了"地雷"，DX 集团营业收入为 344 亿元，亏损却高达 329 亿元；账面货币资金蒸发近 500 亿元，其他应收账款却从期初的 102 亿元猛增至 659 亿元，暴涨了 557 亿元。至 2023 年，DX 集团业绩爆雷已 4 年有余，盲目扩张的后遗症仍在持续，旗下两家上市公司连续 3 年亏损。该集团想要解决债务危机，还遥遥无期。DX 集团涉足产业领域过多、扩张速度过快、产业投资过于激进，内部经营管理水平和风险管理能力未能及时跟上。企业扩张和发展速度与其风险防控能力严重不匹配。2019 年，在国内经济增长逐步进入新常态以及国家去杠杆的背景下，DX 集团盈利能力和偿债能力骤然恶化，遇到了前所未有的生存危机。

如何破解

构建企业风险防控体系

企业做不好风险防控，就难以安全。企业应当构建风险防控体系，企业风险防控体系应当是全方位的：其一，高层一致高度重视风险防控，以强化全员的风险防控意识；其二，进行风险防控的顶层设计，以统筹好各方面的工作；其三，顺应发展阶段提升风险防控能力，有针对性地解决风险事件。

知识术语

风险防控

风险防控是指企业采取适当的方法与措施降低实际偏离目标的可能性，或者将实际偏离目标的程度控制在适当的范围内，以避免不利于企业目标实现的情形发生。企业最危险的事就是失控。企业要制订计划、做好预算等，如果实际情况与这些既定计划或预算发生了偏离，企业可能会陷入危险。企业风险就是实际偏离目标，这种偏离会使企业处于失控的状态。企业风险防控，就是避免出现失控的状态。

1.1.2　企业目标与风险防控

实施风险防控是企业实现目标的有力保障。企业根本的目标是发展，增加企业价值，满足各利益方获得财富的需求。但企业发展的道路会有障碍与波折，绝大多数不会一帆风顺。这是因为事物的发展具有天然的不确定性。这种不确定性带来的风险是常态，但绝不能任其发展，必须加以防范与控制，这样企业的目标才更有可能实现。

随着现代企业制度的建立，股东的权利得到了法律的保障，所有者与经营层的契约关系得到了明确，从而调动了主要利益方的积极性，企业因此得到了迅速发展。当初企业追求的目标是利润，是眼前可用于支付的现金。由于社会产品在多数情况下处于供不应求的状态，提高生产效率和实施严厉的管理是获利的主要手段，那时企业主要防控运营风险和财务风险。企业盲目追求眼前利润的动机，很快使供不应求变成了供过于求，结果出现了整个社会的经济危机。那时的企业风险表现为社会性的经济危机，是企业在市场竞争中产生的风险，市场风险的防控成为当时的突出领域。证券上市制度的诞生，让公众公司更加希望从市场募集到更多的资金，以用于企业的扩大再生产，赚取更多的利润，这时企业追求的是较为长远的利润。在社会预期利润较高的情况下，股价就会有所上升。企业的战略思维显得尤为重要，对战略风险的防控成为重点。自21世纪以来，美国及欧日频繁发生公司重大舞弊案，诚信经营问题为社会公众所关注，法律风险防控应运而生。现代企业讲究五大目标的实现，即战略目标、市场经营目标、运营目标、财务目标和法律目标。做好对战略风险、市场风险、运营风险、财务风险和法律风险的防控是实现企业主要目标的保障。

1.1.3 企业风险防控坚守的原则

1. 目标导向，系统推进

以战略目标、经营目标为核心，同时兼顾运营目标、财务目标和法律目标，促进企业实现这些目标是企业风险防控的出发点，也是最终落脚点。要系统考虑对战略风险、市场风险、运营风险、财务风险和法律风险的防控，建立融合、统一、高效的风险防控体系。

2. 明确责任，协调有序

企业风险防控应当分层分级，层即三道防线，级即管理层级，加强部门横向、单位纵向间协调与联动，形成有机融合、协调运转、精干高效的工作格局。第一道防线为第一责任，第二道防线为归口管理责任，第三道防线为监督责任。企业要明确各级风险防控的责任主体，各部门、各岗位要在风险防控工作中认真履行职责。

3. 全面覆盖，突出重点

企业风险防控应当树立全面风险防控意识，切实将风险防控体系覆盖各领域、各部门、各业务流程；同时，应当针对本企业的特点、所处的实际情况以及未来的时势，加强对风险易发的重点岗位、重点领域、重点环节的风险防控。

4.持续改进，不断优化

风险防控是企业日常经营管理的一项重要工作，企业应当遵循 PDCA（Plan，计划；Do，执行；Check，检查；Action，调整）的闭环管理规则，不仅要做好计划与执行工作，还要进行监督检查，并及时对发现的不足进行改进。风险防控工作应与企业经营规模、业务模式、市场竞争状况及企业文化等相适应，并借助信息化、人工智能、区块链等先进技术不断优化，以提升工作水平与工作效率。

1.2 善于洞察：准确识别风险

1.2.1 案例导读

问题提出

境外风险如何识别

进入 21 世纪，我国"走出去"的企业越来越多，"走出去"的企业如何防范与化解境外各类风险，成为这些企业面临的突出问题。我国知名企业承建并运营的蒙巴萨至内罗毕标准轨距铁路项目（蒙内铁路）起初对境外风险的感知极其缺乏，没有境外风险界定及分类标准，全球多语种信息外围风险感知难度大，对风险事件深度分析研判模型建立无经验。面对这些情况，如何准确识别境外风险呢？

如何破解

借助外力运用数据智能技术识别风险

积极应对境外环境变化带来的冲击与挑战，关键在于提升境外风险识别能力，运用现代技术进行常态化监测、预警、研判。中国科学院某研究所的产业化平台创建了集多语言、跨模态、开源数据搜集与分析行为为一体的 WH 平台，融合和处理全球多语种数据，通过全媒体信息监测、自动聚类、多维度热点发现、敏感性甄别等技术，及时帮助企业掌握境外的舆论导向，及时发现企业境外风险。该平台企业就蒙内铁路在国际媒体和国际社交平台上，对有关中、英、法文报道进行了某一时段的周期监测与分析，从国际媒体关注度、国际社交平台讨论热度等方面进行解析，并输出相关报告。综合来看，国际媒体及国际社交平台对蒙内铁路关注度较高，国际舆论以中立和正面信息为主，但也不乏对项目造价成本、征地拆迁、环境保护、劳工聘用、贪污腐败等方面的质疑。这五个方面的质疑，就是该企业面临的五大风险。

知识术语

风险识别

风险识别是指企业发现、辨识和表述风险的过程。风险识别也是查找企业各业务单元及重要管理环节有无风险、有哪些风险，并对风险及其特征进行明确的定义描述，使企业系统、科学、准确地了解当前自身存在的风险因子，以对不同程度风险采取有效的、有指向性的应对措施。

1.2.2 风险信息的收集

风险识别的第一步，就是要广泛地、持续不断地收集与本企业风险防控相关的内外部信息，包括历史数据和相关预测信息。信息源于企业外部及内部，包含与企业经营管理相关的财务及非财务信息，如从外部获取的行业、经济、政策法规等信息以及内部产生的经营管理、财务等方面的信息。及时、准确地收集、传递信息是确保企业对信息进行有效风险识别的重要保障。信息收集包含内部信息收集和外部信息收集，具体信息收集框架如图 1-1 所示。

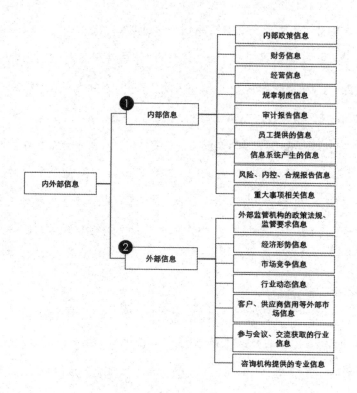

图 1-1　具体信息收集框架

　　在信息使用过程中，企业应充分重视信息质量。对信息质量的控制包括确认内容的真实性、准确性、时效性，以及信息是否具有可存取性等。在信息的获取、处理、分析和报告过程中，企业可充分利用信息系统技术手段，通过统一的信息平台，发挥信息集中和整合管理的优势，逐步实现信息的标准化管理，提升信息质量和利用的效率、效果。企业若缺乏现代化信息收集技术，可寻求外部资源的支持，通过外包的方式来解决有关技术问题。

1.2.3　甄别风险的方法

1.传统风险识别方法

传统风险识别方法可根据实施特点的不同分为三类：查询类风险识别方

法、支撑类风险识别方法、情景分析类风险识别方法。

（1）查询类风险识别方法

查询类风险识别方法是通过将风险因子以列表或清单的形式呈现，对列表或清单内的风险因子逐一辨识，或通过现场走访调查的形式，采用观察、问询等直接方式识别风险。查询类风险识别方法包括检查表法、列表检查法、现场观察法、风险清单分析法等。

查询类风险识别方法的优点在于，在风险管理资源配置不均衡的企业没有办法开展更为细致的风险防控工作时，风险评估人员借助查询类风险识别方法可以快速上手风险识别工作。其局限性在于，由于建立了较为翔实的风险列表或清单，风险评估人员对其产生依赖性，同时，风险识别太过聚焦于细节，过多的现实因素不能体现出风险的本质。此外，查询类风险识别方法会限制风险评估人员的思考，使其不能针对多变的内外部环境，实时调整风险列表或清单，导致风险识别不全。

目前，很多企业在开展风险防控工作时都建立了风险事件库，利用风险事件库对风险进行识别。该方法能够较大地提升风险识别效率，但是由于风险事件库更新不及时，加之风险评估人员过度依赖，因此风险识别结果可能与实际情况不相符。然而，对于大型企业而言，其因体量较大、业务复杂、风险评估人员较多，采用此种方法仍十分必要，但企业需要建立更加灵活的风险事件收集、反馈和报送机制，以在一定程度上克服此种方法在时效方面的局限性。

（2）支撑类风险识别方法

支撑类风险识别方法指企业依靠专业领域人士的经验对风险进行识别，通过多位专家提出的意见或建议，形成风险识别最终结果。支撑类风险识别方法包括专家调查法、头脑风暴法、结构化假设分析、人因可靠性分析、集合意见法、座谈讨论法、结构化 / 半结构化访谈、问卷调查法、风险暴露计分法等。

支撑类风险识别方法的优点在于，依托专家的丰富知识和经验，对风险的判断更加专业，角度更加广泛，可以弥补查询类风险识别方法的不足之处。同时，专家可以更加快速地对风险进行识别，从而提升风险识别工作的效率。其局限性表现在，该方法受限于专家在相关领域的主观判断，由于外部专家对企业情况了解甚少，做出的判断可能与企业实际情况不相符。在实务中，企业因无法提供相对全面的支撑性数据、资料、详细评价规则等多维度信息，不同专家的视角、经验不同导致对风险识别的把握的主观性和随意性较强。

（3）情景分析类风险识别方法

情景分析类风险识别方法，一般指在特定情景下，面对某一风险，分析其发生的原因、过程和结果，以达到风险识别目的的一种方法。其包括根本原因分析、情景分析、故障树分析、事件树分析、定性决策树分析、因果分析、特性要因分析／鱼骨图、业务影响分析、压力测试等。

情景分析类风险识别方法的优点在于，在某一场景下，还原具象的事件脉络，呈现风险因子的影响方式与影响程度，有助于企业直观清晰地考虑风险间、事件间、风险与事件间的相互关系，准确辨识风险因子与潜在后果，并对风险进行评估，从而对潜在危机、极端情形进行预防与应对。现阶段情景分析类风险识别方法大多用于数据基础较好的金融类企业，如开展敏感性分析、压力测试等；而一般企业对情景分析类风险识别方法则应用不足，原因在于情景分析类风险识别方法要求对事件的细节有清晰的呈现，而在多数企业现阶段的风险防控过程中，还原事件脉络并进行风险因子标准化比较困难，对风险因子进行敏感性分析则更难以实现。随着数字化时代的到来，"云大物移智"技术被企业广泛应用，未来应用场景更加复杂多样，但数据的可获取性将不再是壁垒，企业需要引入情景化的风险防控思维模式，不仅要对重大风险、风险事件进行管理，同时也需对特定情景下的风险成因 / 诱因进行管理，通过清晰化风险间、事件间、风险与事件间的相互关系，结合风险建模和机器学习技术，提升风险评估和预测的准确性。

2. 创新风险识别方法

为了使风险事件识别方法更具有灵活性、系统性、可操作性以及本地化的特点，"风险因子—风险事项—风险后果"三段论创新方法应运而生。①风险因子，也称风险因素，是指引起或增加风险事项发生的概率的条件，是风险事项发生的潜在原因。不同领域的风险因子表现形态各异，例如，一栋大楼所用建筑材料的质量和建筑结构的合理性都是造成房屋倒塌风险的潜在因素，受托人超越委托人授权投资范围进行投资是导致投资亏损的潜在因素，不按规定流程进行岗位操作是造成安全生产责任事故的潜在原因等。②风险事项是包含于风险事件的，是对目标实现产生作用的偶发事件，风险事项的发生对目标实现可以是负面的影响，也可以是正面的推动，或者两者兼而有之。风险事项是造成风险后果的直接的或外在的原因，风险只有通过风险事项的发生，才有可能导致风险后果。③风险后果即损失，是指非故意的、非预期的和非计划的经济价值的减少或消失。通常，风险损失包括财务损失、法律损失、剩余损失、安全损失、环保损失、营运损失等。风险因子、风险事项和风险后果三者构成有机整体，且存在因果关系：风险因子增加或导致风险事项的发生，风险事项的发生则引起风险后果，给企业造成损失。企业面对错综复杂的业务，如何识别风险因子、准确定位风险事项、判定风险后果是风险识别的关键。基于"风险因子—风险事项—风险后果"三段论，创新风险识别思路和方法可分为目标、业务、事项三种。

（1）**基于目标的风险识别思路与方法**

①风险识别思路。

风险与目标高度相关，风险的实质是影响目标实现的可能性。风险发生于目标实现过程中，没有目标就无所谓风险，因此从风险的本质出发，在创新思路下首先要基于评估对象的目标开展风险识别。

②风险识别方法。

基于目标的风险识别方法，需要建立综合性、系统性的研究分析问题的思维方式，确定实体、业务、情景的目标，再对关键因素和结果做出系统的、合乎逻辑的分析，以此识别影响目标实现的可能性，确定风险。

在风险评估人员的实际风险识别工作中，首先需要考虑的是企业的目标有哪些，以及这些目标的拆解子目标有哪些，如本企业的战略目标、经营目标、运营目标、财务目标、法律目标，可对其进行分解细化，在此基础上梳理和划分与目标相关的业务事项，进而围绕事项开展风险识别评估。风险识别与评估结果若没有与目标及其各类子目标建立起联系，无法直观地展示风险可能对目标造成的影响，则识别出的对象不符合风险的定义，不应将其纳入风险的范畴加以管理。

在将目标定义清晰的基础上，风险评估人员需要从不同维度对影响这些目标实现的内外部风险因子和风险事项进行分析。潜在的因素可能对企业有正面的影响，也可能有负面的影响或者两种影响同时存在。对企业有潜在负面影响的因素和事项是企业需要加以关注的风险，企业的风险评估人员及管理者需要对其进行评估和应对。具有负面影响的因素或事项包括未发生的因素或事项，以及已发生的因素或事项。当对这些因素与事项管理不力，事项未按照预定的态势发展，出现目标难以实现的结果时，即风险发生的时候，风险评估人员就需据此提出风险，明确风险事件。

示例：

企业战略目标的实现对企业而言十分重要，战略目标可以再分解为各类子目标，企业经营活动以及各部门开展的业务事项与该目标的实现息息相关。在开展风险识别时，企业需要结合目标的确定性程度来识别其中的风险，即需要识别给目标实现带来不确定因素的事项，此类事项即为风险。换言之，如果某些目标实现的不确定性很低，比如财务目标中某些融资规模、成本已经通过合同做出了约定，财务费用几乎不存在不确定性，那么风险评估人员可以不将其列为风险。

（2）基于业务的风险识别思路与方法

①风险识别思路。

风险的实质是影响目标实现的可能性，目标是一个既定结果。然而在实现过程中，目标往往都是具有综合性的特点，目标的实现往往是个很复杂的过程，跨层级、跨产业、跨专业，给风险评估人员开展风险识别工作带来很大的困难和挑战。因此当风险评估人员无法从复杂事项中厘清明确的目标，或者目标综合性较强、影响因素较多时，可以从实现目标的过程入手，引入基于业务的风险识别思路。

企业持续经营的背后依托于具体业务，而业务的运转由一系列的业务流程组成，这些业务流程解决了实现企业目标需要做哪些事情，以及这些事情怎么做的问题。因此，基于业务的风险识别思路是基于业务发展的脉络，从业务流程入手，分析并识别各环节、各步骤下影响管理要求达成、控制目标实现的不确定因素。

②风险识别方法。

基于业务的风险识别方法要求对流程的每一阶段、每一环节逐一进行梳理分析，从中发现潜在风险，找出导致风险发生的因素，分析风险产生后可能造成的损失以及对整个组织目标实现可能造成的不利影响。

风险评估人员在开展风险识别工作时，以业务流程为出发点，对照每个业务环节下的制度等管理要求，按照流程进行风险梳理和识别。对于企业而言，其应当建立一套相对完善且覆盖重要管理和业务领域的流程，依托流程标准化文档（例如流程图、流程说明、流程矩阵等），将一项特定的生产或经营活动按步骤或阶段拆分为若干个环节，将流程拆分为最小单元环节后，可结合有关监管要求、管理制度、内部控制要求、风险控制标准等进行对照、查找风险。

从业务和流程角度实施风险识别，有助于避免传统风险识别方法下可能遗漏风险源的问题，但在一定程度上也容易使风险评估人员陷入业务办理的细节误区，而忽略了风险与目标的联系。因此，在最后环节，风险评估人员应将梳理出的风险进行整理与筛查，评估其是否可能对企业目标产生不利影响，同时还应与企业整体战略目标进行匹配、对照，避免风险识别结果与企业整体战略目标相偏离。

示例：

以并购业务为例，企业进行并购交易，最终目标是实现战略目标。从细分目标的角度而言，战略目标可进一步分为实现规模扩张目标、风险分散目标、收益增长目标、技术获取目标、资源整合目标等诸多目标，既有短期目标，也有长远发展方面的目标。因此，风险评估人员如果采取基于目标的风险识别思路与方法，可能难以从全局性的角度把握多目标要求，而且难以厘清诸多目标之间的关系。此时，风险评估人员可以从业务开展的角度出发，基于业务发展的脉络层层细分，分析并识别各环节、各步骤下影响并购目的达成、控制目标实现的不确定因素。在开展并购业务风险识别时，可以先将业务分解为相对独立的环节，例如并购战略管理、目标识别与筛选、交易执行、交易交割和并购整合环节，然后又细分为具体的流程或步骤。其中以交易执行环节为例，交易执行环节主要包括尽职调查、交易构架设计、融资安排、支付安排、并购估值、交易谈判以及并购协议签署等流程。风险评估人员可按照流程并结合各流程的风险目标和要求逐项筛查识别其中存在的风险。例如，尽职调查环节虽然以法律、风险、财务、商务等为代表的尽职调查工作委托外部专业机构来完成，但并不意味着其中的风险完全转移。其中可能存在来自对方刻意隐瞒、认知差异、时间压力等方面的风险，也可能存在来自专业机构未勤勉尽责方面的风险。因此，基于业务的风险识别思路与方法，风险评估人员需要尽可能地对业务有系统、充分的了解，借助从事此类业务的经验在各个业务环节识别来自企业内外部的风险，从而使得风险识别工作取得事半功倍的效果。

（3）基于事项的风险识别思路与方法

①风险识别思路。

基于目标、业务的风险识别方法，是基于企业目标与经营管理框架的风险识别，基本实现了风险识别的全面性。但在实务中，有时风险评估的对象是具体事项，相比前两者而言更加具体。对于已经发生的风险事项，可以直接采取因果追溯方法进行风险识别；对于未发生的、不确定的、可能对目标产生影响的风险事项，需要综合使用目标辨识、业务辨识、对标辨识、因果分析等方法，才能对该类事项进行全方位的风险识别。基于事件的风险识别方法是对前述两种风险识别方法的补充。

②风险识别方法。

对于已经发生的风险事项，可以采取分析引发风险事项发生的各种影响因素之间的逻辑关系的方式；对于未发生的风险事项，可以采取基于目标辨识、基于业务辨识、对标同类企业、因果追溯分析的复合型方式，达到查找企业业务单元或重要经营活动中有无风险、有哪些风险的目的。

示例：

以某公司内部资产侵占风险事项为例，13 年间该公司人力资源部门主管违法侵占近 3500 万美元，事项时间跨度大，原因复杂。面对此类风险事件，风险评估人员在复盘分析时应首先从内部资产侵占的动机和机会出发，分析可能导致该结果的各类原因，之后将原因细化为各类影响因素，包括雇员品德调查不力、反舞弊机制缺失、管理标准不明、付款权限设置不合理、审计监督不到位、不相容岗位未分离、惩罚奖励机制不完善、反舞弊宣贯不到位等。往往一些影响重大的风险事项由多方面、多维度的复合因素所引起，风险评估人员需要对各类影响因素进行合理组合，并与目前公司的风险控制水平对比，以此确认风险事项所反映出的风险。在这一事项中，通过对风险事项影响因素的深入分析，可进一步归纳为人力资源背调风险、薪酬核算风险、资产支付风险、审计监督风险等。

1.2.4　建立风险分类库

风险分类库是基于企业的发展战略、功能定位以及业务特点搭建的系统化、结构化的风险框架，其作为风险防控基础性文件旨在为企业风险信息收集、识别评估、总结提炼、综合研判奠定基础。风险分类库可分以下 3 个层级。

1. 一级风险

企业风险防控的目的在于通过对风险实施有效的控制来实现企业的五大目标，即战略目标、经营目标、运营目标、财务目标、法律目标，从而最终达成企业的总体目标。为达成风险防控的五大目标，一级风险可划分为战略风险、市场风险、运营风险、财务风险、法律风险，分别对应企业的战略目标、经营目标、运营目标、财务目标、法律目标。

2. 二级风险

二级风险是按照一级风险大类结合管理逻辑和产业价值链等因素划分的若干个风险子类。二级风险是在战略风险、市场风险、运营风险、财务风险、法律风险的基础上划分出来的。例如，战略风险可按照企业重要业务领域和战略管理的流程环节来划分：前者可具体分为人才战略风险、研发战略风险、产品战略风险、投资战略风险、营销战略风险、数字化战略风险；后者可具体分为战略制定风险、战略执行风险、战略调整风险、战略考核风险。

3.风险事件

风险事件是风险的具体体现，是风险的某种状态、现象或行为等对目标影响的表现形式。在实际工作中，风险事件通常包含"事件详情（至少包括原因、经过和结果）"和"对目标（战略目标、经营目标、运营目标、财务目标、法律目标）实现产生的影响"等因素。在风险事件的描述中，明确说明风险事件发生的原因和影响尤为重要，既可以是一个或多个原因对应一种影响或后果，也可以是一个或多个原因对应多种影响或后果。风险事件是风险防控工作中的经验教训的总结，企业应当分析导致事件发生的原因并加以控制，从而降低未来这类事件发生的可能性，尽可能避免风险的重复发生。例如战略执行风险事件可分为以下 3 种情形。

①由于迅速变化的宏观经济环境（包括国内外宏观经济运行情况、行业状况的不确定性等），公司可能不能沿既定战略发展，从而在未来的经营发展中处于不利地位。

②未对战略执行的各阶段实行定期的、有效的监控，或者在监控的过程中未及时解决所发现的问题，可能导致战略实施结果偏离既定目标。

③战略执行的相关配套机制不完善，如战略执行团队、战略资源配备、战略执行政策等因素不完善，可能导致战略执行难度增大，影响战略目标的实现。

1.3　了然于心：合理评估风险

1.3.1　案例导读

问题提出

评估风险分值用加法合理吗

一家消费类企业一直以来采用德尔菲法对风险进行评估，按影响程度和发生的可能性进行评分，取值 0 至 5 分，再进行相加，总分取值范围为 0 至 10 分。2020 年至 2022 年，每年的风险评分值主要集中在 4 分左右，排在前二十位的风险分值差别很小，因此，这家企业对如何评估重要或重大风险产生了困惑，开始质疑两因子分数相加方法的合理性。

如何破解

采用乘法

风险评价一般考虑两个因素，即影响程度与发生的可能性。如风险事件发生虽然可造成较大的损失，但发生的可能性极小（趋近于 0），这样的风险不会列入重要或重大风险；同样，如风险事件发生虽然可能性极大，但可造成的损失极小（可忽略不计），这样的风险也不会列入重要或重大风险。采用加法，这两种情景下的风险都会列入重要或重大风险，并且企业将花费精力持续监控。采用乘法，这两种情景下的风险，因分值趋近于 0，所以只作为一般风险来处理。显然，采用乘法是合理的。

知识术语

风险评估

风险评估是指企业通过一定的方法认定潜在事项影响目标实现的程度，通常从发生的可能性和影响程度两个角度对潜在事项进行评估。通常采用定性和定量相结合的方法进行风险评估。在风险防控中主要识别和分析对实现战略目标、经营目标、运营目标、财务目标、法律目标具有阻碍作用的风险，发现对实现目标具有积极影响的机遇时也要进行适当的提示。企业应当适时评估固有风险（固有风险是指企业没有采取任何措施改变风险的发生可能性或影响程度的情况下，企业所面临的风险）或剩余风险（剩余风险是指企业在采取风险应对措施之后仍残余的风险）。

1.3.2 常用风险评估技术及其适用人群

1. 风险评估技术

（1）德尔菲法

德尔菲法是 20 世纪 50 年代初美国兰德公司的专家为避免集体讨论存在的屈从于权威或盲目服从多数的缺陷而提出的一种定性预测的情报分析方法。它以匿名的方式通过几轮函询，征求专家的意见，领导小组对每一轮意见都进行汇总整理，作为参考资料再发给每个专家，供他们分析判断，提出新的论证，如此多次反复，专家的意见日趋一致，最后根据专家的综合意见，从而对评价对象做出评价的一种定量和定性相结合的预测、评价方法。在风险评估中，由于影响因素繁杂，难以用定量的分析方法解决，必须通过集体主观判断做出决策；对同一风险，每个人的感受和见解均不同；个体之间对同一风险的观点差别太大，有必要采用匿名的方式达成共识。德尔菲法是风险评估的基本方法。

（2）模糊数学法

模糊数学法，是以模糊数学为基础，应用模糊关系合成原理，将一些边界不清、不易定量的因素定量化，从而进行综合风险评估的一种方法。基于模糊数学法的风险评估能较好地解决评估的模糊性问题，也在一定程度上解决了从定性到定量的难题，但是由于风险要素的确定和评估本身带有主观性，因此基于模糊数学法的风险评估结果出现误差也是难免的。

（3）层次分析法

层次分析法是一种定性与定量相结合的、层次化的多准则决策方法，核心是将复杂的问题进行层次化，并在层次基础上进行分析。层次分析法的基本原理是把要决策的问题看成由很多影响因素组成的一个大系统，这些因素之间在一定程度上是相互关联和制约的，而且这些因素根据彼此之间的隶属关系可以组合成若干个层次，再利用相关数学方法对各个因素层进行排序，最后通过对排序结果的分析来辅助决策。近年来，层次分析法被广泛应用于企业风险评估。

（4）蒙特卡洛法

蒙特卡洛法，是一种基于统计学原理，利用计算机来研究风险发生概率或风险损失的计算方法，其本质是统计实验方法。是一种高层次的风险分析方法，主要用于评估多个非确定性的风险因素对项目总体目标所造成的影响。蒙特卡洛法应用于财务风险、投资风险量化评估。该方法的基本原理是用一个数学模型模拟被试验的目标变量，这个数学模型又被称为模拟模型，模拟模型中的每个风险变量的分析结果及其相对应的多方概率值用具体概率分布来描述，然后使用随机数发生器产生随机数，再根据这一随机数在各风险变量的分布中取值。当各风险变量的取值确定后，风险总体结果就可根据所建立的模拟模型计算得出，目前在投资风险、财务风险、工程项目等专项风险评估中，蒙特卡洛法是一种应用广泛且相对精确的方法。

（5）概率统计法

概率统计法是通过概率统计的方法对随机事件进行建模、分析和预测，从而得出一些有意义的结论。其核心是概率模型。

概率模型根据特定的假设将一系列事项以及所造成的影响与这些事项的可能性联系起来，在历史数据或反映对未来行为的假设的模拟结果的基础上，对可能性和影响进行评估。概率模型的例子包括风险价值、风险现金流量、风险盈利以及信贷和经营损失分布的计算等。概率模型可以采用不同的时间范围，用来估计诸如不同时期金融工具的价值范围等结果。概率模型还可以用来评估期望的或平均的结果，以及极端的或非期望的影响。

（6）敏感性分析法

敏感性分析法是一种研究风险的分析方法。企业日常经营中影响战略目标实现的因素非常多，这些不确定的因素实际上会对战略、投资、日常运营产生很大的影响，因此出于战略选择、投资决策的需要，企业应对这些不确定的因素进行评估，判断各个因素的变化对战略、投资、日常运营造成多大的影响。值得注意的是，影响企业价值实现的因素有很多，并不是所有的因素都具有敏感性，只有那些一旦发生变化对企业战略、投资、日常运营产生重大影响的因素才具有敏感性。

（7）在险价值（VaR）法

在险价值又被称为"风险值"，是指在一定的置信水平下，某一金融资产（或证券组合）在未来特定的一段时间内的最大可能损失。与传统风险度量手段不同，VaR 完全是基于统计分析的风险度量技术。在实际工作中，对 VaR 的计算和分析可以使用多种计量模型，如参数法、历史模拟法。

（8）情景分析法

情景分析也称剧情分析、场景分析或方案分析，它主要考虑引起变量变动的深层次的经济因素以及这些因素对变量产生的影响。情景分析法可用来预估威胁和机遇发生的方式，以及如何将威胁和机遇用于各类长期及短期风险。在周期较短及数据充分的情况下，可以从现有情景中推断出可能出现的情景。对于周期较长或数据不充分的情况，情景分析法的有效性更依赖于合乎情理的想象力。用情景分析法来预测，不仅能得出具体的预测结果，而且还能分析达到未来不同发展情景的可行性以及提出需要采取的技术、经济和政策措施，为风险评估提供依据。

（9）蝶形图分析（Bow-Tie Analysis）

蝶形图分析是一种简单的图解形式，用来描述并分析某个风险从原因到结果的路径。可以将其视为分析事项起因（由蝶形图的结代表）的故障树以及分析结果的事件树这两种观点的统一体。但是，蝶形图分析的重点是原因与风险之间，以及风险与结果之间的障碍。

（10）压力测试

压力测试是情景分析法的一种特殊形式，专门针对特定的风险因子，用于评估那些极端事件的影响。压力测试不同于一般的情景分析法，因为它主要关注的是单个事件或活动在极端情况下的变化对企业产生的直接影响，而一般的情景分析法主要关注正常规模的变化对企业所产生的影响。压力测试一般被用作概率度量方法的补充方法。与敏感性分析法类似，压力测试通常用来评估经营事项或金融市场活动中各种变化的影响，目的是避免重大意外和损失。

（11）其他

其他方法还有因果分析（Cause and Consequence Analysis，CCA）、业务影响分析（Business Impact Analysis，BIA）、故障树分析（Fault Tree Analysis，FTA）、事件树分析（Event Tree Analysis，ETA）、特性要因分析/鱼骨图、决策树（Decision Tree）等。在企业风险评估方法中，定性分析与定量分析各有利弊，风险评估方法的选择较为困难。一方面，为了严密和准确，企业应采用复杂的概率计算方法或模型；另一方面，受限于资料、数据的稀缺和时间成本，大部分企业普遍采用误差较大但操作简便的定性评估方法，将风险发生的概率和影响程度予以主观量化。近年来，随着风险评估方法的不断演变，更多企业尝试探索定性分析与定量分析结合的风险评估方法，德尔菲法和层次分析法作为定性分析和定量分析结合的典范，越来越多地被应用于企业风险评估中。

2.3 类人群运用的主要方法

风险防控要求全员参与。在风险评估过程中，企业应面向全员选取 3 个方面的代表，即高管、风险防控专业人员及其他人员，体现全面性与专业性相结合、普适性与个性化相结合、定性与定量相结合的特点。这 3 类人群采取的风险评估方法分别如下。

（1）高管常用的风险评估方法

高管常用的风险评估方法主要是德尔菲法与层次分析法等。

（2）风险防控专业人员的风险评估方法

风险防控专业人员也可运用德尔菲法与层次分析法，但为深入挖掘风险价值，量化风险发生可能性、风险损失等，风险防控专业人员应积极利用成熟的专业化风险量化技术和统计学手段进行风险评估，进而得到更精准的风险评分。风险防控专业人员主要运用的技术方法包括在险价值法、情景分析法、蝶形图分析、蒙特卡洛法、压力测试等。

（3）其他人员的风险评估方法

其他人员主要为风险防控非专业人员，多为企业业务骨干和主管，十分熟悉和了解业务情况。其他人员需从业务运营角度，依靠业务领域的专业知识和经验进行风险评估，进而得到更精准的风险评分。其他人员可运用的主要技术方法包括因果分析法、业务影响分析法、故障树分析法、事件树分析法、决策树分析法及德尔菲法等。

1.3.3　风险评估基本模型及等级划分

1. 风险评估基本模型

风险得分 = 风险影响程度 × 风险发生概率

基于"风险影响程度"和"风险发生概率"两个评分维度，分别赋予0~5分，得分越高，表示影响程度、可能性越大。

（1）风险影响程度的度量标准

①赋值说明。按照每项风险对目标的影响程度来度量损失程度，最低赋值可接近于 0 分，最高赋值可接近于 5 分。根据对每项风险的分析情况，可分别赋予分值。

②评分规则。只要可能发生表 1–1 所列影响之一，就可按表中的标准

对每项风险可能带来的损失程度评分。

表 1-1　风险影响程度量化标准

	评分方法	评分项目	1 分及以下	1~2（含）分	2~3（含）分	3~4（含）分	4~5（含）分
适用于所有行业	定量方法	损失占税前利润的百分比	1% 以下	>1%~ ≤ 5%	>6%~ ≤ 10%	>11%~ ≤ 20%	超过 20% 以上
	定性方法	文字描述一	极轻微的	轻微的	中等的	重大的	灾难性的
		文字描述二	极低	低	中等	高	极高
		财务损失	较低的财务损失	轻微的财务损失	中等的财务损失	重大的财务损失	极大的财务损失
		环境	对环境或社会造成短暂的损害	对环境或社会造成一定的损害	对环境造成中等损害	对环境造成重大损害	无法弥补的灾难性环境损害

（2）风险发生概率的度量标准

①赋值说明。按照每项风险发生概率分布来度量可能性，最低赋值可接近于 0 分，最高赋值可接近于 5 分。根据对每项风险的分析情况，可分别赋予分值。

②评分规则。只要可能发生表 1-2 所列影响之一，就可按表中标准对每项风险发生概率评分。

表 1-2　风险发生概率量化标准

评分方法	评分项目	1 分及以下	1~2（含）分	2~3（含）分	3~4（含）分	4~5（含）分
定量方法	一定时期发生的概率	10% 以下	>10%~ ≤ 30%	>30%~ ≤ 70%	> 70 % ~ ≤ 90%	超过 90%
定性方法	文字描述一	极低	低	中等	高	极高
	文字描述二	一般情况下不会发生	极少情况下才发生	某些情况下发生	较多情况下发生	常常会发生

续表

评分方法	评分项目	1 分及以下	1~2（含）分	2~3（含）分	3~4（含）分	4~5（含）分
定性方法	文字描述三	今后 10 年以内发生的可能少于 1 次	今后（超过）5 到 10 年以内可能发生 1 次	今后（超过）2 到 5 年以内可能发生 1 次	今后（超过）1 年到 2 年以内可能发生 1 次	今后 1 年以内至少发生 1 次

（3）计算得分

每类人员先计算简单平均得分（有条件的也可进行加权平均），然后按设立的权重计算该类别风险的最终分值。采取德尔菲法综合评估每项风险发生概率和影响程度，需要采集企业高管、风险防控专业人员、其他人员的打分结果，并分别对不同评估群体赋予权重，从而得出该风险的分值。

设置权重的总体原则：一般采取经验值修正的方法，企业领导的权重、风险防控专业人员的权重和其他人员第一次分别取 30%、50%、20%，之后对三类人员结果的准确性进行评估，按其准确性适当调整权重。

假设参与评分的人员分 A 类、B 类、C 类，A 类为企业领导，B 类为风险防控专业人员，C 类为其他人员，权重分别为 α、β、γ，每类人员分别为 X、Y、Z 人，则计算公式如下。

$$\mathrm{EI} = \frac{\sum_{j=1}^{X} \mathrm{EIA}_{ij}}{X} \times \alpha \times \frac{\sum_{j=1}^{Y} \mathrm{EIB}_{ij}}{Y} \times \beta \times \frac{\sum_{j=1}^{Z} \mathrm{EIC}_{ij}}{Z} \times \gamma$$

其中：EIA（B、C）ij 为第 A（B、C）类人员中第 j 个人对二级风险 i 的可能性和影响程度打分的乘积。

2. 风险等级划分

基于每项类别风险的最终得分确定风险等级，风险可分为一般风险、重要风险和重大风险，详见表 1-3。

表1-3　风险等级分值区间

风险得分	风险等级
风险得分 ≤ 6	一般风险
6< 风险得分 <12	重要风险
风险得分 ≥ 12 分	重大风险

1.4　针锋相对：有效应对风险

1.4.1　案例导读

问题提出

管理混乱与侥幸心理是风险防控的两大忌讳

某通航公司 2018 年发生飞机侧翻事件，造成直接损失近 1000 万元。剖析该风险事件，发生的原因有两个：其一，飞行员未按制度流程进行操作，该公司日常管理混乱；其二，对飞机重大固定资产未采取风险补偿等方式（购买保险）予以应对，该公司缺乏风险应对意识与措施。

如何破解

把固有风险转变为剩余风险

加强管理，强化内控，是有效防控风险的重要手段，所以通常也把健全完善内部控制机制作为应对一般风险的常用措施。要杜绝侥幸心理，经过评估风险影响程度与可能性，针对具体风险，采取适当措施加以应对，从而使固有风险转变为可接受的剩余风险。飞机价值很高，一旦出现问题会造成很大的损失，采取购买保险的应对风险措施后，即使风险事件发生了，实际损失也能控制在企业能接受的范围内。

知识术语

风险应对

风险应对是指企业在结合实际情况确定风险承受度的基础上，对某一类别风险选择并执行一种或多种改变风险的措施，包括改变风险事件发生的可能性或影响程度。风险应对要注意权衡风险应对的成本效益，风险应对不是一味降低或者消除风险，而是将剩余风险降低到可接受水平；风险应对要注意效率与效果，采用与本企业侧重的风险相协调的风险应对策略；风险应对要注意均衡风险和机会。

1.4.2　设立风险预警指标

有效的风险应对需要构建风险预警指标体系，以建立完善的层级分明的全员、全方位和全过程的风险防控体系。构建风险预警指标时，如果能够从可能导致风险损失的源头——诱发风险事件的风险因子着手，那么企业将能够预先发现风险，并有针对性地制定相应的应对措施以控制风险。在既定目标下，依次进行风险因子识别、风险评估，并将精力集中于可能产生重要或重大风险的各环节。首先，通过风险识别发现对企业目标实现造成负面影响的内外部风险因子；其次，通过风险溯源确定风险的根源，并建立包括已识别出的风险在内的风险清单；最后，通过分析风险清单来掌握各类风险的定性和定量特征，从而确定相应的风险预警指标。企业借助风险预警指标通过如下过程便可实现风险预警：根据企业的风险侧重点、风险容忍度等确定风险的定性和定量评价标准，利用各层面的风险预警指标并根据评价标准，对各层面风险进行监测，可对即将发生的风险发出警报，及时采取措施进行应对。

风险防控是企业管理活动从开始到结束的一个全面的、动态的、不断完善的过程，企业风险预警指标体系应该在持续的监督、评价和反馈中不断进行改善。只有将企业风险预警指标体系的构建融入风险防控的整个动态流程中，体系内各风险预警指标的实时预警效力才能在瞬息变换的环境中持续得到保障。在实践中，风险预警指标分绿、黄、红，绿（对应表1-4中的浅灰色）表示该风险事件在企业的掌控之中；黄（对应表1-4中的中灰色）表示该风险事件即将脱离正常区域，企业应当严加关注，采取预防措施；红（对应表1-4中的深灰色）表示该风险事件已发生，企业应即刻采取有效措施进行应对。人才战略风险预警指标见表1-4，当核心人才流失率（年度）在5%以内时，属于正常范围；当核心人才流失率（年度）在5%（含）~10%（含），亮黄灯，企业应当引起注意，采取措施防止核心人才进一步流失；当核心人才流失率（年度）超过10%时，企业要坚决实施专项方案扭转这一局面。

表1-4　人才战略风险预警指标

风险预警指标			
风险预警指标名称	风险预警指标作用	风险预警指标阈值	
核心人才流失率（年度）	用于反映企业核心人才的稳定程度，该指标计算数值越小，反映核心人才流失率越低，核心人才的保有率越高	绿灯阈值	$X < 5\%$
		黄灯阈值	$5\% \leqslant X \leqslant 10\%$
		红灯阈值	$X > 10\%$

1.4.3　一般及重要风险应对措施

1. 风险规避

风险规避是指为了免除特定风险事件的威胁，采取企图使损失发生的概率为零的行动。常用工具有彻底避免、改变条件、中途放弃。例如企业经过评估发现风险过大，认为某条生产线或某个分公司所面临的风险超出了企业的风险承受度，而选择拒绝这条生产线的投资或卖掉这个分公司。

2. 风险转移

风险转移是指通过合同等方式，将风险转嫁给另一方的一种风险应对措施。常用工具有购买保险、套利、外包等。例如非信息化企业的软件项目通常可以采用外包的形式来转移软件开发的风险，发包方面对一个完全陌生的领域的项目可以采用外包，且发包方必须有明确的合同约定来保证承包方对软件的质量、开发进度以及维护服务进行担保，否则风险转移很难取得成功。

3. 风险降低

风险降低是减轻不利的风险事件的后果和将发生的可能性降低到一个可以接受的范围，是一种积极主动应对风险的策略。常用工具有工程法、教育法、程度法和分散法等。通常在事前比事中、事后采取风险降低措施可以收到更好的效果。

4. 风险接受

风险接受是指企业接受可能发生的风险及其影响，在权衡成本效益之后无意采取进一步防控措施的一种风险应对策略。在实践中，风险接受可分为主动接受和被动接受。例如：因不可抗力为被动接受情景；主动接受情景出现在风险规避、风险转移或者风险降低措施不可行，或者上述活动执行成本超过接受风险的损失情况下。

1.4.4　重大风险防控解决方案模板

重大风险的防控需要制定更为翔实的方案，重大风险防控解决方案一般包含标题、风险名称及其界定内容、风险评估及等级、风险应对措施等。

示例：

某贸易企业的应收款项风险解决方案

一、应收款项风险界定

应收款项风险是指包括在应收账款、应收预付款、应收票据及其他应收款项的管理过程中可能给企业造成损失的风险。该风险产生的原因主要有：

欺诈；债务人破产。债权凭证缺失：没有对账单，或对账单签字人无效；合同条款让步过多或存在陷阱，供货清单、送货单不准确，签字人无效；合同欠款周期太长（欠款周期长不仅使资金周转受影响，并且存在周期内出现风险无法及时处理的危险）；风险评估不足、控制不严；对信用差、偿付能力有限的企业，赊欠过多，导致应收款账龄过长变为呆账，最终成为死账；客户动态关注不足（客户的经营状况处于不断的变化之中，关注不足，会导致客户出现危机时无法及时察觉，无法及时处理危机，延误时机）；货款催讨不勤、跟踪不力。

风险涉及的管理和业务流程：客户信用管理流程、销售业务管理流程、货款回收流程、产品结算流程。主要涉及的部门有销售一部、销售二部、销售三部、销售四部、物流部、供应部、国际贸易部（筹备）能源组、国际贸易部（筹备）精细化工组、国际贸易部（筹备）化工组。

二、风险评估：重大风险

逾期应收账款规模28亿元，发生损失的可能性为60%，风险暴露损失16.8亿元，德尔菲法分值为19.78［风险影响程度（4.3）×风险发生概率（4.6）］。

三、重大风险应对措施：风险降低

最大限度地减少影响企业经营目标实现的未来风险，将应收款项风险给企业造成的经济损失降到最低。

（一）加强管理

1. 做好应收账款的日常记录。每周对全部接近到期的应收账款记录分析1次，并提出相关处理意见；

2. 由业务部做好客户基本信息的收集；

3. 发票坚持"前票不回，后票不开"的原则；

4. 各种发货凭证、回执单（因其是诉讼主要的证据），由销售服务部门

100% 回收整理、归档。

（二）加紧催收

1. 主要通过电话、传真等方式，由业务部专人负责催收工作。根据企业催收工作程序，做好日常催收台账记录。月度对台账记录进行整理、归档。

2. 做好月度催收汇报工作。由催收人员编写催收书面报告书（对催收无效的逾期应收账款）（如停滞发货、计罚利息等），交部门领导审核后，呈报营销副总经理批示。

第 2 章　风险防控大局意识：做好防线、制度、数智化与文化四个方面的布局

2.1　各负其责，各司其职：防线布局

2.1.1　案例导读

问题提出

风险防控职权不匹配、履职不到位

BFQ 原来只是一家有 3 亿元资本金的本地小型投资银行，由于业务进展迅速，短短 10 年间，它就发展成了一家拥有 240 亿元资产的跨国金融集团，成为亚洲除日本外的最大投资银行。可是，BFQ 在金融风暴冲击下，在短短一年内入不敷出，于 1999 年 1 月宣布破产。BFQ 虽然设立了风险管理部门，但却未能制衡业务部门，特别是在经济不景气的时候，追求业绩的目标完全盖过了防范风险的意识，这种脆弱的企业风险防控文化，最终使 BFQ 的股东和员工付出了沉重的代价。BFQ 处于第一道防线的业务部门没有控制好金融市场的风险，BFQ 在亚太区发展业务，主要针对的是印尼和泰国市场，其在这两个市场的营业额占集团营业额的五成多，但 BFQ 却忽略了发展新兴市场的风险。在金融风暴下，泰铢大幅贬值，其间，印尼卢比也下跌了 70%，另外，由于利息飙升，BFQ 在该区内投资的债券及股票价格暴跌，在短短的数月内，BFQ 在该区内业务损失了好几亿元。为了争取业务，BFQ 为印尼 S S 出租车公司提供了 2.6 亿元的过渡性短期贷款，这笔贷款的金额相当于 BFQ 资本金的 15%，但 S S 出租车公司的收入全为印尼卢比，随着印尼卢比汇价大跌和政府实施外汇管制，S S 出租车公司根本无法偿还这笔贷款，加上债券及股票的损失，BFQ 的财务状况在短时间内急转直下。这正是因为 BFQ 业务部门低估了利率和汇价波动的风险。

如何破解

布局严密的三道防线

BFQ 由于风险防控意识薄弱，业务部门没有履行好第一道防线的职责，处于第二道防线的风险管理部门职权不足也难以发挥作用，第三道防线缺失，所以倒闭是迟早的事。布局三道防线，能更有效地做到全方位风险防控。第一道防线如未能识别，第二道防线可发挥专业特长，连同第一道防线部门实施有效防控；即使第二道防线未能防控住风险，第三道防线通过发现问题、提出建议，帮助前两道防线采取措施、及时处理问题，可以使损失降到最小。

知识术语

三道防线

三道防线是风险防控的组织层次架构，是风险防控全面化、体系化的具体体现。第一道防线负责本业务、职能范围内风险防控；第二道防线运用风险防控专业化手段组织、协调全面风险防控工作；第三道防线是进一步强化风险防控工作，通过监督的手段，为企业发展保驾护航。

2.1.2　第一道防线讲责任

第一道防线直接接触业务，主要涉及操作、执行层面的风险，需要把与自己业务内容有关的风险控制好，这样才能够过滤掉大部分风险。第一道防线直面风险前沿，早预防、早发现、早处理就会把风险产生的损失降到最小，所以第一道防线是关键。整个风险防控体系中，第一道防线负有直接责任，必须加强责任管理。

1. 责任担当

各业务单元以及支撑业务的职能部门是第一道防线的责任单位，要树立良好的风险防控意识，把风险防控时时融入业务之中，提高风险防控工作主动性。在实践中，要杜绝"把业务与风险相割裂""风险防控是风险防控部门的事"这类的想法。同时，企业要努力提高业务单元以及支撑业务的职能部门防控风险的本领。

2. 责任授权

要授予第一道防线的有关人员识别风险、评估风险及应对风险一定的职权，以能够迅速地发现风险事件、诊断风险，并采取适当的方法应对风险。对于一般的中低风险，第一道防线人员可依照规则进行处理；而对于重大风险，第一道防线有关人员要迅速地把信息传递到归口管理部门或提请主管领导进行会诊。

3. 责任考核

要对第一道防线有关人员履行风险防控职责情况进行考核，依据考核结果进行奖惩，并与绩效挂钩。对于表现优异的，要给予物质与精神的奖励；而对于因风险防控不力给企业造成损失的，要进行处罚，损失重大的，要追究有关人员的责任，并进行行政处分。

2.1.3 第二道防线搞一体化

第二道防线主要起到统筹的作用，统筹实施全面风险、内控和合规工作，提供平台、方法、工具，加强督导，对第一道防线起到指导、复核、管理的作用。第二道防线的风险防控工作能力，决定了整体风险防控水准。国资委有明确的文件要求做好风险管理、内部控制和合规管理工作，提出了"强内控、防风险、促合规"的管控目标。其实，风险管理、内部控制和合规管理皆以风险为导向，许多方法、流程相似，因此可以做到一体化，这样可以打破以往各自为政的部门墙障碍，提升工作效率与效果，更好地发挥第二道防线的作用。一体化的含义如下。

1. "一"就是"一致、统一"

"一"是指多个原来相互独立的单元通过某种方式逐步在同一体系下

彼此包容，相互合作。在这一过程中，企业既要横向一体化，也要纵向一体化：横向整合风险、内控、合规各类资源，切实做好风险管理、内部控制、合规管理工作的有效协同；纵向建立健全统一工作团队、统一工作方案、统一落实方法、统一报告路径的四"统一"，上下联动，共同推进企业风险、内控、合规工作。

2. "体"就是"一体、整体"

"体"是指通过统筹风险管理、内部控制与合规管理工作，形成"组织上合署，行动上一致，资源上共享"的体系，以实现"强内控、防风险、促合规"的管控目标，助力企业高质量发展。

3. "化"就是"化学反应"

风险、内控、合规一体化管控不是简单的"物理组合"，而是要探索建立并不断完善一体化管控发挥作用的机制，产生有效协同的"化学反应"。在这一过程中，企业要坚持实事求是、守正创新，实现一体化管控的规范化和科学化。

2.1.4　第三道防线看合力

第三道防线是指独立的内部审计部门、监察部门等，通过独立监督、客观披露、督促整改来进一步强化风险防控工作。监督部门发挥作用要有独立性与权威性，权威性是指所作出的决定使人信服并使人遵从的影响力、组织权力授予而形成的威望，独立性是指不受其他因素干扰，客观地披露相关信息，对发现的问题进行处理或督促整改。内部审计部门主要针对风险事件进行监督、评价，有建议权，但没有处罚权；监察部门主要针对风险事件的有关人员进行责任追究，有处罚权。它们之间各自独立，按职业要求，有明确的职权界定，所以规模以上企业一般由两个部门分别履行职责，即使有少数企业设立审计监察部，合署办公，但岗位之间应有严格的区分。所以，第三道防线不能像第二道防线那样搞一体化。实践中，第三道防线也要形成合力，以增强监督力量，从而在风险防控中发挥更好的作用。要形成合力，应当注意以下几个方面。

1. 信息互通

除特殊保密要求外，各监督部门应搭建常态化信息数据共用平台，重点检查发现的风险事件线索等。内部审计部门发现重大风险问题应当追责的，应及时移送至监察部门。同时，内部审计部门在开展经济责任审计等时，应事前征求监察部门的意见。

2. 成果共享

意见建议、整改情况以及各自发现的问题，各监督部门应当以相互抄送的方式予以通报。同时，就开展工作取得经验进行交流，不断提高风险防控工作监督检查的能力。必要时，可对支撑成果的工作底稿或记录进行查询，以更好地了解有关情况，提高工作效率。

3. 优势互补

内部审计部门要发挥在风险管理、内部控制和合规管理方面的专业特长，剖析问题实质，提出相关风险防控的针对性意见或建议。监察部门要加强重点监督对象的岗位风险分析，通过警示教育、廉洁谈话等增强重点岗位人员的风险防控意识，通过查处重大风险事件责任人促进良好的风险防控环境的培育。

4. 协同联动

各监督部门在制定各自年度工作计划时要交换意见，避免重复监督、多头监督的问题，必要时可采取联席会议的形式研讨问题。在制度设计上，要健全完善协同联动机制，促进风险防控工作协调有序。针对重点风险领域实施专项监督联动，也可组成联合监督工作组开展工作。

2.2 没有规矩，不成方圆：制度布局

2.2.1 案例导读

问题提出

风险防控制度成为摆设

2007 年 8 月，某央企参照国务院国资委发布的《中央企业全面风险管理指引》制定了本企业的《全面风险管理规定》，其规定了全面风险管理的目的、意义、原则、基本措施等，经总经理办公会审议通过后实行。至 2020 年年底巡视组通报了该企业在制度建设方面存在的问题，指出有的制度成为摆设，包括该规定从未修订、权威性不够、没有配套操作办法、实际效果不佳，要求立行整改。

如何破解

完善落实制度

2016 年后国家有关部门又出台了一些内部控制、合规管理以及防范重大风险的政策法规，风险防控的国内外形势有了较大的变化，因此企业应做相应的制度修订。该规定作为企业重要的制度，应当经过更高层级的董事会审议。该规定仅对风险防控的基本原则等进行了规定，还应纳入具体办法及流程表单来增强实操性。

知识术语

制度化管理

制度化管理是指以制度规范为基本手段协调企业各方面活动的管理方式。随着经济活动的深入发展和社会的不断进步，制度化管理是管理技术的重要内容，它的出现为企业的管理工作提供了保障，使企业管理活动更加有序、效率更高、效果更加显著。现今，制度化管理迈向了新的高度，朝着

"管理制度化、制度流程化、流程表单化、表单电子化"的方向前行。制度化管理也是风险防控的重要手段。

2.2.2 风险防控融入企业制度体系

制度是企业共同遵守的办事规程与行为准则。企业应当根据工作需要制定制度，各项制度之间有不同，也有关联。制度体系化设计是现代企业管理的一个标志，是企业依照一定的逻辑将各种办事规程与行为准则进行合适的组合，保障企业各项经营管理工作有序进行，以更有效地实现企业的目标。企业制度体系分三个层次，每个层次体现的风险防控的内容与作用不太一样。

1. 章程

第一个层次为企业章程，是指企业依法制定的有关企业名称、住所、经营范围、经营管理制度等重大事项的基本文件，也是企业必备的规定企业组织及活动基本规则的书面文件。企业章程是股东共同一致的意愿表示，载明了企业组织和活动的基本准则，是企业的宪章。企业章程具有法定性、真实性、自治性和公开性的基本特征。作为企业组织与行为的基本准则，企业章程对企业的成立及运营具有十分重要的意义，它既是企业成立的基础，也是企业赖以生存的根本。企业章程修改必须由股东（大）会通过，其在企业制度体系中具有最高权威。风险防控在企业生存与发展中具有安全保障的重大意义，是企业不可或缺的重要工作，因此在企业章程中的有关条款应体现风险防控的内容。如在董事会章节中，明确董事会风险防控的职责，要求董事会下设风险委员会，负责研究风险防控重大事项。

2. 基本制度

企业在主要业务与职能管理方面要制定基本制度，如战略、供应链、财务、劳动人事、财务会计、内部审计以及风险防控等。基本制度应结合企业的实际制定，要务实。基本制度应当由董事会审议批准。关于风险防控的基本制度，应当包括的内容有：

①规定企业开展风险防控的目的、概念和适用范围；

②规定企业风险防控的工作目标、原则和组织保障；

③规定企业风险防控工作的运行体系、三道防线机制、报告机制和工作保障机制等；

④规定企业风险防控工作的检查与考核等内容。

3. 具体办法

具体办法是对基本制度的细化，强调可操作性，讲究效率，一般包含流程与表单。具体制度由经营层批准即可。与风险防控相关的具体办法有《风险管理办法》《内部控制办法》《合规管理办法》《风险防控联席会议实施办法》《风险防控工作考核与责任追究办法》等。图 2-1 所示为《风险管理办法》制度框架，分为 11 个部分（目的、适用范围、术语和定义、引用文件、职责、管理内容和规定、业务／管理流程、检查与考核、记录、附则、附件），其中管理内容和规定与业务／管理流程两部分为核心部分。此外，有些条款可包含在其他制度内，如关于财务风险防控的内容可在企业财务管理有关办法中体现，而关于战略风险防控的内容可在企业的战略管理办法中列示等。

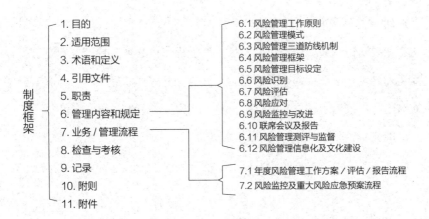

图 2-1　《风险管理办法》制度框架

2.2.3　制度流程的有效性管控

制度布局不仅要设计风险防控的有关制度，更重要的是这个制度体系是否能有效运行。制度流程常见的问题主要有修订不及时、执行有效性缺乏，那么对于风险防控来说，一方面要对专门针对风险防控的有关制度流程进行有效性管理，另一方面，要对其他制度流程涉及的风险防控内容实施监测。企业要以防控风险的视角，加强制度流程的有效性管理。

1. 对制度流程执行的有效性进行评估

每年企业要对所有制度流程进行一次有效性评估，摸清现状，分清哪些执行有效并发挥了较好的作用，哪些没有有效地执行、制度设计有缺陷。对于后一种情形，企业应当研究是否及时做修订。

2. 对与风险防控相关的法规政策或管理变革进行研究

收集近年以来发布的新的国内外风险管理、内部控制和合规管理等法规、政策和标准等资料。企业基于发展的需要应不断进行管理变革，对管理变革是否对企业的风险防控产生影响、产生什么影响等因素进行综合考虑。

3. 研究修订风险防控制度流程

企业要对标调研，进行风险防控制度流程修订必要性论证，看是否符合高质量发展客观需要，是否符合整合资源、提升效率的必然要求。制度经过多次讨论与修改后，征求各方意见，并根据意见进一步修改、完善。

4. 履行风险防控制度流程审批程序

修订的制度流程要按照审批权限履行审批程序，通过后发布并实行。

2.3 没有金刚钻，别揽瓷器活：数智化布局

2.3.1 案例导读

问题提出

风险防控手段落后

某投资控股企业自 2010 年成立，拥有基金投资、金融服务、资产管理、股权运作、境外投资五大核心业务板块，一直十分重视风险防控工作，强调风险防控是企业价值创造的保命符。经过十年的建设，该企业制度流程体系完善，但由于缺乏数字化、标准化、智能化的风控平台，风险防控的效率与效果不佳。

1. 风险信息收集不全

各业务板块风险监测主要依赖基本工商信息和定期财务数据，对司法诚信、违规处罚、全量财务、融资情况、资产抵押等多个维度风险的捕捉和分析不足。随着市场的快速发展和投资产品的日益丰富，风险呈现链条化、隐形化、复杂化趋势，市场风险事件频发，以往渠道收集的风险信息已无法满足当下业务对多样化风险识别、实时性风险预警的需求。

2. 风险挖掘深度不够

各业务板块风险分析主要依赖包括 VaR（在险价值法）、风险调整收益、风险因子分析等方法在内的传统分析工具，风险识别和挖掘能力有限，无法对复杂风险、潜在风险进行有效识别。由于大数据时代风险信号容易淹没、难以发现，传统模型对单点、局部风险的分析效果不佳，分析层级与评估范围严重受限。

3. 舆情监控能力不足

各业务板块对舆情资讯的需求不一样，基金投资板块重点关注一级市场舆情资讯，股权运作板块重点关注二级市场舆情资讯，金融服务板块重点关注产业链上下游企业舆情资讯，境外投资板块重点关注境外舆情资讯。随着自媒体时代传播工具和传播能力的疾速发展，风险暴露往往以舆论资讯为线索，舆情分析的重要性愈加凸显。由于数据来源和分析能力不足，对舆情信息的分析和处理不够及时、全面，尚未建立覆盖全网、精简去噪、智能分类的舆情分析系统。

4. 风险预警反应不快

各业务板块对实时风险预警具有共性需求，但尚未建立统一的自动化、智能化风险动态监测预警平台。传统预警手段存在时机把握不够精准、风险扫描范围有限等缺陷，预警信号往往在风险规模化、高强度爆发之后才被识别。

5. 板块之间标准不一

各业务板块风险识别、风险分析和风险处置处于各自为战的状态，尚未建立统一、标准的风险信息资讯库，导致风险信息零散化，缺乏合理分类与归纳，对于关联性风险的识别和处置能力不强。

6. 风险防控效率不高

缺乏对大数据、人工智能等新一代信息技术在风险识别和评价模型中的应用。各业务板块对金融行业新兴的、先进的风险分析模型使用不足，尚未形成基于智能化手段的风控体系。大数据时代信息爆炸，海量的数据为数据筛选、模型选择和风险处置带来困难。

7. 报告推送时效不强

各业务板块对市场风险、政策风险、财务风险等的评估分析报告主要基于人为判断进行撰写，风险报告输出质量、完整性、及时性难以保障，容易引发风险感知偏差。随着风险信息来源多样化、风险分析模型智能化水平逐步提高，风险处置能力急须相应提升。

如何破解

进行风控数智化平台建设

随着大数据、人工智能等科技应用在各领域的渗透，该企业五大业务板块的快速发展对高质量风控的需求日益迫切。建立具有智能化、自动化、可复用等特征的智能风控平台，对提升各业务板块的风控决策效率与智能化水平、推动企业发展和安全具有重要意义。

1. 针对风险信息收集不全

亟须拓展多维度信息来源、多层次风险指标来辅助全面风险识别、分析和预警，提高风险预测精度与监测全面性。

2. 针对风险挖掘深度不够

亟须利用图谱分析技术、自然语言处理模型等新一代分析工具，建立多维度关联关系分析模型，进一步提高风险挖掘和捕获能力。

3. 针对舆情监控能力不足

企业需要引入高精度、全网覆盖的舆情监控平台，快速提升风险监测和分析能力。

4. 针对风险预警反应不快

企业需要从债券、股票、企业经营等不同角度，构建专业预警模型和预警体系，对接企业数据中台，全面整合金融监管机构、交易所、法院、政府、行业协会等渠道信息，快速提升预警精准性和有效性。

5. 针对板块之间标准不一

亟须从业务层面、管理层面、技术层面进行统一规划，建立标准的风险信息库，将各业务板块涉及的风险政策、风险案例、企业黑名单、企业评价、企业往来记录等信息纳入风险信息库，推动各业务板块从全局视角统一把控风险，建立风险信息共享机制，整体提升风险防控水平。

6. 针对风险防控效率不高

亟须引入自然语言处理、机器视觉、智能模型等新一代数据处理技术，将各业务板块核心应用系统与企业数据中台统一对接，充分训练模型并用于精准识别风险，提升风险资讯处理、风险识别、筛选与预警归因等环节运作质量，全面提高智能风控水平。

7. 针对报告推送时效不强

企业要开发具备智能化、定制化管理能力的风险报告组件，从风险事件、风险主体等不同维度，基于工商、信用、司法、舆情、财务等数据及时生成风险报告，面向不同业务场景实现定制化精准推送。

知识术语

数智化

"数智化"一词最早见于 2015 年北京大学"知本财团"课题组提出的思索引擎课题报告，是对"数字智商"（Digital Intelligence Quotient）的阐释，指数字智慧化与智慧数字化的合成，具有 3 层含义：一是"数字智慧化"，相当于云计算的"算法"，即在大数据中加入人的智慧，使数据增值增进，提高大数据的效用；二是"智慧数字化"，即运用数字技术，把人的智慧管理起来，相当于从"人工"到"智能"的提升，把人从繁杂的劳动中解脱出来；三是把这两个过程结合起来，构成人机的深度对话，使机器继承人的某些逻辑，实现深度学习，甚至能启智于人，即以智慧为纽带，人在机器中，机器在人中，形成人机一体的新生态。智能风控平台是提升风险防控效率与效果的重要手段，能支持各核心业务系统增强风险捕捉、分析、预警能力，助推企业高质量发展。

2.3.2 数智化平台总体架构

1. 业务架构

智能风控平台面向主要业务板块对高质量风控的需求，以企业征信、舆情监控作为风险信息源，通过财务粉饰模型、经营异常模型等风险模型分析，实现上市股票、企业经营风险预警，提供各业务风险报告预览、订阅和导出等功能。

2. 应用架构

智能风控平台部署在企业私有云上，复用科技中台提供的微服务、容器，与企业数据中台高度集成，获取高质量、统一标准的内外部数据。智能风控平台与统一门户、统一身份认证及移动应用平台、相关管控平台和核心业务系统等进行充分集成，实现数据共享和高效协同。

3. 数据架构

数据架构主要从数据来源、数据规划、业务应用数据库 3 个层面进行统筹规划。智能风控平台所需各项数据集均由数据中台提供，所产生的各类数据均依照数据中台管理标准统一存储至企业数据湖内，数据存储、调取、流转均遵循数据中台的统一规划和规范。智能风控平台规划了企业主题库、模型主题库、风险主题库、宏观行业主题库、舆情主题库等系统数据库，便于快速生成相关主题应用。

4. 技术架构

智能风控平台可采用流行成熟的 Java 技术开发平台，采用微服务架构，具备可复用、可扩展、高安全等特性，提升开发效率以及系统稳定性。数据层复用企业数据中台各项能力，包括数据采集、文本挖掘、全文检索、关系型数据库、非关系型数据库、图数据库等能力。计算层主要提供图计算（如风险穿透）、策略计算（如风险策略、风险传导）、指标计算（如财务指标等）、流式计算（如行情、舆情）等功能。服务层提供指标查询服务、模型计算服务、信息查询服务、图谱服务等。应用层提供包括企业征信、风险预警、舆情监控、风险模型等模块。计算层、服务层、应用层与统一用户中心、日志中心、注册中心、配置中心等公共服务组件进行集成。

2.3.3　数智化平台集成设计

智能风控平台对接企业云、科技中台、数据中台、管控平台、业务系统和统一门户、统一身份认证及移动应用平台等，需和外部系统进行系统集成和数据集成。智能风控平台对内需保持信息共享和数据同步，发挥数据信息的最大价值。

1. 与企业云集成

智能风控平台运行需依赖企业云提供的计算、存储、网络资源，包括以中央处理器（Central Processing Unit，CPU）和内存为主的云服务器、物理机等计算资源，块存储、共享存储、对象存储等存储资源，网络带宽、网络代理、网关、路由等网络资源。

2. 与科技中台集成

科技中台运用云原生技术，实现应用系统多云部署、智能运维、高效开发、业务组件化以及生态支撑。科技中台的核心是建立高效的系统开发过程，并提供统一规范的开发工具。智能风控平台的核心是将一系列风控产品和组件应用到实际业务系统中。科技中台提供的功能将服务于系统开发的全生命周期，DevOps 平台是科技中台的基础，具备敏捷开发与开发运维一体化能力，微服务治理平台和低代码开发平台提供了技术架构支持和系统规范，容器平台提供了快速搭建环境功能和自动化部署功能。智能风控平台实施方案制定完成后，进入编码开发与规范阶段，再进行环境搭建与部署，此时已具备满足业务需求的系统功能；但随着业务发展与优化，又会提出新的需求，系统开发是一个不断循环迭代的状态，需持续使用科技中台的服务功能。

3. 与数据中台集成

数据中台以数据为核心生产要素，统一汇聚、整合、治理、加工，形成集团级数据资产和数据服务能力，最终实现数据价值变现。数据中台重点提供大数据的存储及算力、数据采集功能、基础数据整合加工功能、数据资产管理功能等基础后台功能。智能风控平台主要以数据中台提供的数据为信息基础，以应用集市的共享视图为着手点，构建统一的企业库、风险事件库及指标库，支持系统数据需求的统一管理和建设，形成企业级的标签萃取加工计算能力，从而进行风险分析和预警。智能风控平台需面向业务场景建立数据工厂，面向应用提供企业级的统一业务标签和模型，提升数据交付能力。数据中台以此为基础，面向业务进行数据应用，快速整合和展现业务需要的数据，并在线配置预警规则及构建模型，提供智能的预警模型分析和灵活的数据推送服务。

4. 与管控平台集成

规模以上企业管控平台一般包括协同办公平台、财务管理平台、法律风控平台、人力资源平台、战略综合平台、运营管理平台、市场协同平台、审计监督平台等。智能风控平台通过数据驱动、信息化管理、智能化应用，支持市场协同、法律风控、运营管理等平台运作。管控平台积累的业务数据，通过数据中台流转至智能风控平台，作为数据和信息资源补充。

5. 与业务系统集成

企业业务板块基于各自业务特征建设业务系统，包括生产制造系统、金融系统、股权运作系统、贸易系统、投资项目系统等。智能风控平台依据各业务板块的业务场景设计，通过服务调用、数据共享、信息推送、流程交互、界面对接等方式，为各业务系统提供智能风控服务。

6. 与统一门户集成

企业统一门户、统一身份认证及移动应用平台实现统一用户 ID 管理、统一身份认证、统一应用权限管理、统一用户访问、统一待办事项、统一消息通知等功能，是企业所有应用系统的统一入口。智能风控平台建设应与统一门户、统一身份认证及移动应用平台集成，实现统一用户信息、用户授权和各个系统间的单点登录，进一步加强用户安全管理，并将智能风控平台中触发的用户代办、消息通知等集中到统一门户，便于用户日常操作、处理并提升用户体验。

2.3.4 数智化平台功能分析

建设智能风控平台，是企业实现目标对高质量风控的共性需求，对战略风险、市场风险、运营风险、财务风险、法律风险等各类风险信号进行全面实时监测，利用专家评分、机器学习等分析模型，精准评估和量化风险等级，及时推送风险预警信号，自动生成定制化风险报告，辅助对多维风险的前瞻预判和防控，有效提升各业务板块的风险防控效率与智能化水平。伴随信息技术的深入发展和企业业务的发展需要，越来越多的行业标杆机构开始寻求数字化转型，数字化改革成为新一代生产力和竞争力的源泉。智能数字技术与风险防控场景逐渐深度融合，智能风控平台在提升资金安全性、业务稳健性等方面的优势越来越被重视。智能风控平台综合利用人工智能、自然语言处理、关联图谱、风险模型、光学字符识别等科技手段，在深入理解业务模式的基础上，赋能企业业务板块高质量发展。

1. 企业征信

平台支持查询全部存续工商企业的基本信息、司法诉讼信息、行政处罚信息、经营信息、企业舆情信息、企业图谱等。平台建设具有关系图谱、股权穿透图的集团画像，支持查看控参股企业、控股比例、实控人等信息，支持自定义参数配置，为业务人员及时掌握企业动态提供支持。平台支持输入企业名称、上市代码、法定代表人、董事长、总经理等关键词信息进行匹配，展示所查询企业的完整企业画像。企业画像内容包含工商信息、财务信息、经营信息、司法诉讼信息、诚信记录、行政处罚信息、企业融资信息、抵质押担保信息、关联风险、实际控制人及股东关键信息、重要公告、新闻舆情信息等。平台可提供类天眼查、企查查图谱展示，详细展示被查企业的股东、客户、供应商、对外投资、竞争对手等维度查询结果。平台利用知识图谱构建企业实体网络，通过复杂网络和深度学习，识别企业间的显性关系和隐含关系。企业关联方关系库充分利用企业工商大数据和上市企业披露的数据，提供关联方关系检索及定期更新服务。企业图谱可提供多维度关联关系展示，并支持定制筛选与逐级穿透查询。

2. 舆情监控

平台支持一般工商企业、上市企业的舆情信息查阅与监控功能，舆情支持类别包括机构舆情、信托舆情、行业舆情、宏观舆情、市场舆情等，为业务人员提供全面、精准、及时的舆情信息监控服务。舆情监控从社会舆情、企业舆情、股票舆情、债券舆情、行业舆情、宏观舆情、市场舆情等维度进行分类。统计总舆情和负面舆情数据量在前5位的公司并进行股票、债券提示，对重点负面舆情提供栏目推送服务。

3. 风险模型

开发基于机器学习、自然语言处理等工具的风险量化分析模型，包含财务造假识别模型、经营异常识别模型、债券违约预警模型等，对风险程度、等级进行量化评估，建立统一的企业风险预警评价标准和分享机制，帮助业务人员提前预测风险、共享风险信号、及时处置风险。针对风险事件高发业务，选取多个风险指标和全网舆情（覆盖新闻媒体、交易所网站、企业信息披露、政府部委处罚及许可等），根据风险相关维度，结合业务逻辑进行定性定量建模，形成不同层级的实时预警提示。按风险重要度进行分类分级，及时展示发债企业、上市公司等各类主体风险状况。

4. 风险预警

平台支持针对各类风险预警监控，包括：一般企业预警提示，如工商变更、涉讼、违规处罚等；股票市场风险提示，如股权质押、监管问询、股价异动、高管变动等；债券市场风险提示，如债券价格异动、外部评级变动、债券违约等，为业务人员提供全方位风险预警服务。提供企业的风控事件预警提示，对五大风险下的二级风险的预警指标通过对数据的结构化解析加工，实现数据实时预警推送到平台。对投资的其他企业，通过工商变更、违法违规、司法诉讼等风险信息，构建企业风险数据库，实现对一般企业风控事件的预警。

5. 风险报告

平台提供各类报告检索功能，报告内容需整合包含工商、信用、司法、处罚、舆情、财务、行业等维度的数据，根据不同业务需求，支持定制化风险报告订阅及推送时间设定，为业务人员提供多维度、智能化风险报告，辅助业务人员汇总各类风险事件信息。提供各类报告检索功能，实现风险事件维度、主体维度等多个维度的信息检索。支持查询过往各个时间段的发送报告信息，如接收人、接收时间等。报告内容包含工商、信用、司法、诚信处罚、舆情、财务、行业、黑白名单等维度的数据，支持不同业务场景的风险订阅。

2.4 文化的进步乃是历史的规律：文化布局

2.4.1 问题提出

SQ 并购 SL 折戟于文化差异

SQ 并购韩国的 SL 曾被视为中国企业走出去的标杆，而且，SQ 并购 SL 也被认为是在战略以及业务组合上比较契合的。对于 SQ 而言，并购 SL 一是希望通过跨国兼并，尝试构筑全球经营体系，实现全球化战略；二是 SL 的 SUV 以及柴油发动机与 SQ 的产品体系有较强的互补性，重组后，可以发挥双方在产品设计、开发、零部件采购和营销网络等方面的协同效益，提升核心竞争力。2004 年年底，SQ 斥资约 5 亿美元，并购了经营状况岌岌可危的韩国 SL48.92% 的股权。2005 年，通过证券市场交易，SQ 增持 SL 股份至 51.33%，成为绝对控股的大股东。但并购后并未带来理想中的业绩，反而因为文化上的差异导致整合步履维艰。一方面，这一并购并没有很好地解决企业文化差距和相互认同的障碍。SL 是韩国企业，虽然与中国企业同属于亚洲文化圈，但 SL 和 SQ 之间的认同感不高，并购后的双方存在何方企业文化为主的选择。在这样的基础上推进技术与品牌的融合，难度可想而知，结果导致当初 SQ 设想中的技术引进与合作几乎成为泡影。另一方面，SQ 与 SL 提出减员增效、收缩战线等"精兵简政"的计划也遭到了 SL 工会的反对。SL 工会的强势到了 SQ 难以想象的地步——管理层的经营决策须经过工会许可，而且工会每年的劳资谈判都伴随着罢工，这些都让 SQ 身心疲惫，使本来就整合不顺的并购更是雪上加霜。2009 年 1 月，SQ 正式放弃对 SL 的经营权。2009 年 2 月 6 日，韩国法院批准 SL 的破产保护申请，正式启动 SL "回生"程序，这也意味着 SQ 对 SL 的并购失败。

如何破解

文化整合是防范和化解风险的良策

SQ 折戟于韩国 SL，主要原因有二。一是 SQ 对韩国的文化以及 SL 的企业文化缺乏充分的认识，在整合的过程中 SL 很有可能持消极的态度；SL 对研发与技术转移具有强烈的戒备心，而 SQ 对此没有很好的应对策略。二是 SQ 对韩国国内复杂的工会关系、劳资纠纷估计不足，SQ 没有充分理解韩国的工会文化，而是以企业大股东控制者的姿态来到 SL。与同工会处好关系相比，SQ 更注重政府和公共关系，SQ 显然对韩国的企业文化理解不够，最后导致与 SL 及其工会关系进一步紧张，到了无法挽回的地步。

SQ 并购 SL 这一事件对我国企业海外扩张的文化整合具有普遍的典型意义。如何化解其中的文化抵触、文化冲突，怎样将自己的文化导入，重新整合适合企业发展的企业文化，获得主导话语权，这些都是中国企业在文化建设与整合中需要学习、需要提高的方面。约翰·赫尔达说：文化的进步乃是历史的规律。文化整合是一种常态，对于企业来说，企业文化建设是构建良好的内部环境的重要方面，其中应包含树立风险意识的内容。文化整合是企业文化建设的动态过程，也是企业防范和化解风险的良策，在企业并购的重大决策中，有着不可替代的作用。历史经验表明，70% 的并购不成功，而70% 并购失败的原因是文化整合问题，这是双 70% 隐形"法则"。要打破这一法则，必须做好文化整合。

知识术语

文化整合

文化整合是指不同文化相互吸收、融化、调和而趋于一体化的过程。特别是当不同文化背景的族群杂居在一起时，他们的文化必然相互吸收、融合，发生内容和形式上的变化，逐渐整合为一种新的文化体系。文化整合一般会给社会带来新鲜的血液，某些落后的传统得到更新；有时，文化整合能引起社会的动荡。文化整合也用于经济领域，一般指企业间通过吸收、学习，创造优良的企业文化。风险防控中的文化布局的核心在于文化整合，既包含并购过程中差异较大的大整合，也包含企业文化常态化建设的不断创新的局部整合。企业文化整合的内容主要包括三个方面：高层基调、行为准则和文化培育。

2.4.2 高层基调

高阶理论（Upper Echelons Theory）的核心是，高层管理人员会对其所面临的情境和选择做出高度个性化的诠释，并以此为基础采取行动，即高层管理人员在行为中注入了大量自身所具有的经验、性格、价值观等特征。这种个性化的程度，能够决定战略的形成或影响他人的行动，组织因而成为高层管理人员行为的反映。高阶理论认为高层管理人员会依据其个性化品行对组织施加重大影响。

一个企业的好坏，很大程度上取决于领导。领导者是企业凝聚力的核心，其素质与品德在很大程度上决定着企业的兴衰成败。高层基调是组织高层管理人员（包括董事、监事和高级管理人员等）对本企业形成的一贯看法、主张与价值观。良好的高层基调对塑造良好的企业文化有积极的作用，通常表现为远景式的领导、客户至上的美德、组织和个人的学习能力、尊重员工与合伙人、灵活性、重点面向未来、管理为了创新、用事实管理、社会责任、注重结果和创造价值等，高层基调的核心在于培育良好的企业伦理观。在企业中建立一支勤政廉政的领导干部队伍是高层基调的基本要求，高层基调在风险防控体系建设中十分重要的内容是高层管理人员以尊重、敬畏风险，支持风险防控工作和正面宣传风险防控的姿态为企业注入正能量。企业领导者要把遵循良好的企业伦理看作应尽的义务，自觉地遵纪守法，努力使自己成为依法治企的典范。这就要求高级管理层要做到言行一致，言行一致意味着高级管理层正在做他们要求本组织员工做的那些事。

企业领导要敢于承诺，敢于为自己所倡导的价值观采取行动，同时当道德义务存在冲突时，敢于以身作则。企业领导的责任在于教导、促进、启发员工的诚实、正直、守信感。具有正能量的高层基调绝不是天生的，需要不断地进行修炼。

2.4.3 行为准则

为维护日常经营管理秩序，企业会制定员工手册。员工手册是企业规章制度、企业文化与企业战略的浓缩，是企业内的规矩，同时还起到了展示企业形象、传播企业文化的作用。员工手册既覆盖了企业人力资源管理各个方面的规章制度的主要内容，又因适应企业独特个性的持续发展需要而弥补了规章制度中的一些疏漏。站在企业的角度，员工手册可以成为企业有效管理的工具；站在劳动者的角度，它是员工了解企业形象、认同企业文化的渠道，也是自己工作规范、行为规范的指南。员工行为准则是企业期望员工在日常工作中所应遵循的基本原则。它是员工手册的重要内容，有助于风险防控的企业文化的构建。

2.4.4 文化培育

企业文化是企业的精神内核与灵魂，没有文化的企业是没有生命力、没有希望、没有前途的。企业文化包括企业逐渐形成的价值观、经营管理理念，还包括成文和不成文的规章制度、行为准则。企业文化作为一种无形的力量，潜移默化地影响着企业工作人员，引导他们的行为方式、思维方式。良好的企业文化给予全体员工正能量，促进员工积极工作。以诚信为本的企业文化，是良好企业伦理观的具体表现。

在企业的持续发展过程中，企业文化培育占据重要的地位，是企业管理的有机组成部分，对企业的发展起着举足轻重的作用。企业文化培育过程就是对企业价值观和企业精神的确定、应用和物化的过程。因此，企业文化的培养应当符合以下标准：一是能促进本企业高质量的发展；二是能促进本企业职工的人格健康成长；三是能增强本企业的凝聚力；四是增强企业风险防控能力。企业风险文化是企业对待风险及风险防控的理念总结，企业文化培育就是要将风险意识贯穿企业战略制定和发展目标，并融入企业全体员工的思想、日常行为、制度中，形成企业发展软实力。企业风险文化的培育应注意以下几个方面。

1. 营造风险文化的氛围

加深全体员工的共同认知，使风险意识入脑、入心、入行。通过网络、媒体、领导的宣讲、风险基本知识培训、经验分享会、征文和案例分析，不断加强风险防控理念的认同性，修正员工的行为和习惯，提升全体员工的风险意识。从员工的社会需求、心理需求和自我实现需求等方面入手，努力营造一个使员工思想、士气积极向上的风险文化氛围。凡事合规当头，风险意识要强，不仅要讲外部合规，而且内部实务处理要把风险放在必须考虑的位置。

2. 日常培训常态化

企业应建立重要管理岗位、业务流程、风险控制点的管理人员和业务操作人员的岗前风险培训制度，采取老带新、内训、研讨会等多种形式、加强对风险防控理念、知识、流程、内容的培训，培养风险防控人才，将风险防控理念落实到每个部门、每个岗位、每个人员。建立学习型组织，改善心智模式。培养员工对风险的正确态度，使其养成良好的风险习惯。企业风险文化培育应对照企业经营目标、价值观和发展规划等，制定有效的、有针对性的培训方案。

3. 开展风险防控训练

促进员工自觉提高风险素养，使其真正意识到风险是与企业发展相生相伴、与个人行为息息相关的，从而在面对潜在或已经出现的风险时，有能力采取适当的措施与方法应对。检验风险文化是否有效的最终标准，是企业全体员工风险防控的各种自觉行为。企业风险文化培育要注意员工良好行为习惯的培养，为此企业需要定期进行风险防控模拟演习或训练。

第 2 篇

第一责任：担当风险防控的先锋

　　企业风险防控是全方位、全过程的防控，风险防控人人有责。第一道防线直接接触业务并直接面对风险，需要把与自身业务或工作内容有关的风险防控好，这样才能够过滤掉大部分不利风险。整个风险防控体系中第一道防线是关键，负有直接责任。居于第一道防线的管理人员及关键岗位人员应当具备辨识风险与应对风险的本领，这样才能担负起风险防控先锋的职责。

第 3 章 | 慧眼识风险：第一道防线的风险辨别方法

3.1　大海航行靠舵手：企业战略风险

3.1.1　案例导读

风险问题

战略迟缓导致失败

　　KD 公司始创于 1880 年，总部位于美国纽约州某市。2004 年 1 月 13 日，KD 宣布将停止在美国、加拿大和欧洲生产传统胶片相机。到 2004 年年底，KD 停止制造使用 35mm 胶片的相机，但胶片的生产还在继续。这些变化反映了 KD 已将注意力转移到新兴的数码相机市场中。然而同年 4 月道琼斯工业股指数将 KD 从名单中剔除，理由为 KD 已是一家风光不再的公司。2005 年 4 月 22 日，KD 亏损 1.42 亿美元，标准普尔将 KD 信用评级一举降至"垃圾级"。因为 KD 转型数码市场太晚，已经很难赚到钱，且传统底片市场虽然快速萎缩但依然是 KD 的获利手段，KD 一旦放弃就会出现旧有领域弃守和新领域落后的青黄不接。

如何破解

重视企业战略风险的时间价值

　　企业战略是指企业根据环境变化，依据本身资源和实力选择合适的经营领域和产品，形成自己的核心竞争力，并通过差异化在竞争中取胜。在战略上 KD 公司也预见了数码相机的未来市场，只是转型太慢而导致失败。风险是有时间价值的，贻误时机往往会使企业陷入深渊。战略代表企业的未来，是方向，是舵手。企业要加强战略管理，对战略风险进行适当的防控，从而实现企业制定的战略目标。战略管理从研究制定战略开始，到战略执行、战略调整，以及进行战略考核，每一个环节都会面临风险。只有步步为营，方能防控战略风险。

知识术语

战略风险

战略风险是指企业在人才、研发、产品、投资、营销、数字化等中长期战略领域，以及战略制定、执行、调整和考核等重点管理环节存在不确定性而导致企业整体性损失和战略目标无法实现，对企业造成全局性影响的可能性。战略风险的特征如下。

①中长期。战略风险的发生将对企业战略目标实现具有较长期影响，一般会有3~5年或更长期的影响。

②全局性。战略风险的发生将对企业未来的发展方向、资源配置、核心竞争力、企业效益等产生全局性影响。

③关联性。战略风险涵盖的事项与市场风险、运营风险、财务风险、法律风险涵盖的事项密切联系且相互作用。

3.1.2 企业战略风险二级分类

战略风险所包含的二级风险可以按照企业重要业务领域和战略管理的流程环节两个维度来划分：其一，按照企业现阶段的重要业务领域来划分，战略具体可分为人才战略、研发战略、产品战略、投资战略、营销战略、数字化战略，分别对应人才战略风险、研发战略风险、产品战略风险、投资战略风险、营销战略风险和数字化战略风险；其二，按照战略管理的流程环节来划分，战略风险具体可以分为战略制定风险、战略执行风险、战略调整风险和战略考核风险，形成"制定—执行—调整—考核"的全流程管理。

1. 业务领域

（1）人才战略风险

人才战略风险是指因人才战略与公司整体战略目标不一致，或战略不具有宏观性、全局性和前瞻性，或缺少人才战略实施的相关配套措施等原因，人才战略难以对企业人才梯队建设、持续性提供人才等方面发挥战略性指引作用，使得企业人才战略目标无法达成的可能性。

示例：

　　FL 集团经过多年发展，从一家小微企业发展为集团公司，企业利润实现连年翻倍增长，但短短几年后集团进入休整，然后便不见踪迹了。FL 集团在发展的过程中没有充分重视人才战略的整体布局，除了在集团成立初期向社会严格招聘营销人才外，从来没有对人才结构认真地进行过战略性设计，导致人才战略与公司整体战略目标不一致。公司缺乏一个完整的人才结构，也没有完整地选拔和培养人才的制度，缺少研发、技术等关键人才培养体系。因此，集团出现随机招收人员、凭人情招收人员，甚至出现关系户等不正常的招聘人员的现象。最终公司储备人才难以适应公司发展需要，人员素质偏低，人才结构不合理，致使 FL 集团在发展迅速的情况下，以破产告终。

　　企业需要建立一套完善的适合自身发展需要的人才战略，明确招人识人制度，把好人才关。人才战略应与企业的其他战略相匹配，否则也不利于企业的长远发展。

　　（2）研发战略风险

　　研发战略风险是指因研发战略与企业整体战略目标不一致，或战略不具有全局性和前瞻性，或缺少研发战略实施的相关配套措施等原因，研发战略难以对企业技术创新发展、提高市场竞争力等发挥战略性指引作用，使得企业研发战略目标无法达成的可能性。

示例：

　　据 2007 年全球手机市场占有率统计，三星手机 14%，摩托罗拉 14%，NJY37%，在当时的手机市场 NJY 处于垄断状态。当时的 NJY 不仅在质量方面，而且在价格方面在业界都是数一数二的。那时 NJY 只知道，自己只要研发出来可以打电话、发短信的手机就行了，而且 NJY 当时一家独大。所以 NJY 没有意识到自己在不久的将来会失败。当时 NJY 怎么也不会想到，在未来会有一款手机具有如计算机一般的功能。

在市场竞争日益激烈的今天，企业要想获得生存发展的空间，必须深刻认识所处的竞争环境，时刻关注市场环境的变化，通过研发助力企业转型，提升企业核心竞争力。

（3）产品战略风险

产品战略风险是指因产品战略与企业整体战略目标不一致，或战略不具有全局性和前瞻性，或由于产品开发时机不合适、产品结构不合理等原因，产品战略难以对企业产品结构合理化调整、产品发展布局等发挥战略性指引作用，使得企业产品战略目标无法达成的可能性。

示例：

PG 在成为世界上市值最高的公司之一之前，发布过一款名为 N 的掌上电脑，其被认为是 PG 历史上最失败的产品，它的笔迹识别能力很糟糕，难以正常使用。由于在开发该产品时，没有考虑当时客户的真实需求，且产品战略与公司战略目标不一致，缺少对产品结构、布局等因素全局、前瞻性的规划和把握，公司对产品的定位出现了问题。在用户的眼里 N 是掌上电脑。而 PG 研发团队则认为"N 是一个平台，不仅仅是一个产品，不幸的是所有媒体的注意力都在笔迹识别方面"。最终，N 以失败告终，因需求量太低而停止发展，最终停止生产。

企业需要综合考虑外部环境、用户、市场需求、技术成熟度等多方面因素制定和调整产品战略，产品开发时机不合适，起步较晚，都可能导致产品竞争力不足。

（4）投资战略风险

投资战略风险是指因投资战略与企业整体战略目标不一致，或战略不具有全局性和前瞻性，或缺乏对战略实施的保障措施、行动方案、监控机制等原因，投资战略难以对企业投资收益最大化发挥战略性指引作用，使得企业投资战略目标无法达成的可能性。

示例：

2017 年 12 月 18 日，TX 公司以 6.1 亿美元投资 VPH，顺便将 WX 钱包九宫格中的一个位置，作为"嫁妆"送给 VPH，取得 VPH7% 的股权。不到一年时间，TX 公司投资现金价值已经大大缩水。拼多多有拼团模式，小红书有达人"种草"模式，即使是淘宝也有直播模式。在短视频时代，电商生意逐渐分散，VPH 不仅面临着淘宝、京东的竞争，还有来自抖音、快手等其他对手的竞争，而相比之下 VPH 并没有自身核心特色。2018 年 10 月 12 日，VPH 市值不到 36 亿美元，TX 公司 7% 股权仅值 2.52 亿元，与投资时的 6.1 亿美元相比，损失接近 60%。

TX 公司的整体战略是希望进军电商行业，虽然其发觉了电商行业的蓬勃发展趋势，但投资战略与公司整体战略不一致，对 VPH 的投资缺乏对战略实施的保障措施、行动方案，未进行细致的投资目标分析，导致判断失误，致使投资失败。

（5）营销战略风险

营销战略风险是指因营销战略与企业整体战略目标不一致，或战略不具有全局性和前瞻性，或宏观环境变化、市场规模萎缩等原因，营销战略难以对企业发展发挥战略性指引作用，使得企业营销战略目标无法达成的可能性。

示例：

RY 是 BJ 公司旗下唯一针对中国市场原创的洗发水品牌。在 RY 上市之前，BJ 公司做了大量的市场调研工作，调查结果表明，使用专门的润发露可以减小头发断裂指数，而国内大多数消费者还没有认识到专门润发步骤的必要性。BJ 公司推出 RY 一方面是借黑发概念打造属于自己的一个品牌，另外就是把润发概念迅速普及。其后，产品研制出来后，BJ 公司并没有马上投放市场，而是继续请消费者做使用测试，并根据消费者的要求进行产品改进。RY 上市后，BJ 公司又委托第三方专业调查公司做市场占有率调查。就这样市场调查开展了三年之后，"滋润"与"美丽"的两款 RY 产品正式诞生，针对 18~35 岁女性，定位为"东方女性的黑发美"。然而，RY 目标人群为 18~35 岁的城市高知女性，属于潮流引导者，她们的行为特点就是改变和创新，随着染发事业的不断发展，其发型和颜色都在不断变换，因此对黑发需求并不高。此外，RY 区域试销只选择了杭州一个城市，使得样本太过单一。最终，RY 在上市两年后就全面停产，退出市场。RY 的市场营销战略看似全面、先进，然而其失败原因在于：目标人群有误，需求基础不牢固；样本太单一，没有对比性和代表性；没有考虑到信息的时滞性。

营销战略应在认真全面地调研后制定，并及时付诸行动，否则可能导致公司营销战略与外部环境脱节，无法适应外部形势变化，致使营销失败。

（6）数字化战略风险

数字化战略风险是指因数字化战略与企业整体战略目标不一致，或战略不具有全局性和前瞻性，或未根据国家信息化发展的变化进行适应性调整等原因，数字化战略难以对企业数字化发展发挥战略性指引作用，使得企业数字化战略目标无法达成的可能性。

示例：

美国 GE 公司 的数字化转变从 2013 年 GE 公司打算采用工业互联网平台 Predix 的时候就开始了。2015 年，GE 公司公布了新的业务部门 GE Digital 的成立，前 GE Software 的副总裁比尔·拉什担任 CEO。2016

年，GE Digital 在加利福尼亚州圣拉蒙市办公室拥有 1500 多名员工。GE Software 是 GE 内部的软件作坊。GE 公司有一系列业务部门，这些业务部门都有 IT 开发的需求，因此他们使用 GE Software 的资源来实现"创新"。所谓的创新就是给各个业务部门提供技术和 IT 支持，而这些都是由各个业务部门的 CEO 和高管决定的。这并不像是数字化转变，更像是数字化启动。GE Software 的许多收入都来自 GE 的其他业务部门，而不是外部的客户。GE Digital 作为独立的业务部门成立，其目的是让 GE Software 更自主，让 GE Digital 不再作为内部的开发作坊，以便在 Predix 这样的知识资产上投入更多精力。最终，GE Digital 开始向外部公司销售他们的服务，致力帮助这些外部公司完成其自己的数字化转型过程，GE Digital 也成了一个咨询公司，而 GE 公司自身的数字化进程反而停滞不前。

公司数字化战略需要与公司整体战略一致，同时要注重信息系统与业务之间的适配性和连接。GE Digital 的建立在实践中并没有对 GE 自身的数字化战略的实施产生积极意义，而变成了一个对外服务的咨询类公司。

2. 管理流程环节

（1）战略制定风险

战略制定风险是指在企业战略规划的制定阶段，由于战略制定时内外部信息收集不充分、战略分析不到位、战略规划定位不准确等原因，或在战略规划发布时未经有效审查和集体决策，战略规划的制定缺乏逻辑性、科学性和合理性，或存在战略规划不系统、不完善等情况，使得企业战略无法对企业中长期发展形成有效指导的可能性。

示例：

美国 NW 真空吸尘器公司是一家上市公司，以生产耐用的吸尘器著称，TXL 先生是该吸尘器公司的首席执行官。当初为了获取该公司的控股权，TXL 先生不惜抵押了所有的私人资产，以获得巨额借款用于购买

NW 公司的股票。不懂吸尘器行业的 TXL 及其管理小组武断地认定开发新一代真空吸尘器才是大幅提高利润的最佳途径。为了筹措新生产线的资金，TXL 先生授意财务经理去人为地夸大几个季度的利润从而使股票价格上涨，再用股价上涨抛售部分股票的方法产生资金。新一代的真空吸尘器销售业绩飙升，利润飞涨。然而好景不长，不久消费者们发现吸尘器的质量存在严重问题并要求退货，其幕后原因是 TXL 贪婪地追求利润以至于吸尘器原先坚实的金属部分替换成了塑料装配，从而导致产品不耐热。于是，最初的利润转变为狂怒的抱怨声，仓库开始没有空间存放退回的产品。后来，公司不得不租用了较远的仓库存放退回的产品并销毁所有反映退货的记录，以此来蒙蔽审计人员。由于产品的口碑极差，公司的名声一落千丈，销售严重滑坡。巨额的销售退回和销售额的锐减给 TXL 和财务经理带来了极大的压力，面对索要额外信息的审计人员，他们最终在律师的建议下主动认罪。NW 公司的舞弊行为使投资者和债权人遭受了 4000 万美元的损失，公司也宣布倒闭。此外，TXL 先生也被判一年有期徒刑并附带数百万美元的赔偿。

NW 公司控制人不懂专业，急功近利，战略制定错误，后为了弥补损失，又弄虚作假，导致企业经营失败。在战略制定上不切实际，最终可能造成企业破产或经营失败。战略制定绝不是拍脑袋、碰运气的儿戏，要讲规则和科学。

（2）战略执行风险

战略执行风险是指在企业战略规划的执行阶段，由于宏观经济环境变化、行业状况的不确定性等外部因素，或因战略执行监控不力、配套机制不完善等内部因素，战略执行难度增大，战略实施结果偏离既定目标，使得企业战略目标无法达成的可能性。

示例：

四川曾有一家新兴的民营企业，主营数码产品，曾经在行业中名列第五，为了在战略上更上一层楼特别招聘了张某。张某是一名在外企有多年工作经验的空降兵，受聘该企业总裁，他雄心勃勃地制定好战略目标、实施计划，想要成就一番事业时，战略的执行过程却遭遇重重阻碍。研发部满腹牢骚，认为采购部拖延采购时间，且选用质量无保障的国产元器件，导致研发工作被耽搁，无法按时保质地研发出新产品。采购部总监却辩解自己是按照计划来下单的。销售部因为研发部推出新产品缓慢而心急火燎。张某因忙于企业文化建设忽略了采购部的问题，在他想起后向采购部总监询问时，采购部总监却打太极拳，张某向董事长申请撤换采购部总监时，却被董事长以不能轻易换掉企业元老拒绝了……

通过以上执行过程中的种种问题，我们可以看出，虽然张某正确把握企业定位和市场信息制定出了比较完美的战略实施计划，但这个企业在战略执行过程中的每一环节都存在问题，团队的合作力、凝聚力低下，以致战略执行力低下。

企业的董事会应该学会放权，学会用人不疑，要给予职业经理人相应的职权。张某自身也要培养自己的领导能力，不要光下命令，要实时跟进，和下属一起寻找解决方法。

（3）战略调整风险

战略调整风险是指在企业战略规划的调整阶段，由于企业未及时根据外部环境变化对偏离实际的战略目标进行适应性调整，或不合理地频繁调整战略规划，或规划调整未经有效的审查批准和集体决策等原因，企业战略目标偏离实际、损害企业发展的连续性等，使得企业战略目标无法达成的可能性。

示例：

HR 公司在"名牌打造阶段"着眼于单一冰箱产品，成功地为 HR 公司在市场中树立起高品质、高服务水平的专业化品牌形象。之后，HR 公司开始战略调整，在专业化基础上，以单一产品向多产品发展，从白色家电向黑色家电等领域进军，从家电行业向其他行业渗透，HR 公司的品牌范围涵盖了家电、通信、电子、家居、生物、金融、软件、物流、旅游、地产、数字家庭、医疗设备等多个产业。HR 公司在白色家电行业中所表现出来的专业化特征，已经在客户心目中留下了根深蒂固的印象，客户对 HR 公司的认同绝大部分也都来源于其在家电领域的专业水平和完善的服务。一旦进入与其专业完全不同的领域时，客户对 HR 公司的专业性就会有严格的要求。HR 公司一旦达不到，客户就会产生质疑，故而 HR 公司的品牌声誉受损，客户对 HR 公司其他行业产品的质疑使得 HR 公司在原本家电行业的发展也受到影响，HR 公司的品牌价值被稀释。

在战略调整前未进行详细的调研规划，或未及时根据外部环境变化对战略目标进行适应性调整，导致公司战略目标偏离实际，最终可能会损害公司发展的持续性。

（4）战略考核风险

战略考核风险是指在企业战略规划的考核阶段，由于考核方式不科学、考核标准不清晰、考核指标监控不到位、考核结果应用不及时等原因，战略考核效果不佳，考核结果难以有效兑现，考核的激励作用难以有效发挥，使得企业战略目标无法达成的可能性。

示例：

某地方国资委总结该地区国企战略管理的问题，指出，一些企业在战略目标和实施计划体系方面不够细化，影响了战略规划的实施。主要体现在以下两个方面。一是战略目标确定的严肃性和有效性不够。一些企业刻意制定一个保守的、求稳的目标，使得目标容易达成，起不到应有的牵引作用，战略实施有效与否也就无从谈起。相反，过高的目标和期望又容易让员工失去信心。二是战略制定的细化程度不够，尤其是没有完整的战略目标体系和战略实施计划体系，只有粗线条的勾勒和描述，没有做进一步的分解细化，使战略规划难以实施。前者使得战略考核的意义不大，后者使得战略考核无法实施。

将战略地图中的每一个战略主题都转化为具体的衡量指标与目标值，进而基于要实现的指标和目标值提出对应的行动方案，即为了完成某项战略目标，或提高某个指标的目标值制定关键行动计划。借助设定的战略计分卡的衡量指标和目标值，对战略地图中各项战略主题的执行情况进行有效的考核，助推企业战略的实现。

3.2　客户是上帝：企业市场风险

3.2.1　案例导读

风险问题

成也营销，败也营销

SZ 集团成立于 1994 年；从 1994 年至 1996 年，SZ 集团销售额从 1 亿多元跃至 80 亿元，但到了 1997 年，SZ 集团的全国销售额却比上年锐减 10 亿元。1998 年，SZ 集团在常德又闹出"八瓶口服液喝死一条老汉"事件，接着，又传出 SZ 集团申请破产的消息。1999 年，SZ 集团的 200 多个子公司已经停业，几乎所有的工作站和办事处全部关闭。2000 年，SZ 集团网站消失，全国销售近乎停止。SZ 集团前期的成功得益于疯狂而规模庞大的营销，营销人员最高时有十几万人。后来失败也是因为营销的问题遭受了市场的严厉惩罚。

如何破解

时刻牢记客户是上帝

SZ 集团在发展的过程中，宣传一直起着重要的作用。广告宣传是企业营销的重要方式，但如果过度宣传，甚至虚假宣传，就会影响消费者信心。SZ 集团发展的后期，其广告宣传中的口服液不仅仅是一种保健品，已经成了包治百病的灵丹妙药，甚至涉嫌商业欺诈，故而逐步失去消费者的信任。所以一有风吹草动，SZ 集团的产品就会迅速遭到市场的唾弃。

知识术语

市场风险

市场风险是指企业因市场供需关系、市场竞争、市场价格等外界条件变化，导致企业销售收入存在不确定性，使企业面临经营目标未能达成、预期经济效益难以实现等后果的可能性。市场风险的特征如下。

①外在性。市场风险的发生受外部因素影响较大，可控难度大，如宏观经济影响、行业周期性影响、政策影响等。企业通过内部管理应对风险的可作为空间相对有限，但不排除企业仍可以采取一定的风险防控措施降低风险发生可能性及影响程度。

②可测性。尽管市场风险范围较大，预测难度高，但相对其他风险，较多市场风险是可以通过历史数据等预测的。市场风险的产生与发展存在自身的运行规律，企业可以根据历史资料、统计数据等对市场变化过程进行预测。

③共生性。即风险与机会共生，高收益与高风险并存。市场交易存在获取高额利润的可能，也有遭受重大损失的可能。与其他风险相比，高风险、高收益的特征在市场风险中更加凸显。

3.2.2　企业市场风险二级分类

市场风险所包含的二级风险可以按照市场关系和有关市场的重要管理环节来划分。其一，按照市场关系来划分，企业在开展市场活动过程中会受到市场供需关系、竞争关系、价格关系、市场环境的影响，分别对应市场需求风险、市场供应风险、竞争风险、价格风险和境外市场风险；其二，按照有关市场的重要管理环节来划分，具体可以分为市场开发风险、市场维护风险、品牌宣传风险、营销渠道风险和市场应急处理风险。

1. 市场关系

（1）市场需求风险

市场需求风险是指企业因消费者偏好发生变动、消费者总体收入降低等因素，导致消费需求下降、消费者购买能力严重下降，使企业面临市场总体需求下降、预期经营目标难以实现等后果的可能性。

示例：

受到新冠疫情的持续影响，诸如 QY 公司等车企受到汽车消费市场总体需求下降的影响，2022 年前 11 个月 QY 公司累计销量不足 9 万台，同比下滑接近 40%。除了受到消费者收入降低的影响之外，消费者的购车偏好也由燃油车逐步向新能源汽车转变，在电动化大趋势下，QY 公司也没跟上节奏。如其在某市内最大的一家 QY 公司品牌 4S 店，展厅车型较齐全，但却没有旗下 4 款新能源车型。目前新能源车型没有进入该市市场，店内仍以销售燃油车为主。

在市场不稳定时，企业更要实时关注消费者偏好、消费者消费能力等变化带来的市场需求的波动，从而调整市场策略，避免给企业带来经济损失。

（2）市场供应风险

市场供应风险是指企业因供应商产能不足、市场产能过剩等因素，导致核心零部件供应断链、运输瓶颈加剧原材料短缺及原材料价格上涨、市场竞争加剧，使企业面临供过于求、预期经营目标难以实现等后果的可能性。

示例：

2021 年年初出现芯片危机，在困扰汽车行业一个多月后进一步恶化，由于上游芯片短缺，全球众多大型车企不得不减产甚至停产。DZ 早就宣布当年一季度将在欧洲、北美和中国减产 10 万辆新车。FT 也宣布拥有 5000 名工人的德国萨尔路易工厂，从 1 月 18 日至 2 月 19 日暂时停产。由于部分芯片相关的零部件供应中断，日本群马县的两家整车工厂和一家发动机及传动系统工厂全面停产。

部分突发性事件带来的连锁反应可能造成零部件断供、运输瓶颈加剧原材料短缺、原材料价格上涨，导致市场产品供给出现问题。芯片短缺也引发我国汽车制造出现困难，一时间引发一些汽车品牌消费者买不到产品。在特殊情况下，一定数量的零部件储备是保障生产的必要风险防控措施。

（3）竞争风险

竞争风险是指企业因自身竞争能力降低、现有竞争对手竞争力大幅提升、潜在竞争对手进入市场等因素，导致企业竞争失利或丧失发展机遇，使企业面临实际经营利益与预期利益目标发生背离等后果的可能性。

示例：

TSL 公司作为自动驾驶行业领头企业，一直处于领先优势。但是由于近几年事故频发，TSL 公司负面新闻不断，订单量下降、产能过剩、工厂停产的传闻满天飞。而 TSL 公司的头号竞争对手 BYD 公司近些年也深耕新能源领域，积累了深厚的自研技术。比如对新能源汽车至关重要的电池，BYD 公司在 2020 年 3 月 29 日推出了刀片电池，拥有安全性能好、寿命长、续航时间久等特点。除此之外，BYD 公司还在 2021 年 9 月 10 日正式发布了纯电专属 e 平台 3.0，具有"智能、高效、安全、美学"四大特点，很好地解决了传统新能源汽车的短板问题。TSL 公司从 2022 年 9 月开始市场地位在中国逐渐下降。

由于自身竞争能力降低、现有竞争对手竞争力大幅提升，企业可能竞争失利或丧失发展机遇，使企业发展受到不利影响。企业只有时时保持核心竞争力优势，才能立于不败之地。

（4）价格风险

价格风险是指企业因宏观经济、相关政策、供需关系、市场竞争、管理能力、定价机制和突发事件等因素，导致原材料价格上涨、产品定价不合理、产品销售价格下降等问题，使企业面临难以实现预期经济效益等后果的可能性。

示例：

2020 年整体钢材市场行情不断上涨，JQL 公司管理层认为在国内经济稳步恢复的大背景下，钢材价格进一步上涨对国内经济恢复不利，钢材价格可能已达到高点，而且 2020 年 12 月公司钢材采购价格达到 4500 元 / 吨，而 2018 年至 2020 年 JQL 公司采购钢材的价格区间为 3600~4400 元 / 吨。所以，JQL 公司做出钢材价格势必回落的判断。基于对未来钢材价格回落的判断，JQL 公司通过期货投资来降低钢材采购价格，以增加公司收益。最终事与愿违，此次投资给公司带来巨额损失，合计交易损失 8725 万元，JQL 公司决定完全终止期货投资交易。

企业只有全面关注影响价格的因素，才能正确判断市场价格的变动趋势。同时，企业需建立严格的管理机制，合理利用衍生品管理价格风险，避免损失扩大。

（5）境外市场风险

境外市场风险是指企业因境外环境变动的不确定性、境外企业经营文化差异等因素，导致企业未能及时采取应对境外市场变动的措施，或未能及时根据国别地域和文化理念的差异调整企业经营方式，使企业面临境外经营收益遭受损失等后果的可能性。

示例：

ZN 公司是中国规模最大的氧化铝及原铝生产商，LT 是全球第三大多元化矿产资源公司，全球前三大铁矿石生产商之一。LT 因受到市场危机冲击，难以支撑运营，因此寻求 ZN 公司帮助。于是，ZN 公司携手 MN 在市场高峰期斥资 140.5 亿美元（MN12 亿美元，ZN 公司 128.5 亿美元）合作收购 LT 英国公司 12% 的普通股股份，并持有 LT 集团 9.3% 的股份成为其单一最大股东。在此期间，收购案陆续通过了澳大利亚竞争和消费者委员会、德国政府、美国外国投资委员会等权威部门的认可，ZN 公司同时获得境内四家银行提供的 210 亿美元贷款。然而，随着市场形势的好转，LT 财政逐渐恢复，收购案被 LT 董事会否决。最终，虽然 LT 向 ZN 公司支付了 1.95 亿美元的"分手费"，但从长远考虑，ZN 公司损失了境外市场拓展机遇，同时也严重影响了其未来市场竞争能力和市场拓展速度。

ZN 公司在收购 LT 的过程中过于自信，没有对国际市场环境做到很好的预估，没有抓住良机在 LT 最需要的时候一举拿下 LT，给了 LT 喘息的机会。同时，面对境外市场大幅变动未能及时采取应对措施或应对措施不足。

2. 管理环节

（1）市场开发风险

市场开发风险是指企业因市场开发计划制定不切实际，市场开发目标与开发策略设定不合理或不清晰，市场开发计划审批、执行、监督与控制不充分或未能适时组织市场二次开发等因素，导致企业未能及时进行新细分市场开发、新区域市场开拓，市场开发目标远高于实际可达成情况，市场开发进程混乱无序，使企业面临市场开发目标无法达成、销售量难以达到预期目标等后果的可能性。

示例：

知名企业家张某在入主 JLB 公司时，利用媒体放出声来，要用 10 亿元为 JLB 公司打造一个具有"神秘配方"的全新饮料品牌。后来，JLB 公司以 3100 万元获得中央电视台世界杯足球赛赛事直播独家特约播出权，还投入了巨额推广费用和电视广告费用等，但并没有带来理想销售效果。与传统消费品先推单一产品，待单一产品拥有较好销量、建立起品牌后，逐步进行品牌延伸不同，张某团队在市场启动之初，就推出众多延伸产品，包括 6 个系列、30 多个品种，产品类别横跨茶饮料、碳酸饮料、果汁、纯净水等。这种在导入期同时推广多产品、多型号的市场开发策略，最终造成 JLB 市场开发目标无法达成、销售量未达到预期目标，收入下降，利润下滑，后续市场份额和品牌的发展均受到影响。

对生产厂家来说，产品规格多、品类多，会带来难以组织生产、销售管理困难等问题。这些都会导致市场开发进程混乱无序，使企业面临产品的市场开发目标无法达成、销售量难以达到预期目标的后果。

（2）市场维护风险

市场维护风险是指企业因区域市场的巡访和监控缺失、区域市场内渠道管控不到位、对区域市场内客户需求变化了解或反馈不及时等因素，导致企业未能及时发现扰乱市场正常秩序的行为，或未能及时了解各经销渠道与客户的需求变更及意见反馈，使企业面临市场稳定性不足、难以实现市场维护目标等后果的可能性。

示例：

2015 年，LL 公司启动品牌重塑计划，具体内容为对 LL 公司品牌进行换标，同时把消费人群定位为"90 后"，品牌定位为"时尚、酷、全球视野"，随后 LL 公司的"90 后"广告一时间铺天盖地。随着爱国主义的加持，LL 公司一度在"90 后"群体中变得十分火爆。在定位"90 后"后，公司开始对产品提价销售，提价幅度为 7% 至 17.9% 不等。但是由于市场维护不到位，对区域市场内客户需求变化反馈不及时，LL 公司的销量开始走下坡路。提价之后的市场反应便是销售量下滑，营业收入下跌，紧接着 LL 公司开始面临高库存的危机，这也让 LL 公司彻底陷入被动。最终，这次"90 后"的定位让 LL 公司品牌陷入了停滞的境地，使得品牌声誉下滑、产品口碑下降、客户大量流失。

在市场维护过程中，企业只有完善区域市场的巡访和监控、定期维护区域市场内渠道、及时了解客户需求变化，才能有效避免因未能及时了解各经销渠道与客户的需求变更等信息而导致的市场稳定性不足、难以实现市场维护目标等后果。

（3）品牌宣传风险

品牌宣传风险是指企业因未及时对广告宣传投放渠道、投放平台、投放时间进行合理筛选和组合，未及时对广告投放效果进行测评和总结，缺乏对不利舆论及虚假信息等的动态监控和收集识别，导致企业广告宣传投放效果不足，未能及时发现负面舆论并采取合理措施，使企业面临广告宣传投放资金浪费、企业声誉和形象受损等后果的可能性。

示例：

2021 年，HM 公司委托其全资子公司 HFT（上海）科技有限公司对公司 APP 中销售商品的广告宣传页面的内容进行设计制作与发布。随后 2021 年 2 月至 2022 年 7 月，HM 公司通过 APP 对"JSM 马油洗发液"等三款洗发液、护发素进行销售，并在宣传展示页面中写有"防脱发""防脱、防秃"等宣传语。经国家药品监督管理局普通化妆品备案管理系统查询，上述三款商品均办理的进口非特殊用途化妆品备案凭证，属于普通化妆品，且在配方构成中对应的"主要使用目的"无防脱发功效，故不应对外宣传"防脱发"。HM 作为广告主，在委托下属企业设计制作及发布前，已知晓上述三款商品为普通化妆品且不含有"防脱发"功效，却因未履行审核职责，对外广告宣传中使用了欺骗、误导消费者的"防脱发"功效宣传。最终，2022 年10 月，HM 因发布虚假广告被浦东新区市场监督管理局罚款。

在广告宣传投放等品牌推广过程中，企业应对广告宣传投放方案严格审批，合理筛选和组合广告宣传投放渠道、投放平台、投放时间，测评和总结广告投放效果，避免发布不真实、不准确的宣传信息，造成企业声誉和形象受损。

（4）营销渠道风险

营销渠道风险是指企业的产品从生产到转移至消费者手中的全过程中，因路径选择的不适当等因素影响，导致企业直营或所选择的经销渠道不能满足销售目标实现等后果的可能性。

示例：

家电行业通过激烈的价格战，形成了专业家电连锁终端商，规模厂家出现，导致行业整体利润率不断下降，行业进入微利时代。RH 公司扮演了彩电渠道变革的急先锋，RH 公司渠道改革的核心是全面推行"代理制"。RH 公司一口气砍掉旗下 30 多家分公司以及办事处，同时，RH 公司对其选定的代理商提出了现款拿货的严格要求。RH 公司在调整渠道前预想，可以借助国内新出现的 QL 家电连锁终端进行销售，继而争取专业代理商加盟。在这种思路下，RH 公司匆匆砍掉了自己的自建渠道，从全国各大商场、超市中撤柜，并大量裁撤售后服务人员。但 QL 家电连锁终端主要集中在一级、二级城市，在这些城市中间，RH 公司彩电由于不具备强大的品牌影响力、对消费者吸引力不强，销售额直线下降。最终，销量锐减切断了 RH 公司的现金流，售后问题则直接打击了消费者和终端商对 RH 公司彩电的信心，曾被 RH 公司彩电寄予厚望的连锁家电销售商对 RH 公司彩电丧失信心，北京国美率先撤柜，至此，RH 公司无力回天。

企业只有建立完善的营销渠道风险管理政策，关注市场供需变动、政策调整、营销方案、销售队伍、销售渠道、广告宣传投放、售后服务等因素，才能精准定位营销渠道，提升品牌竞争力。企业只有保障渠道供给能力、产品与售后服务，才能满足大客户需求，避免大客户流失。

（5）市场应急处理风险

市场应急处理风险是指企业因未能及时准确辨别出对市场存在不利影响的舆情信息或对相关信息分析、判断、处置不及时、不合理等因素，导致企业未能及时采取相应措施进行预防，使企业面临负面舆情事件升级或失控、影响正常市场营销目标达成等后果的可能性。

示例：

有网友在社交媒体上指出，在日本销售的 HT 公司酱油除了水、大豆、小麦以及食盐、砂糖之外，并无其他添加成分；而在国内销售的 HT 公司酱油添加了焦糖色素、苯甲酸钠、三氯蔗糖等添加剂，HT 公司因此逐步深陷"双标"舆情危机。接着，HT 公司第一次声明，称产品中食品添加剂的使用及其标识均符合我国相关标准和法规要求，并表示要就恶意造谣中伤的行为追究法律责任，但未回应舆论关注的"双标"问题，招致舆论跟进抨击。HT 公司第二次回应称，简单认为国外产品的食品添加剂少或者认为有添加剂的产品不好，这都是消费者的误解；有人企图用"双标"来挑起矛盾对立，严重影响"中国造"的世界声誉。由于 HT 公司对消费者的指责和试图利用"中国造"来转移视线的行为再度受到舆论抨击，HT 公司调动中国调味品协会的力量，协会发布声明表示同一类产品的标准要求会有所不同，标准本身并不存在高低之分，并"支持因舆情受到影响的调味品企业依法维权"。该声明引发网友批评，指出 HT 公司与中国调味品协会存在利益捆绑，相关标准制定使 HT 公司既做"运动员"又做"裁判员"，对 HT 公司"双标"的怀疑更加高涨。最终，面临负面舆情事件持续升级、逐渐失控，

HT 公司的正常市场发展受到了长期影响。

　　HT 公司在舆情处理过程中没有对质疑进行直接解释，而选择了转移视线和逃避问题，从而导致事件进一步发酵，造成更加严重的品牌信誉损失。企业在市场应急处理过程中，需针对舆情信息及时、准确辨别出是否存在对市场的不利影响或影响程度，使市场部门采取相应措施进行预防，从而避免事件扩大和升级。

3.3　货畅其流，利无尽头：企业运营风险

3.3.1　案例导读

风险问题

库存积压非小事

　　PD 集团 2011 年在全国范围内新开汽贸经营网点近 400 家，到 2013 年年底，营业网点已达到 1351 家，除了不断投入资金（包括自筹资金）买地皮、建店铺外，PD 集团还涉猎共享汽车、汽车新零售等领域。2018 年，PD 集团总亏损 60 多亿元。2018 年，中国车市出现了 28 年来的首次负增长，2018 年经销商新车毛利从 2017 年的 5.5% 下降到 0.4%，经销商的亏损面从 2017 年的 11.4% 增加到 39.3%。2019 年 4 月，汽车经销商库存预警指数达到 61%，同比上升 6.47 个百分点，库存预警指数仍在警戒线之上。PD 集团汽车销售出现了问题，汽车大量积压待售。以前汽车销售的火热掩盖了库存管理的重要性，如今充分暴露出了 PD 集团对库存周转的风险防范措施不力。2018 年年末，PD 集团拥有的经营网点缩减至 806 家，比上一年减少了 229 家。PD 集团 2019 年 5 月因无法清偿到期债务被债权人申请重整。

如何破解

要平衡流动性，提高物流效率

库存积压就等于投入的资金被冻结，随之而来的就是维持费用增加，如人工、租金、损耗等。供应链管理有个很重要的原则是平衡流动性，流动性是供应链的首要目标。平衡流动性是全流程的平衡，包括采购、生产、铺货、销售、回款等，有物的平衡也有资金的平衡。从维持稳健经营角度来说，平衡流动性是十分重要的。只有物流的效率提高了，资金流的效益才会随着提升。PD集团忽视存货管理的重要性，致使库存周转不畅。货畅其流，利无尽头，企业运营风险的防控就是要平衡流动性，提高物流效率。

知识术语

运营风险

运营风险是指企业内部投资、研发、采购、生产、销售、人力资源、财务、信息系统、行政事务等管理体系缺失或执行不力等因素，导致企业内部运营不畅，各业务环节难以打通并高效联动，使企业面临运营效率低下、难以实现预期经营目标等后果的可能性。运营风险的特征如下。

①内生性。与其他风险相比，运营风险的内生性特征更明显，是因为企业内部日常运营管理中会形成各种风险。

②效率性。企业应聚焦运营管理机制设计和执行的有效性。运营风险是在企业日常经营管理制度流程制定、操作过程中产生的，会对企业整体运营效率产生重要影响。

③可控性。企业可以通过内置手段，例如改善制度流程与管理机制、强化业务执行的监督与考核等，最大可能地降低运营风险的发生可能性和影响程度。

3.3.2　企业运营风险二级分类

运营风险所包含的二级风险可以按照业务单元和职能单元两个维度来划分。其一，按照业务单元（包括供应链单元和其他业务单元）划分，运营风险有采购管理风险、供应商管理风险、生产管理风险、销售管理风险、经销商管理风险、客户管理风险、物流仓储风险、技术研发风险、产品开发风险、质量管理风险、工程项目管理风险、健康安全环保风险等；其二，按职能单元划分，运营风险具体可分为投资管理风险、资本运作风险、关联交易风险、人力资源管理风险、绩效考核风险、预算管理风险、会计核算及其报告风险、信息系统风险、制度流程管理风险、行政管理风险等。

1. 业务单元

（1）采购管理风险

采购管理风险是指企业在采购管理活动中，由于采购计划不合理、采购活动未执行有效审批、采购定价机制不科学、采购方式选择不当、采购过程监督不到位、采购验收管理不规范等原因，采购计划执行困难或采购失败，使企业采购活动预期目标难以实现，甚至造成企业资金损失的可能性。

示例：

王某系 YL 集团总经理兼集团董事长，在上任之后，他利用职务之便，将集团三年来所有的水松纸采购供应生意通过单一来源采购的方式交给了个体商贩陈某，采购商品质次价高，造成企业严重损失，并涉嫌刑事犯罪，王某最终获有期徒刑 14 年。

采购活动是腐败的多发区，是风险防控的重点领域。企业在采购管理活动中，需设定合理的采购计划、执行有效的采购活动、全面严格监督采购过程、规范采购验收管理、严格审核采购付款，避免采购舞弊案的发生，造成经济损失。

（2）供应商管理风险

供应商管理风险是指企业在供应商管理活动中，由于对供应商的准入、选择、评审、考核评估等管理不到位，出现采购物资质次价高、供应商供货不及时等问题，影响采购进度和效率，使企业采购目标无法实现，进而贻误企业生产进程的可能性。

示例：

Z 招标公司受采购人 H 集团委托，为该中心"监测系统采购项目"进行招标。经过评标专家评审，B 公司被确定为中标候选人，但公示后收到了举报。调查发现，B 公司的投标文件显示其投标产品的技术参数符合招标文件要求，但产品运营商提供的材料证明投标产品的部分数据参数与招标文件不符。最终 H 集团终止了与 B 公司的合作，对 B 公司的信用和收入都造成了严重的损失。由于 Z 公司对供应商的准入、选择、评审、考核评估等管理不到位，导致委托人 H 集团的供应商供货不及时，严重影响 H 集团的采购进度和效率。

企业只有建立严格的供应商准入机制，对供应商资质进行有效审核，才能全面提升采购质量，避免出现选择向非合格供应商采购，以致发生舞弊或遭受欺诈的情况。

（3）生产管理风险

生产管理风险是指企业在生产管理活动中，由于生产计划制定不合理、生产能力不足、生产设备出现故障等因素，无法及时生产出足够的合格产品，导致企业无法按预定成本完成生产计划或生产计划执行出现偏差，使企业难以完成生产任务的可能性。

示例：

W 蜂业有限责任公司于 2018 年由于生产能力、人员、设备等因素的不确定性，无法及时生产出足够的合格产品，均未依据《食品安全法》和农业部（现为农业农村部）2292 号公告要求，对蜂蜜中诺氟沙星等 4 种兽药残留项目进行检验、处理，致产品中诺氟沙星残留量超标。该批蜂蜜在省市场监督管理局组织进行的食品安全抽样检测中，检测结果为不合格。最终，公司受到行政处罚，影响公司正常运营。

企业需建立完善的生产管理制度，严格监管生产人员、生产设备、生产能力，避免生产过程中因不确定因素而无法及时生产出足够的合格产品，导致企业无法获得更多收入或提高市场占有率等问题，进而使企业生产经营目标难以实现。

（4）销售管理风险

销售管理风险是指企业在产品或服务的销售活动中，由于销售计划、销售定价、销售政策等制定不合理或未经过适当审核和审批，出现产品积压、削价销售等问题，使得企业销售目标未达预期，难以完成既定销售任务，造成企业经济损失的可能性。

示例：

裴某进入 K 公司作为销售业务员，主要负责某地区的产品销售工作。为了完成销售业绩目标，裴某采取了低价向客户销售产品，再用公司的返利来弥补差价的方式。两年后，由于公司返利不及时，裴某发现巨大的亏空难以弥补，决定从客户身上想办法。于是，裴某找到平时有业务往来的杜某，并透露产品马上就要涨价的消息，让其赶紧囤货。杜某对裴某一直很信任，于是分多次汇给裴某 107 万元货款，但杜某实际只收到了 14 万元的货。同时，裴某还以各种名义要求其他销售商进货。裴某收到钱后，也给这些销售商送了一部分货，但都未将货送全。事后，K 公司承担了赔偿责任，向受损的销售商退赔货款或足额发货，为此花费了 400 余万元。2014 年 11 月，裴某因职务侵占罪一审被判处有期徒刑 12 年，并需赔偿 K 公司货款 290.5 万元。K 公司销售制度存在漏洞，被有心之人利用，给公司造成经济损失。

企业在产品或服务的销售活动中，需制定严密的销售管理制度与合理的销售政策，严格审核审批销售计划，避免导致产品积压、削价销售、虚假销售等问题而造成企业经济损失。

（5）经销商管理风险

经销商管理风险是指企业在经销商管理活动中，由于对经销商的准入、评估、培训、监督、检查、考核等不到位造成引入的经销商无法达到预期要求，或因经销商供货渠道、商务政策等相关管理机制未建立完备并有效运营，导致经销商管理未达预期目标，使得企业产品销售受到不利影响，甚至造成企业经济利益损失的可能性。

示例：

2002 年春节刚过，GL 公司湖北空调销售代理和江西空调销售代理先后被"砍掉"了。他们都是与 GL 公司有着多年合作关系的核心经销商。之所以被 GL 公司"砍掉"，是因为他们在过去的合作中赚了很多钱，钱赚多了以后，他们便开始不满足于仅仅服务于 GL 公司一个"管理者"，他们要自己为自己做主。于是他们便公开地销售与 GL 公司形成竞争的品牌产品。由于 GL 公司绝对不允许它的一级经销商销售竞争品牌的产品，他们便遭到了 GL 公司的"残酷封杀"。他们原以为 GL 公司不会甚至不敢这么做，因为他们在 GL 公司的 11 家核心销售商中功劳卓著，有相当的影响力。但是，GL 公司还是坚决地把他们给"砍掉"了。

按照经销商对待产品的态度，经销商可分为忠诚经销商、品牌转移经销商和无品牌忠诚经销商三类。从风险防控的视角，经销商管理的重点，就是培养对本厂家产品忠诚的经销商和率先使用者。

（6）客户管理风险

客户管理风险是指企业在大客户、直营客户等的管理活动中，由于客户信息收集、客户关系维护、沟通和投诉维权、商务政策、售后政策等管理机制未建立或未有效执行，客户管理效果未达预期，影响产品销售的可能性。

示例：

2014 年，客户王某年日均个人金融资产最高时达到 1200 余万元，是某分行营业部的贵宾客户，享受预约及贵宾通道服务。但由于该分行营业部未建立客户关系维护机制，且未有效维护客户关系，导致后来客户王某购买的基金暂时亏损而未得到妥善处理。最终，客户王某将资金存款转出，终止与该分行营业部的合作，造成客户流失和商誉损失。

企业在大客户、直营客户等的管理活动中，应建立并执行有效的客户信息收集、客户关系维护、沟通和投诉维权、商务政策、售后政策等管理机制，提升客户管理效果，从而提高产品销售量、提升公司口碑、避免客户流失。

（7）物流仓储风险

物流仓储风险是指在物流仓储管理活动中，由于物流仓储管理机制不健全或执行不规范，导致物流仓储无法有效为日常运营形成有效支撑，对供应链运行产生不利影响，使企业蒙受经济损失的可能性。

示例：

2013 年，BDH 集团控股子公司黑龙江省 BDH 米业公司未对存货等实物资产实施有效控制，如黑龙江省 BDH 米业公司期末存货盘点中有 3.70 亿元未见实物，该公司未能提供这些存货的存放地点或去向。黑龙江省 BDH 米业公司由于物流仓储管理机制不健全、财务执行不规范，导致物流仓储无法为即时盘点形成有效支撑，公司对实物资产动态掌握不清，最后对 BDH 集团造成了重大经济损失。

在物流仓储管理活动中，企业只有建立健全的物流仓储管理机制、规范执行物流仓储规章制度，才能使物流仓储对日常运营形成有效支撑，提升供应链运行效率，避免因物流仓储管理不当而造成经济损失。

（8）技术研发风险

技术研发风险是指企业在技术研发管理活动中，由于研发方向不明确、研发力量不充足、技术设计不完善、试验验证不充分、外部保障条件不确定、技术研发攻关难度大、项目执行与规划目标偏离、管理能力不足等原因，导致技术研发任务无法高效完成甚至存在失败风险，使企业面临技术研发目标难以实现、市场竞争力下降等后果的可能性。

示例：

2011 年，HW 公司曾凭借在 C&C08 交换机上率先提供 ISDN（综合业务数字网）技术而攻克全国的市话市场，因此 HW 公司也同步开始 ISDN 终端的研发。HW 公司本希望 ISDN 终端产品能同步于电信局 ISDN 业务的推广成为热卖的产品，但由于研发力量不足、技术设计不完善，HW 公司的 ISDN 终端在使用过程中出现了很多问题，其中最大的问题是防雷。当时夏天打了一次雷，结果就打坏了一大批 ISDN 终端，最后 HW 公司只好免费为用户更换。最终，随着中国市场 ISDN 技术很快被 ADSL（不对称数字用户线）技术所淘汰，ISDN 终端项目也以亏损告终，给 HW 公司带来了大量经济损失，使 HW 公司的市场竞争力在一段时间内出现下滑。

企业在技术研发过程中，只有明确研发方向、充实研发力量、完善技术设计、结合客户需求定位，才能避免技术研发任务失败及竞争力下降等后果。

（9）产品开发风险

产品开发风险是指企业在产品开发管理活动中，由于产品开发计划制定不合理、产品开发设计偏离市场偏好和国家标准、产品试制试验管理不到位等原因，导致企业产品开发任务无法完成甚至存在失败风险，影响产品正常上市，使企业面临产品开发目标难以实现、市场竞争力下降等后果的可能性。

示例：

2016 年 3 月 18 日，LN 公司首款国产 SUV 上市。随后，LN 公司又导入了 LN 品牌一系列的 SUV 车型。随着此后 SUV 红利的消退，LN 公司也暴露出了产品谱系不完整的问题。在国家发改委核准的 LN 公司乘用车项目中，LN 公司在武汉的生产目录内并不包含轿车。最终，2020 年 4 月 14 日，DF 汽车和 LN 汽车同时宣布了 LN 公司的"死亡"：双方拟将对 DFLN 进行重组，法国 LN 拟将其持有的 DFLN50% 股权转让给 DF 汽车，LN 公司停止 LN 品牌相关业务活动。LN 进入中国时机太晚，产品不适应中国市场的需求。

企业在产品开发管理活动中，只有制定合理的产品开发计划，确保产品开发设计符合国家标准、市场偏好和产品定位，才能避免产品开发失败、影响产品正常上市，从而稳步提升企业市场竞争力。

（10）质量管理风险

质量管理风险是指企业在质量管理活动中，由于产品设计考虑不周、生产技术水平不足、生产过程把关不严等原因，产品质量不达标，且因缺乏生产质量管理体系和标准、未定期对质量管理目标进行监督、质量危机处理不当等因素，导致产品因质量问题侵犯消费者权益，使企业面临巨额赔偿和商誉受损的可能性。

示例：

针对央视 2022 年"3·15"晚会报道的 DZ 公司 DSG（Direct Shift Gearbox，直速换挡变速器，简称为 DSG）存在安全隐患的问题，DZ 公司 16 日通过其官方微博做出回应。DZ 公司将积极配合相关主管部门的工作，将实施主动召回以解决 DSG 问题，有关召回具体细节，DZ 公司将于近期公布。国家市场监督管理总局新闻发言人李某 16 日说，已依法通知 DZ 公司实施召回，DZ 公司如果不履行法定义务，国家市场监督管理总局将责令召回。2012 年 3 月以来，国家市场监督管理总局一直对 DZ 公司 DSG 变速器动力中断故障问题进行跟踪调查。在开展缺陷调查和多次约谈督促下，2012 年 5 月，DZ 公司将 DSG 变速器质量担保期延长到 10 年或者 16 万千米。国家市场监督管理总局重点对动力中断问题开展了缺陷调查，先后征集故障信息 1 万余条，回访用户 3000 多名，开展现场调查 12 次，并对掌握的 DSG 故障件进行缺陷工程分析，组织专家论证 7 次，基本认定 DSG 变速器存在缺陷，导致动力中断，会产生安全隐患。2022 年 2 月 27 日，国家市场监督管理总局再次约见 DZ 公司，要求 DZ 公司采取召回措施，尽快解决 DSG 故障问题。

汽车召回影响了企业声誉，并耗费大量的人力、物力、财力。企业在质量管理活动中，应建立完善的生产质量管理体系和标准，严格把关生产过程和产品质量，定期对质量管理目标进行监督，避免出现产品质量不达标和产品因质量问题侵犯消费者权益的情况，避免使企业面临巨额赔偿和商誉受损。

（11）工程项目管理风险

工程项目管理风险是指企业在工程项目建设实施过程中，由于项目管理机制不健全、实施过程管理不规范、执行监控不力等因素，导致造价超概预算、质量进度未达预期，使企业工程项目建设目标难以达成，甚至出现违规行为的可能性。

示例：

2016 年 11 月 24 日，江西省某市电厂三期在建冷却塔施工平台发生倒塌，造成横版混凝土通道倒塌。2016 年 11 月 28 日，公安机关将涉嫌重大责任事故罪的 9 名责任人依法刑事拘留。事后，确认 74 人遇难、2 人受伤，直接经济损失 10 197.2 万元。企业由于工程项目管理机制不健全、实施过程管理不规范、执行监控不力，导致施工现场管理混乱，对拆模工序管理失控，工程项目质量不达标，项目负责人滥用职权、违规赶工，最后造成重大伤亡和财产损失。

企业在工程项目建设实施过程中，应建立健全项目管理机制，严格监管实施过程和执行情况，避免出现企业工程项目建设目标难以达成，给企业造成各方面的损失。

（12）健康安全环保风险

健康安全环保风险是指企业因安全生产、交通、消防、环保等各项制度建设及体系建设不完善、执行不到位等因素，在生产经营过程中对安全生产管理不力、职业健康保障工作未严格按照国家法规要求开展，环保工作落实不到位，使企业面临健康、安全、环保事故风险，遭受经济处罚且声誉受损等后果的可能性。

示例：

2015 年 1 月 5 日，山东省某市环境监测站对该市某热电有限公司外排废气现场监测，发现二氧化硫、氮氧化物超标，给予立案处罚。1 月 9 日，市环保局又向该公司送达责令改正违法行为决定书，责令立即停止大气污染物超标排放违法行为，并做出处罚决定。1 月 19 日，市环境监察支队会同市环境监测站对其进行复查，经监测，外排废气二氧化硫超出国家最高排放标准 200 毫克／升的 9 倍。23 日，市环保局向某热电有限公司下发《行政处罚事先告知书》，告知书上写明，该单位超标排放大气污染物拒不改正，已调查终结。环保部门做出立即改正违法行为和罚款人民币 100 万元的处罚决定，对该公司实施按日连续处罚。

企业应建立完善的安全生产、交通、消防、环保等制度体系并严格执行，增强健康、安全、环保管理能力，避免发生健康、安全、环保事故而遭受经济损失且声誉受损。

2. 职能单元

（1）投资管理风险

投资管理风险是指企业在境内外股权投资活动中，由于投资前期决策论证不充分、缺少严格论证和有效的集体审议和批准流程、项目资金不到位、投资过程监督不充分、投后项目处置不当等原因，投资决策失误、投资进度缓慢、投资偏离既定目标或投资失败，使企业遭受经济损失、项目夭折等后果的可能性。

示例：

广西某电力股份有限公司 2011 年收购了湖北省某县电业发展有限公司，而湖北省某县电业发展有限公司被收购时存在项目发电未取得发电许可证、土地使用权证使用人信息未及时变更、电站经营管理权和租赁费长期未收回等严重问题。事后，湖北省某县电业发展有限公司这一项目投资进度缓慢，项目最终夭折。

企业在股权投资活动中，由于投资前期决策论证不充分、对实际情况不做细致调研、依据的资料缺乏，所以投资决策失误，这种盲目收购会给企业造成巨大的经济损失。企业要认真进行可行性研究，并依照程序进行股权投资决策。

（2）资本运作风险

资本运作风险是指企业因证券业务计划不完善、证券交易规程存在缺陷、资产证券化业务方案不合理等因素，不能及时发现证券业务违规交易、项目方案报批审批不及时不合理，使企业面临证券交易等资本运作手段形成的实际收益率偏离期望收益率等后果的可能性。

示例：

HH 公司主攻抗肿瘤创新药物，采取自主研发、合作研发和授权引进相结合的模式，构建抗肿瘤创新药产品管线。根据招股书，HH 公司成立 10 年来，共计有 19 个项目，其中 18 个为合作研发或授权引进的方式。由于 HH 公司未能统筹制定公司整体资产证券化业务方案，不具备研发独立性，未能合理地组织制定公司所属企业资本运作项目方案。事后，HH 公司上市申请被科创板上委会驳回，公司信誉受到影响，失去拟募集资金 31 亿元的机会。

企业应统筹制定资本运作项目方案，避免因资本运作手段不当或条件不成熟造成上市不成功等后果，造成经济损失或错失良机。

（3）关联交易风险

关联交易风险是指企业在关联交易控制过程中，因未能及时开展关联方识别或识别过程未经恰当审批、未按照企业制度及相关法规确定关联交易价格、未及时核对与披露关联交易账目与信息等因素，导致关联方识别不准确、关联交易定价不合理、关联交易账目核对不及时、关联交易有关信息披露不到位等问题，使企业面临财务报告不准确、利润转移、声誉受损等后果的可能性。

示例：

2018 年至 2020 年，HH 集团要求下属公司向集团及其关联方提供资金、违规担保，导致巨额资金占用。这是一起控股股东侵害上市公司利益的典型案例，严重损害了中小股东合法权益，受到了监管部门严惩。

企业需建立完善的关联交易管理机制，及时开展关联方识别、审批，避免违法损害关联企业利益，同时也避免给自身带来经济与声誉损害。

（4）人力资源管理风险

人力资源管理风险是指企业因未建立或执行工资总额全流程闭环管理机制、人力资源调配不当、未建立规范的招聘培训标准与流程等因素，导致企业员工招聘录用不规范、人力资源难以满足企业需求、人工成本管控不到位等后果的可能性。

示例：

梁某原系广州某银行支付副行长，后来被广东 JN 公司聘为董事长助理，负责融资与管理事宜。梁某在职期间，广东 JN 公司通过其关联公司每月向梁某发放两份工资，梁某均有签收，在职期间梁某的平均工资为 17 000 元左右。2014 年 2 月因广东 JN 公司停产，梁某随后离职。后梁某以一份入职申请表向法院主张其工资标准为 50 000 元 / 月，广东 JN 公司尚欠其工资差额 97 万多元。入职申请表上记载了梁某的个人信息和个人简历，其中薪酬待遇的内容为基本工资 10 000 元和绩效 40 000 元，合计 50 000 元。而广东 JN 公司不认可梁某提供的入职申请表，称该表是梁某利用职务之便欺骗董事长在空白入职申请表上签名产生的。事后，广东 JN 公司虽然胜诉，但仍然损耗了额外的精力与声誉。

企业应建立或执行工资总额全流程闭环管理机制，加强日常管理，严格保管有关记录，防止有人钻空子而引起不必要的纠纷。

（5）绩效考核风险

绩效考核风险是指企业因绩效考核指标设定不科学或执行不力等因素，导致企业考核指标体系未充分考虑被考核单位的客观情况，忽视对考核结果的分析和运用，或薪酬分配与业绩贡献脱钩，使企业面临绩效考核流于形式、难以达成调动员工积极性目标等后果的可能性。

示例：

A 公司是一家小企业，由于刚刚起步，无论是部门数量还是员工人数都不多，基本一个部门只有一个管理者。在过去，A 公司采取的绩效考核方式是"自评"加"复评"，权重分别为 40% 和 60%。后来，企业管理者为了进一步追求企业发展、提高员工工作效率，决定实行绩效改革。改革的内容就是在目前的员工评价体系中，除了员工自评和主管评价以外，再加入"公共评价"的部分。所谓的"公共评价"，管理者的解释是让员工在绩效考核大会上阐述和总结自己这段时间以来的工作成果，并让本部门和其他部门进行评分。公共评价需要从该员工的专业性、积极性、工作完成情况、服从性等情况进行评分。在评分权重上，员工自评、主管评价和公共评价的权重分别是 40%、35% 和 25%。最终，该方案实行还未超过三个月便宣告失败。

企业在进行绩效考核时，不能盲目为了增加维度而忽略打分者会受到各种因素的影响而打出不合理的分数。

（6）预算管理风险

预算管理风险是指企业因预算编制不合理、缺乏严格的预算执行授权审批制度与监督反馈、预算调整依据不充分、预算考核不合理等因素，导致企业预算管理流于形式、难以实现预算管理目标等后果的可能性。

示例：

SJ 集团通过不断收购兼并企业，形成了医药、汽车、食品、酒业、饭店、农业、房产等几大产业并举的格局。SJ 集团有 400 多家公司，实行五级公司管理体系。然而，预算管理的缺失导致集团三级以下的财务管理已严重失控：SJ 系深圳本地银行贷款已从 98 亿元升至 107 亿元，而遍布全国的 SJ 系子公司和控股公司的贷款和贷款担保在 60 亿元至 70 亿元，两者合计，整个 SJ 系贷款和贷款担保余额近 180 亿元。随后，SJ 医药发出公告：因工商银行要求提前偿还 3.74 亿元的贷款，目前公司大股东所持有的公司部分股权已被司法机关冻结。至此，整个 SJ 集团的财务危机全面爆发。SJ 集团的财务危机是由于集团预算管理出现严重问题：集团全面预算下达不力，预算指标分解不够详细、具体；缺乏严格的预算执行授权审批制度，导致预算执行随意；预算编制所依据的相关信息不足，导致预算目标与战略规划、经营计划、市场环境、公司实际等相脱离。

企业应合理进行预算编制、严格执行预算授权审批制度与监督反馈，确保企业预算与企业整体情况相符，提升预算管理效率，避免预算管理流于形式、难以实现预算管理刚性约束目标等后果。

（7）会计核算及其报告风险

会计核算及其报告风险是指企业因会计政策和估计变更不当、会计核算不规范、财务报告编制不准确、财务报告未进行充分的审批与披露等因素，导致企业财务数据错误、财务报表和报告具有误导性，使企业面临声誉受损并遭受经济处罚等后果的可能性。

示例：

2019 年 12 月 2 日晚间，QS 公司公告，11 月 29 日公司收到中国证监会下发的《中国证券监督管理委员会行政处罚及市场禁入事先告知书》（以下简称《事先告知书》），QS 公司 2015—2018 年连续四年净利润实际为负，触及《深圳证券交易所上市公司重大违法强制退市实施办法》第四条第三项规定的重大违法强制退市情形，公司股票可能被实施重大违法强制退市。证监会认定 QS 公司 2015 年、2016 年年度报告存在虚假记载，同时存在 2017 年未按规定对关联方非经营性占用公司资金履行临时报告义务等相关情形。除面临强制退市外，证监会还拟对 QS 公司罚款 60 万元，拟对实控人刘某华罚款 90 万元、对关联人刘某罚款 30 万元，此外对其他相关人员拟分别罚款 20 万元、5 万元不等。证监会的《事先告知书》中指出 QS 公司 2015—2017 年的相关"罪行"。2015 年：违规确认销售收入、虚构客户销售回款、虚减坏账准备、虚增利润。2016 年：未如实对解除与太平洋证券的应收账款保理业务进行会计处理，虚增收入、利润及在建工程。2017 年：未按规定对关联方非经营性占用公司资金履行临时报告义务。针对刘某华及相关人员的种种违法违规行为，证监会下发了处罚决定。除了相关人被处以罚款外，刘某华因违法行为情节严重，被采取终身证券市场禁入措施。

"诚信为本、操守为重、坚持准则、不做假账"，这是对财会工作人员的基本要求。企业应当遵守《会计法》，真实完整地披露财务信息。企业财务报告应严格按照企业会计政策编制，严格按照规定权限和流程审批会对财务报告产生重大影响的交易和事项，避免出现违反会计准则要求导致企业面临声誉受损并遭受经济损失等后果。

（8）信息系统风险

信息系统风险是指企业因软件使用管理制度缺失或执行不到位、数据标准缺乏统一性、信息系统安全性不足或维护不到位等因素，导致企业未通过正规渠道统一购买正版软件、数据管理体系中数据难以交互、信息系统安全事故和服务器故障频发，使企业面临难以及时获取生产运营所需数据，或相关数据丢失、泄露等后果的可能性。

示例：

2013 年 3 月，支付宝转账信息被 GK 抓取，直接搜索相关网址就能搜到转账信息，数量超过 2000 条。2013 年 11 月，国内知名漏洞网站乌云网曝光称，某知名企业群关系数据被泄露，在迅雷上很容易就能找到数据下载链接。据测试，该数据包括 QQ 号、用户备注的真实姓名、年龄、社交关系网甚至从业经历等大量个人隐私。数据库解压后超过 90GB，有 7000 多万个 QQ 群信息，12 亿多个部分重复的 QQ 号码。随后关联公司回应称，此次 QQ 群泄露的只是 2011 年之前的数据，黑客攻击的漏洞也已经修复。不过这么大规模数据在网上公开，由此引发的后遗症很难消除。

企业应明确管理职责划分、规范统一数据标准、提升信息系统安全性，从而提升企业数据管理体系中数据交互效率，避免频繁发生信息系统安全事故和服务器故障，保障企业生产运营能够及时获取所需数据，保护数据安全。

（9）制度流程管理风险

制度流程管理风险是指企业在内部规章制度管理活动中，由于未建立有效的规章制度管理机制，或在规章制度计划、制定、审核、审批、发布、评估、修订、培训宣贯等环节管理不到位等原因，制度管理未达预期，无法有效指导企业和员工依法合规有序地开展日常经营管理活动，使企业目标无法达成的可能性。

示例：

2013 年 10 月 17 日，XEQ 公司公告，北京证监局日前向该公司下发《行政监管措施决定书》。该决定书中提到 XEQ 公司《董事会议事规则》相关条款违反相关规定，造成董事长个人权限过大，影响董事会、监事会及股东大会发挥作用，大额对外投资未能及时经三会审议并披露，不规范运作的问题屡屡发生。在 XEQ 公司的《董事会议事规则》中，董事长在长期股权投资方面的权限为"公司最近一期经审计净资产总额 10% 以内（含 10%）的单项投资额"。根据 XEQ 公司 2013 年半年报，公司净资产为 10.1 亿元，这意味着 1 亿元以下的长期股权投资，都可以由董事长决定。此外，董事会还将出售资产、资产抵押、对外担保事项、委托理财、关联交易等权限直接授权给了董事长。值得注意的是，在 XEQ 公司，孟某不仅是董事长，还是公司的实际控制人，通过直接或间接的方式，累计持有公司 37.45% 的股份。

企业不仅要强调内部规章制度执行的有效性，也要考虑设计的有效性，构建良好的激励机制和约束机制，有效指导企业和员工有序合规地开展日常运营活动，促进企业的健康发展。

（10）行政管理风险

行政管理风险是指企业因内部信息传递、档案管理、印鉴使用与保管等内部行政事务管理不到位，导致企业相关制度、行政公文执行受阻，档案文件遗失或受损，或发生私用滥用公司印鉴等问题，使企业面临管理效率低下或受到法律诉讼等后果的可能性。

示例：

2010 年，北京一家国有进出口公司在大连设立了全资子公司，进出口公司总经理郭某担任这家子公司的法定代表人。由于大多数时间郭某不在大连，为了工作方便，经过郭某的允许，外聘的大连这家公司的总经理林某保管着郭某的人名章。2011 年林某挪用公司资金为自己开设的公司支付有关费用。检察院以挪用公款罪起诉了林某，同时，郭某因没有保管好人名章而使公司受到损失，以渎职罪被起诉。

自己的人名章一定要妥善保管，以防止被不法人员滥用。企业需建立严密的印鉴管理制度，避免印鉴被盗用而使企业受损。

3.4　讲究生财、用财、聚财之道：企业财务风险

3.4.1　案例导读

风险问题

资不抵债陷入财务危机

深圳 XD 酒店是深圳市老牌酒店和上市公司，1994 年就已经在深圳证券交易所上市交易，至 2014 年年末有员工 272 人。注册资金 32 940 万元，因大股东违规担保、经济运行下行等影响，深圳 XD 酒店陷入财务危机，2014 年年报披露，其资产总计人民币 430 101 892.83 元，负债总计人民币 611 888 349.95 元，净资产为人民币 −181 786 457.12 元，已严重资不抵债。如在 2015 年年内不能实现"净资产为正""利润和扣除非经常性损益后的利润均为正"两个目标，将被终止上市，众多股东的股权价值将归零，债权人只能通过破产清算拍卖现有资产获得清偿，深圳 XD 酒店的员工将面临失业风险。2015 年 7 月 23 日，债权人正式向深圳市中级人民法院申请深圳 XD 酒店破产重整。2015 年 9 月 15 日，深圳市中级人民法院依法裁定受理深圳 XD 酒店破产重整案。

如何破解

化解财务危机须牢记理财"三道"

理财"三道"：一是生财之道，要增强企业盈利能力，培育好企业的造血机能；二是用财之道，加强资金管理，提升资金使用效率与效果；三是聚财之道，合理筹集资金，以满足企业经营投资的需要。按生财、用财、聚财这三个方面对财务风险进行分类，有利于企业有针对性地防控风险。

知识术语

财务风险

财务风险是指因资本增值能力、成本费用控制、款项回收、资金运用与循环、融资过程等因素的不确定性，导致企业获利能力较差、资金周转不畅、融资成本较高等，进而使企业面临经济损失的可能性。财务风险的特征包括以下两点。

①贯穿资金链。财务风险贯穿企业资金运行的全过程，体现在多种财务关系上，包括在资金筹集、资金运用、资金积累、资金分配等财务活动中产生的风险。

②价值导向性。与其他风险不一样，财务风险更注重价值形态，如盈利能力风险、现金流风险等均为对企业价值变化产生的影响。分析财务风险，有助于深入了解业务价值管理问题。

3.4.2　企业财务风险二级分类

财务风险所包含的二级风险可以按照财务活动主要环节涉及的"生财""用财""聚财"3个维度来划分。其中，"生财"环节事关企业的损益，主要有企业的盈利能力风险、成本费用风险、资产减值或管理损失风险和信用风险；"用财"环节事关资金使用，主要有资金管理风险、结算风险、外汇管理风险和衍生品交易风险；"聚财"环节事关企业筹资及债务偿还，主要涉及企业的融资事项，具体可分为股权融资风险、债务融资风险、现金流风险、担保风险。

1. 生财

（1）盈利能力风险

盈利能力风险是指企业因资本增值能力不足、资本结构不合理、资产运转效率偏低等因素，导致企业运营能力较差，不能够充分利用现有资源创造价值，造成企业面临盈利不能够满足日常经营支出，或一定时期内企业收益数额及其收益水平无法达到企业经济效益目标等后果的可能性。

示例：

　　某民营企业 2021 年面临的形势十分严峻。首先是上游产品、原材料等的涨价带来下游企业生产、经营成本上升，而该企业处于产业链的中后端，受成本上升因素的影响较大。其次是市场需求不足。该企业主要分布于产业链的下游，直接与市场对接。此外，供应链不畅通对 A 企业的影响也很大。虽然供应链不畅通，对所有企业都会产生比较大的影响，但从市场要素的流动来看，下游企业受影响的程度会更大。当年该企业经济效益目标没有完成，出现了多年来的首次亏损。

　　企业面对特殊情形，只有沉着应对，努力提升造血机能，采取有效手段增收节支，才能更好地生存与发展。

　　（2）成本费用风险

　　成本费用风险是指企业因成本费用开支不合理、成本费用管理经济效益不足等因素，导致成本费用开支不符合生产经营活动需要、费用开支过多存在损失和浪费，使企业面临成本费用过高、经济效益降低等后果的可能性。

示例：

　　2022 年 11 月某国《焦点》新闻周刊发布消息，某国当时有超过 30 万家，即约十分之一的公司正经历财务困难，面临破产风险。高能源成本、现有的供应链问题和通货膨胀正给某国许多公司带来挑战。某国和其他西方国家一样，由于拒绝俄罗斯燃料政策，面临着能源价格上涨和通货膨胀的窘境。由于燃料价格上涨，某国的工业在很大程度上会失去竞争优势。

　　成本费用高企，使企业失去竞争优势，盈利空间缩小，甚至出现亏损，乃至破产。企业应当时刻紧盯成本费用，防范因成本费用控制不力而引发的财务风险。

（3）资产减值或管理损失风险

资产减值或管理损失风险是指企业因资产管理意识与管理机制缺失等因素，导致存货库存结构不合理、固定资产闲置、无形资产低效使用，使企业遭受资产减值损失或相关管理费用增加等后果的可能性。

示例：

MD 公司对其产品"三通滴斗乳胶帽自动组装机"进行批量生产销售。张某 A、张某 B 在 MD 公司工作期间与该公司签订了保密协议，但仍利用职务之便，窃取了该公司"三通滴斗乳胶帽自动组装机"的相关技术图纸资料。之后，张某 A 成立了 FF 公司，并成为公司的法定代表人。随后张某 B 从 MD 公司正式离职，并受聘担任 FF 公司的副总经理。张某 A 利用上述窃取的技术生产 FF 牌"三通滴斗乳胶帽自动组装机"，张某 B 利用窃取的技术信息对机器设备进行调试指导并进行销售。经鉴定，在 MD 公司生产的"三通滴斗乳胶帽自动组装机"的技术信息中，"三叉件上料装置"和"三叉件扶正机构的结构设计"两项信息系不为公众所知悉，两公司的涉案产品涉及的主要技术信息基本相同。MD 公司发现技术信息被窃取后向公安机关报案，并对 FF 公司提起诉讼。经审理认为：FF 公司明知涉案商业秘密来源于 MD 公司仍然非法使用，实施了生产、销售侵权设备的行为，张某 A、张某 B 作为 FF 公司直接负责的主管人员、直接责任人员，违反约定或者违反权利人有关保守商业秘密要求，披露、使用其所掌握的商业秘密，并且以盗窃手段获取权利人的商业秘密，均构成侵犯商业秘密罪。最终，法院于 2014年 12 月 8 日判决：以侵犯商业秘密罪，判处 FF 公司罚金 400 万元；张某 A 有期徒刑四年，并处罚金 200 万元；张某 B 有期徒刑三年六个月，并处罚金 200 万元。

由于 MD 公司知识产权等无形资产管理意识薄弱，公司无形资产管理低效，易被窃取，造成资产损失。企业应建立完善的保密制度，严格管理商标、专利等无形资产，避免商业机密泄露和其他企业侵权。

（4）信用风险

信用风险是指企业因信用管理机制不完善或执行不到位等因素，导致企业缺乏合理的资信评估、未能建立和不断更新维护客户信用动态档案，使企业面临客户选择不当或客户授信不合理、交易对方不履行到期债务，致使难以按时回收应收账款、遭受经济损失等后果的可能性。

示例：

四川 A 商贸公司 2013 年通过中间人介绍，与 B 公司洽谈并承接了钢材供销业务。因 A 商贸公司误认为 B 公司为国企、误认为 B 公司资信良好，所以未对 B 公司进行事前调查，在随后的贸易过程中 A 商贸公司垫资 400 余万元，付款期限届满后，B 公司却以各种理由一直推诿，A 商贸公司无奈提起诉讼，但在诉讼过程中才发现 B 公司共涉诉达 40 余起，且为失信被执行人，完全没有履行能力。事后，A 商贸公司损失十分惨重。

信用能给企业增加价值。企业应建立完善的资信评估机制，建立和不断更新维护客户信用动态档案，让销售部门与信用管理部门对客户付款情况进行持续跟踪和监控，从而及时划分、调整客户信用等级方案，避免因客户信用风险而遭受经济损失。

2. 用财

（1）资金管理风险

资金管理风险是指企业因资金调度、资金往来、银行账户管理不到位等因素，导致企业资金调度未平衡生产经营各环节、资金随意挪用侵占、银行账户开立或注销不规范、银行账户分析不到位或不及时，使企业面临资金损失等后果的可能性。

示例：

国网 YA 市供电公司出纳拓某利用职务之便，私自挪用单位 3000 万元委托操盘手操作黄金期货。2016 年 7 月 28 日，拓某到 YA 市公安局经侦大队投案自首，案件随后被移交给 YA 市检察院查处。最终，此事件致使公司巨额资金无法追回，造成巨额国有资产损失。

资金管理存在漏洞，致使个别员工钻空子挪用侵占企业资金。企业应建立严格的资金管理机制，全流程监控和审核资金调度、资金往来、银行账户，规范银行账户开立或注销、及时核查银行账户，有效避免资金损失。

（2）结算风险

结算风险是指企业在结算过程中，因结算方式选择不当、结算操作过程不当或票据管理不善等因素，导致销售款项回收较慢、结算金额不准确、销售款项不能收回或遭受欺诈等问题，使企业面临资金使用效率低下、经济利益受损等后果的可能性。

示例：

2008 年雷曼兄弟银行宣布破产十分钟后，某国国家发展银行竟然还向雷曼兄弟银行汇去 3 亿欧元（相当于 300 亿元人民币）。要知道一个企业宣布破产后，就会进入资产清算行列，资产即将冻结。某国国家发展银行汇去的 3 亿欧元如同扔进水里只能听个响，连个水花都看不到。因此，某国国家发展银行平白无故损失了 3 亿欧元，被评为"21 世纪最愚蠢的银行"。而事后发起的内部调查显示，其实当时雷曼兄弟银行要破产消息已经传遍了，某国这家银行由上至下也全都了解这件事，但是事件依旧发生了。雷曼兄弟银行破产后及汇款前十分钟有关人员在干什么，为什么没有制止？首席执行官：这事应该由董事会决定是否撤销，所以没理会。董事长：下级还没有递交风险评估报告，所以不能做决定。董事会秘书：给风险部打过电话，但是占线，于是想等一会儿再打。风险部经理：正在打电话预约音乐会门票。负责处理与雷曼兄弟银行业务的高级经理：交代文员上网查找雷曼兄弟银行的资料后，去喝咖啡了。查资料的文员：在 10 点 3 分已经看到雷曼兄弟银行破产消息，于是去找经理，但是找不到，留了张便条就走了。结算部经理：没有接到停止转账通知，就按原计划转账了。

企业的第一道防线的工作人员要担负起第一责任，按部就班的工作方式往往是重大风险事件发生的导火索。

（3）外汇管理风险

外汇管理风险是指企业在外汇管理过程中因相关管理规定缺失或操作不当、对汇率波动缺乏监控与分析预测等因素，导致外汇使用超额或用途不当、外币交易操作失误、账户内外币持续贬值等问题，使企业面临外币资金购买力下降等后果的可能性。

示例：

某进出口公司代理客户进口比利时纺织机械设备一台，合同约定总价为 99 248 540 比利时法郎，最迟装运期次年 4 月。次年元月，进出口公司开出 100％合同金额的不可撤销信用证（开证日汇率美元对比利时法郎为 1∶36）。次年 3 月初，卖方提出延期交货请求，进出口公司用户口头同意卖方请求，延期 31 天交货。进出口公司对此默认，但未拟书面合同修改文件。3 月底，进出口公司根据用户要求对信用证做了相应修改：最迟装运期改为 5 月 26 日，信用证有效期展至 6 月 21 日。时至 4 月下旬，比利时法郎汇率发生波动，4 月 25 日为 1∶35，随后一路上扬。5 月 21 日货物装运，5 月 26 日卖方交单议付，同日汇率涨为 1∶32。在此期间，进出口公司多次建议用户做套期保值，并与银行联系做好相应准备。但用户却一直抱侥幸心理，期望比利时法郎能够下跌，故未接受进出口公司的建议。卖方交单后，经审核无误，单证严格相符，无拒付理由，于是进出口公司于 6 月 3 日通知银行承付并告用户准备接货，用户却通知银行止付。因该笔货款是开证行贷款，开证时作为押金划入用户的外汇押金账户，故进出口公司承付不能兑现。经反复协商买方用户不得不同意承付了信用证金额，支出 310

余美元。同时进出口公司根据合同向卖方提出延迟交货罚金要求 1 984 970 比利时法郎（按每 7 天罚金 0.5% 合同额计），约合 62 000 美元（汇率为 1：32）。最终，卖方仅同意提供价值 3 万美元的零配件作为补偿，此合同买方直接经济损失约 31 万美元，进出口公司的信誉也受到严重损害。

在外币管理过程中企业应建立完善的管理制度，严格按约定协议执行操作，实时对汇率波动进行监控和分析预测，避免外汇使用超额或用途不当、外币交易操作失误、账户内外币持续贬值等情况。

（4）衍生品交易风险

衍生品交易风险是指企业因衍生品交易方案拟定不科学、交易计划缺乏适当审批、衍生品交易执行不到位、衍生工具评价缺失等因素，导致衍生品交易方案未能达到预期，使企业面临交易风险增加甚至遭受经济损失等后果的可能性。

示例：

2014 年，ZHY 公司开始交易石油期权，并在交易中获利。前两个季度，油价攀升，ZHY 公司潜亏不断上升，ZHY 公司决定延期交割合同，交易量也随之增加，后为补加交易商追加的保证金，资金周转出现严重问题。10 月 10 日，ZHY 公司向其母公司首次呈报交易和账面亏损。10 月 20 日，ZHY 公司获得其母公司提前配售 15% 的股票所得的 1.08 亿美元资金贷款。10 月 26 日和 28 日，因无法补加合同保证金而遭逼仓，ZHY 公司蒙受 1.32 亿美元的实际亏损。11 月 8 日至 25 日，ZHY 公司的衍生商品合同继续遭逼仓，实际亏损达 3.81 亿美元。最终，12 月 1 日，ZHY 公司亏损达 5.5 亿美元，向当地法院申请破产保护，ZHY 公司在高风险石油衍生品期权交易中蒙受巨额亏损。

企业应当谨慎对待衍生品交易的高风险，要严格执行交易计划审批，不得超越审批权限，同时建立交易过程中的持仓预警报告、交易止损机制和风险评估制度，提升衍生品交易监控能力。

3. 聚财

（1）股权融资风险

股权融资风险是指企业在股权融资过程中，因股权融资方案制定不科学或缺乏必要审批、股权结构设置不当、对融资所获资金缺乏严密的跟踪管理等因素，导致企业盲目筹资、股权比例被逐步稀释、商业秘密泄露、筹集资金未按约定用途使用，致使企业控制权丧失，面临股权融资目标未能实现、遭受经济损失等后果的可能性。

示例：

2008 年，借着北京奥运会的东风，作为唯一的中餐服务商，QJN 的知名度在大江南北打开。张某为了让 QJN 上市，在 2008 年与 DH 资本签订一份对赌协议，DH 资本以 2 亿元获取张某手中 10.526% 的股份，而对赌成功的条件是张某要让 QJN 在 4 年内上市，但是 QJN 最终没有完成对赌条件，这也让张某面临窘境。2012 年，张某以 4 亿元"赎回"QJN。没想到，之后张某又错误地选择了 CVC，正因为这个决定，张某最后失去了对 QJN 的话语权，甚至一度闹到与对方对簿公堂，但是胜利并没有站在张某这边，对赌失败和错误选择让张某惨遭 QJN 扫地出门。

"对赌协议"是股权融资中极具风险的一种方式。企业采用这种方式要慎重：一是决策要量力而行，留有后手；二是要防止各种陷阱和骗局。

（2）债务融资风险

债务融资风险是指企业在债务融资过程中，由于年度债务融资计划制定不合理或缺乏必要审批、融资方案编制不科学、忽视利率变动情况、未对已开展的债务融资业务及时进行分析跟踪等因素，导致企业债务融资结构不合理、融资过程忽视战略导向、与实际生产经营需要不匹配，使企业面临财务费用过高、资金随意挪用造成经济损失等后果的可能性。

示例：

2013 年 2 月 28 日，XS 公司与 RS 公司签订《融资协议》，协议约定：XS 公司向 RS 公司提供借款 1000 万元，利率为 12%，期限为 1 个月的短期融资，到期不能清偿时，按中国人民银行规定收取罚息（在原利率的基础上加收 50%）。同日，XS 公司向 RS 公司开具金额为 1000 万元的中国农业银行转账支票，RS 公司出具"收到 XS 公司借款 1000 万元"的收据。约定的还款期限届满后，经 XS 公司多次催讨，RS 公司未能还款。为此，XS 公司诉至法院，请求判如所请。法院认为，XS 公司提交的与 RS 公司签订的《融资协议》、中国农业银行转账支票存根及 RS 公司出具的收条，能够证明 XS 公司向 RS 公司提供借款 1000 万元的事实。XS 公司要求 RS 公司归还借款 1000 万元的诉讼请求，证据充分，于法有据，予以支持。《最高人民法院关于人民法院审理借贷案件的若干意见》第 6 条规定："民间借贷的利率可以适当高于银行的利率，各地人民法院可根据本地区的实际情况具体掌握，但最高不得超过银行同类贷款利率的四倍（包含利率本数）。超出此限度的，超出部分的利息不予保护。"XS 公司与 RS 公司约定利率为 12%，但 XS 公司在提起诉讼时要求 RS 公司从借款之日到还款之日按照中国人民银行发布的同期同类贷款利率计算支付利息 91 万元，应视为对其自身权利的处分，予以确认。

企业进行债务融资应当遵守国家的法律法规，更重要的是到期偿还债务，否则因为逾期不还除要支付违约金外，企业的信誉也会受到大的负面影响。

（3）现金流风险

现金流风险是指企业因对外投资加大或研发项目持续投入、运用各项资产赚取利润的能力不足、资金管理水平较差等因素，导致企业资金压力较大、到期债务偿还保证程度不足、资金循环效率较低，使企业面临现金短缺、难以利用资产偿还长期债务与短期债务、生产经营陷入困境、声誉受损等后果的可能性。

示例：

从1999年9月MT控股成立伊始，其先后通过购买法人股等多种方式获取黄河化工、华资实业、宝商集团、爱使股份和西水股份等一批上市公司的股权，及大量银行、证券、信托等金融公司股权，形成资产近千亿元的庞大MT系。2008年，MT系因资金链断裂等原因面临崩溃，旗下上市资产纷纷转让他人。

资金链断裂引发上市公司倒闭的案例，时不时上演。企业在迅速发展过程中，一定要注意现金流的风险。

（4）担保风险

担保风险是指企业在担保运作过程中，因担保政策和相关管理制度不健全、资信调查不透彻、授权审批制度不完善、后续管理不到位等因素，导致企业未对被担保单位进行适当评估、担保业务审批不严格或不规范、担保决策失误、动态跟踪监控不当，使企业承担连带偿债责任等后果的可能性。

示例：

2015年5月28日，SM国际公告称，因全资子公司SM国际能源集团华南有限公司违规对外担保事项，公司收到上交所出具的《关于对SM国际能源集团股份有限公司及其有关责任人予以监管关注的决定》，对SM国际能源集团股份有限公司时任董事长郭某、时任总经理王某涛等人予以监管关注。2014年6月，该子公司为广州GY煤炭销售有限公司金额为2.2亿元的借款提供了连带保证责任担保。此后，广州GY煤炭销售有限公司经营亏损，该子公司因此承担担保责任。但其未披露前述事项，也未按规定履行董事会决策程序。SM国际在知悉SM国际能源集团华南有限公司上述事项后，进行了补充披露。上交所认为，SM国际违反了《上海证券交易所股票上市规则》有关规定。董事长郭某、总经理王某涛等人未能尽责，对违规行为负有主要责任。

企业应当评估担保所带来的风险，非必要不担保，尤其是非控股企业。必须担保的，上市公司应当履行必要的程序。

3.5　要有敬畏之心：企业法律风险

3.5.1　案例导读

问题提出

未按法规要求进行招投标

2013 年，某省电力公司在工程建设项目中，应招标未招标、未经公开招标或者违反招标规定签订合同 7.33 亿元。最终，该电力公司受到监管处罚，被要求整改，经济及声誉受到了损害。

如何破解

遵循法律法规

对法规要有敬畏之心，认真遵循法律法规，切忌胆大妄为。国有企业在开展招标管理工作时应规范招标程序，杜绝应招未招、化整为零、以紧急采购和单一来源采购为由规避招标的情况发生。

知识术语

法律风险

法律风险是指企业及其员工在经营管理过程中因违法违规行为引发法律行政责任、造成经济或者声誉损失以及其他负面影响的可能性。它包含了法律事务和合规行为两个方面的风险。法律风险的特征如下。

①严谨性。与法律、监管规定等高度对应，需要对照条文来识别风险，

灵活处理的空间较小。

②强制性。法律风险一旦发生，往往会带来一系列相应的法律行政责任，处理的后果带有强制性。

③关联性。法律风险不能独立地发生，与企业及员工行为紧密联系。如财务风险、市场风险、运营风险等如果没有控制好，可能会演变为法律风险。

3.5.2　企业法律风险二级分类

法律风险所包含的二级风险可以按照法律事务和合规行为两个维度来划分：其一，按照法律事务来划分，主要包括法律环境变化风险、合同风险和法律纠纷管理风险；其二，按照合规行为涉及的重点领域来划分，包含市场交易合规风险、劳动用工合规风险、财务税收合规风险、数据与信息保护合规风险、境外经营合规风险、安全环保合规风险、质量合规风险、知识产权合规风险、信息披露合规风险。

1. 法律事务

（1）法律环境变化风险

法律环境变化风险是指与企业运营相关的境内外法律法规、产业政策、监管要求等发生重大变化，企业未及时关注并采取应对措施，或未将相关要求在企业管理制度中进行内化，导致企业及员工的经营管理行为违反相关外部法规，使企业遭受法律制裁、监管处罚，造成重大财产损失或声誉损失以及其他负面影响的可能性。

示例：

HY 果汁在中国香港公布，可口可乐旗下全资附属公司大西洋公司将以 179.2 亿港元收购 HY 果汁全部已发行股本。然而，我国反垄断法于 2008 年 8 月实施，对"经营者集中"进行反垄断审查。所谓经营者集中，主要包括：经营合并；经营者通过取得股权或者资产的方式取得对其他经营者的控制权；经营者通过合同等方式取得对其他经营者的控制权或者能够对其他经营者施加决定性影响。可以看到，此规定将可口可乐与 HY 果汁的并购活动纳入国家反垄断审查的程序中。最终，商务部于次年 3 月 18 日表示，可口可乐并购 HY 果汁未通过反垄断调查。

企业应及时关注与企业运营相关的境内外法律法规、产业政策、监管要求等的重大变化，并采取应对措施，更重要的是将相关要求在企业管理制度中进行内化，避免企业及员工的经营管理行为违反相关外部规定，造成企业经济损失。

（2）合同风险

合同风险是指企业在合同订立、签订、执行、变更、解除等管理过程中，由于合同管理机制设计缺失或不合理，或员工在执行合同管理制度时存在瑕疵等原因，导致企业合同管理不当或未达预期，出现合同无效、合同履行瑕疵甚至合同违约等问题，使企业遭受经济、声誉损失等后果的可能性。

示例：

重庆 YX 市政府计划进行路段改建，项目业主为 YC 交通公司，投资合约方为 TPY 投资公司。之后，TPY 投资公司自行设立 GL 发展有限公司，且与中建某局签订建设施工合同，中建某局交纳 500 万元工程保证金。然而道路未能开工建设，中建某局请求返还 500 万元保证金未果，诉至法院要求返还保证金并赔偿损失，法院审理发现 GL 发展有限公司并无项目业主资格，建设施工合同无效，且上述公司均无偿还能力，中建某局只能向 YC 市政府请求偿还。最终，历时五年，中建某局终于追回 500 万元保证金，收回损失及延迟履行利息 225 万元。

企业应建立完善的管理流程，注重前期和中期的尽职调查，确保合同相对方有能力执行合同，从而保障企业利益免受侵害。

（3）法律纠纷管理风险

法律纠纷管理风险是指企业在开展法律纠纷处理和管理工作过程中，由于法律纠纷处理程序、法律纠纷案件管理、重大法律纠纷案件上报及应对机制等方面存在设计或执行瑕疵，导致企业未能及时启动、采取相关法律救济措施和行动，造成法律纠纷案件败诉风险上升，使企业遭受经济利益、声誉损失的可能性。

示例：

A 公司是 B 公司的经营分支机构。甲原就职于 B 公司，担任 B 公司的法定代表人，甲在职期间根据 B 公司安排，担任 A 公司的负责人并办理了工商登记，但甲并未参与 A 公司的实际经营管理，A 公司亦没有安排甲从事负责人职责的事宜。甲与 A 公司也不存在劳动关系，甲从未从 A 公司处领取任何工资或劳务报酬。因工商登记负责人系公司公示登记必备事项，A 公司长期将甲登记为 A 公司的负责人，甲经常需要应对市场监督管理部门、税务部门等的调查询问，这已实质对甲个人的工作、生活、信誉产生严重影响。通过公司内部各种救济途径，均无法变更法定代表人登记，故甲诉至法院，要求：A 公司解除原告甲作为其负责人登记事项。最终，A 公司未能及时在法定期限内采取法律救济措施，造成经济损失。

企业应依法行事，建立完善的法律纠纷案件上报及应对机制，降低法律纠纷案件败诉的风险。

2. 合规行为

（1）市场交易合规风险

市场交易合规风险是指企业在开展市场交易业务过程中，因市场交易合规管理机制存在设计或执行瑕疵，导致企业的市场交易行为和员工的履职行为违反有关法律法规、监管规定、行业准则和国际条约、规则，以及企业依法制定的企业章程、相关规章制度等要求，使企业遭受法律制裁、监管处罚，造成重大财产损失或声誉损失以及其他负面影响的可能性。

示例：

2020 年 12 月，国家市场监督管理总局依据反垄断法对 ALB 集团在中国境内网络零售平台服务市场滥用市场支配地位行为立案调查。经查，ALB 集团在中国境内网络零售平台服务市场具有支配地位。自 2015 年以来，ALB 集团对平台内商家提出"二选一"要求，禁止平台内商家在其他竞争性平台开店或参加促销活动，并借助市场力量、平台规则和数据、算法等技术手段，采取多种奖惩措施保障"二选一"要求执行，维持、增强自身市场力量，获取不正当竞争优势。最终，2021 年 4 月 10 日，市国家市场监督管理总局依法做出行政处罚决定，责令 ALB 集团停止违法行为，并处以其 2019 年中国境内销售额 4557.12 亿元 4% 的罚款，计 182.28 亿元。

企业应在市场交易过程中坚守市场公平交易原则，严禁垄断、不正当交易、商业贿赂等违法违规活动的出现，从而避免企业受到外部监管机构处罚，影响企业商誉。

（2）劳动用工合规风险

劳动用工合规风险是指企业在劳动用工管理等相关活动中，因劳动用工合规管理机制存在设计或执行瑕疵，导致企业的劳动用工行为和员工的履职行为违反有关法律法规、监管规定、行业准则和国际条约、规则，以及企业依法制定的企业章程、相关规章制度等要求，使企业遭受法律制裁、监管处罚，造成重大财产损失或声誉损失以及其他负面影响的可能性。

示例：

梁某于 2010 年 11 月 6 日入职某汽车公司，某汽车公司以某咨询公司的名义与梁某逐年签订劳动合同，梁某工资亦由某汽车公司发放。某汽车公司与某咨询公司于 2015 年 8 月 1 日签订《劳务派遣协议书》，其中对劳动报酬的数额及支付方式等重要事项均未作约定。某咨询公司没有劳务派遣资质，未对梁某进行任何管理。梁某因某汽车公司解除劳动关系申请劳动仲裁请求支付经济补偿等。广东省高级人民法院审理认为，某咨询公司从未对梁某进行过管理，双方无成立劳动关系的合同。某汽车公司通过虚假劳务派遣规避主体责任的行为，应为无效。虽然梁某与某汽车公司未订立书面劳动合同，但梁某按某汽车公司的规章制度接受某汽车公司的劳动管理，从事的工作是汽车公司的业务组成部分，工资报酬亦由汽车公司支付，双方具备实质劳动关系特征。因此，法院认定某汽车公司与梁某之间成立劳动关系，由某汽车公司承担用人单位主体责任。

企业在员工劳动关系管理等相关活动中，应依法签署劳动合同、建立合法劳动合同条款和内容，妥善处理员工劳动关系事宜，被派遣劳务用工引进需严格遵循法律法规要求，避免产生法律纠纷，使员工或企业合法权益得到保障，保护企业声誉。

（3）财务税收合规风险

财务税收合规风险是指企业在财务税收管理活动中，因财务税收管理机制存在设计或执行瑕疵，导致企业的财务税收管理行为及员工的履职行为违反有关法律法规、监管规定、行业准则和国际条约、规则，以及企业依法制定的企业章程、相关规章制度等要求，使企业遭受法律制裁、监管处罚、重大财产损失或声誉损失以及其他负面影响的可能性。

示例：

2016 年 9 月 13 日，FH 药业公告称，收到沪国税《税务行政处罚事项告知书》：根据《中华人民共和国税收征收管理法》，拟对 FH 药业应补缴的增值税、城市维护建设税税款处 1 倍的罚款，共计 147 718 733.39 元；同时，沪地税亦发布相关告知书，拟对 FH 药业应补缴的企业所得税处 1 倍的罚款，共计 118 772 115.13 元。国家税务总局上海市税务局第一稽查局称，FH 药业在 2012 年 7 月至 2014 年 11 月，收受 GSJD 虚开的增值税专用发票 1408 份，货物品名为日本产谷胱甘肽原料，45 500 千克，金额为 814 478 633.04 元，税额 138 461 366.96 元。另外，FH 药业于 2012 年至 2015 年，收受上海 QH 企业管理咨询事务所等 7 家公司虚开的增值税发票共计 468 份，金额 37 052 336.12 元，税额 2 223 141.03 元。上海市地税局方面的处罚前两项与上述国税一样，较之多出一笔的是，FH 药业于 2009 年至 2012 年，收受上海 QH 企业管理咨询事务所等 10 家公司虚开的普通发票共计 505 份，合计 68 536 205.39 元。

企业应有正确的纳税意识，同时要增强税务筹划能力，避免税务筹划方案不合理，使企业面临税收负担加重或声誉损害。

（4）数据与信息保护合规风险

数据与信息保护合规风险是指企业在数据与信息保护管理活动中，因数据与信息保护管理机制存在设计或执行瑕疵，导致企业的数据与信息管理行为和员工的履职行为违反有关法律法规、监管规定、行业准则和国际条约、规则，以及企业依法制定的企业章程、相关规章制度等要求，使企业遭受法律制裁、监管处罚，造成重大财产损失或声誉损失以及其他负面影响的可能性。

示例：

XP 汽车公司购买具有人脸识别功能的摄像设备 22 台并将其安装在旗下门店，以此统计进店人数并分析男女比例、年龄等。2021 年 1 月至 6 月，设备共采集上传人脸照片 431 623 张。该行为未征得消费者同意，也无明示、告知消费者收集、使用目的，违反消费者权益保护法。XP 汽车公司对此回应，人脸数据由第三方软件提供商收集和分析，数据已经全部删除。XP 汽车公司不存在泄露或违法使用个人信息的情况，仅通过客流到访量等非个人关联的数字数据作为经营状况的参考。最终，2021 年 12

月 14 日，上海市市场监督管理局官网公示，XP 汽车公司被徐汇区市场监督管理局罚款 10 万元。

企业应依法建立健全数据与信息保护的相关制度及流程，在信息系统管理过程中，依法履行数据安全保护规定，严禁擅自处理个人信息，导致违反个人信息保护相关法律法规，使企业经济利益和商誉损失。

（5）境外经营合规风险

境外经营合规风险是指企业在开展对外贸易、境外投资、境外日常经营等相关业务中，因境外经营合规管理机制存在设计或执行瑕疵，导致企业的经营管理行为和员工的履职行为违反境外所在国或地区有关法律法规、监管规定、行业准则和国际条约、规则，使企业遭受法律制裁、监管处罚，造成重大财产损失或声誉损失以及其他负面影响的可能性。

（6）安全环保合规风险

安全环保合规风险是指企业在日常生产经营活动中，因安全环保合规管理机制存在设计或执行瑕疵，导致企业的生产经营行为和员工的履职行为违反有关法律法规、监管规定、行业准则，使企业遭受法律制裁、监管处罚，造成重大财产损失或声誉损失以及其他负面影响的可能性。

示例：

青海 QY 水电站建设项目由 HH 水电开发有限责任公司投资建设，从 2013 年便开始建设但并未经过环评。2015 年 7 月 14 日，青海省环境保护厅（以下简称"青海省环保厅"）下达了《责令改正违法行为决定书》，责令 HH 水电开发有限责任公司于当年 12 月 31 日前完成"三通一平"工程环境影响评价文件审批。而因 HH 水电开发有限公司于 2015 年 11 月 25 日书面报告青海省环保厅称，不能按期完成青海 QY 水电站项目"三通一平"工程环境影响评价文件审批。2016 年 11 月 9 日，环保志愿者发表文章称：青海 QY 水电站早在 2013 年就已经全线开工建设，2016 年 10 月 23 日羊曲水电站坝肩正在浇筑，导流洞已经完工，泄洪构筑物已基本完工。HH 水电开发有限责任公司新闻中心负责人回复称，目前所进行的都属于水电站前期准备工作，正式施工以电站截流为目标，目前公司正集中精力处理桦柳保护问题。水电站的前期工程是"三通一平"，通水通路通电，平整场地。溢洪道、导流洞、泄洪洞工程应该不算前期工程，要建的话，也是需要通过环评的。水电站打擦边球，开始把大部分工程都做了，还剩最后一点说是正式工程。这应该属于未批先建。事后，根据《中华人民共和国环境保护法》和《中华人民共和国环境影响评价法》的相关规定，青海省环保厅于 2015 年 12 月 24 日对 HH 水电开发有限责任公司给予 20 万元罚款的处罚。最终，2016 年 11 月 8 日，青海省政府发文叫停了青海 QY 水电站项目，阻止了世界最大古桦柳林的移植，并给予行政处罚措施。

企业应在项目建设之前提前申报其对环境生态带来的影响，同时，严格按照监管要求对企业从业人员开展安全生产、环保等方面的培训教育，对于突发情况及时向有关部门报备，避免企业因安全环保不规范受到监管处罚，影响企业声誉。

（7）质量合规风险

质量合规风险是指企业在生产和销售活动中，因产品与服务质量管理机制存在设计或执行瑕疵，导致企业的生产销售行为和员工的履职行为违反有关法律法规、监管规定、行业准则和国际条约、规则，使企业遭受法律制裁、监管处罚，造成重大财产损失或声誉损失以及其他负面影响的可能性。

示例：

2022 年 2 月，在国家市场监督管理总局已经对某汽车公司启动缺陷调查情况下，某汽车公司根据《缺陷汽车产品召回管理条例》《缺陷汽车产品召回管理条例实施办法》的要求，向国家市场监督管理总局备案了召回计划，自 2018 年 10 月 20 日起，召回 TY 旗下有关品牌车辆，共计 3 326 725 辆。

某汽车公司旗下品牌全部牵涉其中。直至此次召回计划，某汽车公司终于承认了"分体式控制臂衬套"存在设计缺陷，这是在接到各类投诉五年以来，某汽车公司终于正确认识到了这一缺陷，对原厂为分体式控制臂衬套的车型安装下摆臂集成衬套的加固件进行召回，为车辆增加加固装置。

客户是上帝，质量是企业的生命，企业应对质量合规风险高度重视。若这一风险解决不好，企业可能蒙受经济和声誉双重损失。

（8）知识产权合规风险

知识产权合规风险是指企业在日常经营活动中，因知识产权合规管理机制存在设计或执行瑕疵，导致企业的知识产权管理行为和员工的履职行为违反有关法律法规、监管规定、行业准则，使企业遭受法律制裁、监管处罚，造成重大财产损失或声誉损失以及其他负面影响的可能性。

示例：

LQ 公司是全球领先的钟表制造品牌。LQ 公司通过登录 360 网页导航搜索京东、天猫并跳转至京东、天猫平台，进入福州 YX 公司所运营的"GH 旗舰店"对福州 YX 公司的侵权行为进行取证。LQ 公司主张，福州 YX 公司未经其许可长期在京东、天猫、淘宝、拼多多等平台上销售和推广侵害 LQ 公司商标权的表带，刘某、范某作为福州 YX 公司的股东，应与福州 YX 公司承担连带赔偿责任；厦门 SS 网络有限公司为福州 YX 公司提供网络服务构成共同侵权，并以厦门 SS 网络有限公司住所地作为法院管辖连接点。最终，法院判定福州 YX 公司立即停止侵害 LQ 公司涉案注册商标专用权的行为，立即销毁其侵犯 LQ 公司注册商标专用权的库存或待销售表带，赔偿 LQ 公司经济损失 55 万元。

企业应在合同中明确知识产权归属、使用限制、许可及利益分配、侵权责任承担等内容，充分准备知识产权申报工作和相关资料，在进行知识产权许可、转让过程中，严格履行知识产权许可、转让的审批、登记和备案等手续，建立有效的知识产权成果保护机制，对员工进行适当的知识产权保护宣贯和培训，避免企业因知识产权合规风险受到法律制裁、监管处罚、重大财产损失或声誉损失。

（9）信息披露合规风险

信息披露合规风险是指企业在对外进行信息披露的过程中，因信息披露合规管理机制存在设计或执行瑕疵，导致企业的信息披露行为和员工的履职行为违反有关法律法规、监管规定、行业准则，使企业遭受法律制裁、监管处罚，造成重大财产损失或声誉损失以及其他负面影响的可能性。

示例：

2013 年，RH 会计师事务所对 BDF 公司年度内部控制审计报告出具否定意见说明称，BDF 公司控股子公司黑龙江省 BDF 米业集团有限公司未对存货、固定资产等实物资产进行如实披露，如黑龙江省 BDF 米业集团有限公司期末存货中有 3.7 亿元未见实物，期末固定资产中有账面价值 4 844.23 万元未见实物。说明中指出，RH 事务所在执行库存监控程序时，发现黑龙江省 BDF 米业集团有限公司无法提供库存的地方和位置。黑龙江省 BDF 米业集团有限公司期末应收账款、预付账款及其他应收款余额中，有 8 574.88 万元，黑龙江省 BDF 米业集团有限公司未提供与这些往来相关的对账记录或确认记录。RH 事务所通过实施函证程序也未能取得对方单位的确认。RH 会计师事务所明确表示，上述事项已经构成公司内部控制重大缺陷。

企业应充分了解信息披露的外部监管要求，明确需要对外披露的信息范围和内容等事项，同时，严格按照外部监管要求进行披露，披露信息做到规范、及时、公平、公开。

第 4 章 | 掌握风险的船舵：第一道防线的风险应对措施

4.1 吃一堑长一智：构建风险事件库

4.1.1 案例导读

问题提出

财务造假案屡禁不止

2022 年 12 月 3 日，KL 科技公司公告收到证监会下达的行政处罚事先告知书。经查，2016 年至 2020 年 KL 科技公司与某公司合作开展"专网通信"业务，合作期间，KL 科技公司仅在 2016 年存在少量专网通信业务，其他专网通信业务均为虚假，仅是按照合同规定伪造采购入库、生产入库、销售入库等单据，没有与虚假专网通信业务匹配的生产及物流，以此虚增收入、利润。KL 科技公司 2016 年至 2020 年虚增营业收入 512.25 亿元，虚增利润总额近 60 亿元。据此，证监会拟对 KL 科技公司及相关责任人处以 60 万元至 1000 万元的罚款不等，对时任董事长朱某采取终身市场禁入措施。2023 年 2 月 8 日，KL 科技公司发布公告称，公司股票触发面值退市指标，将于 2 月 15 日终止上市暨摘牌。

如何破解

对风险事件要引以为戒

自 21 世纪初，美国安然世通财务造假事件发生后，虽然各国都采取了强有力的措施，但仍有企业进行巨大金额的财务造假，重蹈覆辙。吃一堑，长一智。企业要建立并完善风险事件库，对既往发生的本企业风险事件立卷建档，对其他企业发生的典型风险事件也要进行入库以做参考警戒之用。这样当发生风险时，企业可采取措施，建立预防机制，迅速对同类事件进行处理。

知识术语

风险事件库

风险事件库是指企业在风险发生后对事件的经过、处理、后果的记录的归集。风险事件包括本企业发生的事件，也包括其他企业发生的典型事件。风险事件库的特征如下。

①过去时。已经发生了，不是预计推论的事件。

②有价值。与本企业相关，即使是其他企业发生的典型风险事件，对以后处理类似风险事件也有借鉴、参考、警示价值。

③可复制。以后还可能发生。

4.1.2　常见风险事件

1. 战略风险事件

业务领域类战略风险事件如表 4-1 所示。

表 4-1　业务领域类战略风险事件

战略风险事件库 - 业务领域类	
人才战略风险	未制定公司人才战略或人才战略与公司战略总目标不一致，缺少对人才梯队建设宏观、全局、前瞻性规划和把握，导致人才战略缺失或失效
	未有效开展人才需求分析工作，缺乏对核心人才标准和核心能力的界定，或对公司核心人才、核心能力把握不准确，与公司实际需求不匹配，对公司人才战略规划的准确性、合理性造成影响
	未建立研发、技术等核心人才挖掘机制，未明确公司核心人才的有效来源渠道，未建立人才引进长远计划，导致公司难以通过有效渠道招聘核心人才
	未建立研发、技术等核心人才引进机制配套的保障机制，如科研经费、工作条件、科研仪器设备等，导致公司对核心人才的吸引力不足，或无法长期留住人才
	未建立研发、技术等核心人才培养体系，对公司紧缺、核心能力培育不足，导致公司储备人才难以适应公司发展需要

续表

战略风险事件库 - 业务领域类	
研发战略风险	未制定研发战略或研发战略与公司战略总目标不一致，缺少对研发能力、研发投入等因素宏观、全局、前瞻性规划和把握，导致研发成果无法得到有效应用，造成资源浪费，损害公司利益
	公司研发投入不合理，存在研发投入人员、资金、资源等过高或过低，或研发投入方向不正确等情况，导致公司研发发展受限、发展步伐滞后
	公司对前沿技术的研究在业内缺乏竞争力，短时间难以迎头赶上，导致公司核心竞争力不足
	未建立研发成果转化机制，或研发成果转化机制执行不力，导致研发成果转化率低，与实际应用之间差距较大，研发成果难以落地，影响研发成果商业价值的实现
	缺乏核心技术储备或技术储备不足，导致公司发展受限，难以快速提高竞争力
	未建立研发资源共享和业务合作机制，与外部科研院所、高等院校的合作不足，缺少与外部科研力量的良性互动，导致研发战略缺少有效输入，研发目标难以实现
产品战略风险	未制定产品战略或产品战略与公司战略总目标不一致，缺少对产品结构、布局等因素宏观、全局、前瞻性规划和把握，导致产品战略缺失或失效
	产品开发时机不合适，开发起步较晚，导致产品竞争力不足
	产品结构过于复杂，未形成明确集中的产品发展方向，缺少明星产品，进而导致产品集中度低，已有资源分散，无法形成整合优势
	产品结构过于单一，产品集中度过高，导致公司抗风险能力较弱，难以合理分散风险
投资战略风险	未制定投资战略或投资战略与公司战略总目标不一致，缺乏投资战略实施的保障措施，缺乏跟踪机制等，导致公司总体投资规划的可实施性不强或无法落地
	境外投资环境较为复杂，未充分考虑境外投资条件并对境外投资风险进行有效评估，增加境外投资战略的落实难度，无法达成境外投资目的
	非主业投资比重较大，在产业基础薄弱、缺乏资源优势的情况下布局新产业，造成公司财务压力过大，影响公司发展
	公司投资布局失误或存在缺陷，导致投资布局无法充分利用自身的资源优势，影响投资目标的实现
营销战略风险	未制定营销战略或营销战略与公司战略总目标不一致，缺少对整体营销策略、营销投入等因素宏观、全局、前瞻性规划和把握，导致营销战略缺失或失效
	不合理的营销战略导致营销投入不足或营销方式不当，导致消费者对产品认知不到位，无法打开销量
	公司营销战略未充分考虑市场容量是否足以保证可持续性营销，造成公司营销投入的浪费

战略风险事件库 – 业务领域类	
数字化战略风险	未制定数字化战略或数字化战略与公司战略总目标不一致，缺少对数字化技术发展、数字化转型可行性等因素宏观、全局、前瞻性规划和把握，导致数字化战略缺失或失效
	公司数字化战略未充分考虑信息系统与业务之间的适配性，导致新系统上线后难以投产使用，甚至可能对公司运营效率产生负面影响
	公司数字化战略未充分考虑各信息系统之间的整体性和连通性，信息系统分散孤立，孤岛现象突出，缺乏整合集成

管理环节类战略风险事件如表 4-2 所示。

表 4-2　管理环节类战略风险事件

战略风险事件库 – 管理环节类	
战略制定风险	缺乏获取战略研究所需信息的有效渠道，不能及时、全面掌握内外部环境的实际状况，不能有效进行内外部综合分析或对战略分析缺乏逻辑性等，对战略研究的准确性、合理性造成影响
	公司战略规划没能综合考虑外部的影响因素和自身优势、劣势，与公司主业发展和管理模式、新产业拓展能力、融资能力、人力资源等方面不匹配，导致制定的发展战略脱离公司实际，不能有效指引公司的中长期发展
	在进行战略关键因素分析和目标制定方面，出现指标分析不到位、制定过程缺乏科学性甚至前后目标不一致等现象
	战略规划未经有效的审查批准和集体决策，导致战略规划不科学、不合理，影响公司长远发展
战略执行风险	由于迅速变化的宏观经济环境，包括国内外宏观经济运行情况、行业状况的不确定性等，公司可能不能沿既定战略发展，从而在未来的经营发展中处于不利地位
	未对战略执行的各阶段实行定期的、有效的监控，或者在监控的过程中未及时解决所发现的问题，可能导致战略实施结果偏离既定目标
	战略执行的相关配套机制不完善，如战略执行团队、战略资源配备、战略执行政策等因素不完善，导致战略执行难度增大，影响战略目标的实现
战略调整风险	战略制定时所依据的外部环境发生重大变化时，公司发展战略未及时调整，导致公司战略规划偏离实际
	发展战略规划因主观原因频繁变动，损害公司发展的连续性或导致资源浪费。 战略规划调整未经有效的审查批准和集体决策，导致战略规划不科学、不合理，影响公司长远发展

续表

战略风险事件库 – 管理环节类	
战略考核风险	业绩考核标准和奖惩措施不能反映公司战略或不清晰，导致考核奖励的战略导向作用不能实现，不能推动公司管理层和员工为了实现公司战略目标开展相关工作
	缺乏科学的评估方法，不能对公司战略规划整体实施进程和实施效果进行有效评估
	战略考核指标设置不够科学或监控不到位、考核结果应用不及时，导致战略执行不力

2. 市场风险事件

市场活动类市场风险事件如表 4-3 所示。

表 4-3　市场活动类市场风险事件

市场风险事件库 – 市场活动类	
市场需求风险	消费者偏好不是固定不变的，当消费者的偏好发生改变时，公司没有随之变化带来的风险
	消费者总体收入降低，如受到周期性金融危机等事件影响，经济收入减少造成购买能力严重下降，存在需求减少的风险
	国家政策导向与激励政策发生变化，存在造成市场总体需求减少的风险
市场供应风险	部分核心部件产能仍然不足，如芯片等核心零部件的供应断链风险长期存在
	零部件供应链屡受冲击，部分突发性政治经济事件带来的连锁反应可能造成运输中断、运输成本快速上涨、生产制造停滞等，进而导致原材料短缺、原材料价格上涨、生产制造成本上升，对制造商产生不利影响
	行业供应链存在不稳定因素，部分突发事件可能引发全国性／区域性运输中断或因劳动力无法从事生产而形成断货危机，给市场造成极大冲击
	市场需求旺盛但产能不足，存在市场需求短期内急剧上升情况下公司产品供不应求的风险
竞争风险	公司自身竞争能力降低，由于产品未能跟上行业发展趋势、技术与广告宣传投入较竞争对手不够充足等因素，导致公司竞争失利或丧失发展机遇，经济效益和持续发展受到不利影响
	现有竞争对手竞争力大幅提升，如竞争对手率先向市场推出新型产品和技术等，导致公司与竞争对手差距拉大，造成竞争失利
	潜在竞争对手进入市场导致市场竞争规模扩大，市场竞争激烈程度加剧导致公司面临的风险增大

市场风险事件库 – 市场活动类	
价格风险	在产品定价等相关活动中，由于市场需求、市场竞争、产品价格信息、价格政策、浮动定价权等因素的不确定性，导致产品的定价不合理，公司存在未能获得合理利润的风险
	在产品销售等相关活动中，因宏观经济、相关政策、供需关系、市场竞争、管理能力、定价机制和突发事件等因素的变动，导致产品市场价格下降，公司被动调整产品销售价格，使公司面临难以实现预期收益的风险
境外市场风险	在整体贸易环境方面，被投资国（地区）的行业政策调整、市场集中度、产业链上下游的关联度、行业壁垒和技术革新等因素都会给境外市场带来不确定性，导致境外经营效益未达预期
	在市场环境方面，公司面对境外市场大幅变动未能及时采取应对措施或应对措施不足，导致利益受损

管理环节类市场风险事件如表 4-4 所示。

表 4-4　管理环节类市场风险事件

市场风险事件库 – 管理环节类	
市场开发风险	市场开发计划缺失或不全面，缺乏根据市场变化情况对开发新细分市场、开拓新区域市场的可行性分析与计划，公司新细分市场开发、新区域市场开拓不及时，导致公司利益受损
	市场开发目标与开发策略设定不合理或不清晰，例如市场开发目标设定远高于实际可达成情况或现有资源难以支撑既定的市场开发策略，导致市场开发目标难以起到正确的引导作用
	市场开发计划审批、执行、监督与控制不到位，未按照规定时间与步骤有序推进市场开发，可能导致市场开发进程的混乱无序，致使公司产品的市场开发目标无法达成
	针对已开发的市场，缺乏根据市场需求的变化情况组织进行二次开发，难以及时将市场所需的新型产品进行推广，存在现有市场丢失或缩小的风险
市场维护风险	对区域市场的巡访和监控缺失，未能及时发现扰乱市场正常秩序的行为或对该类行为处理不当，存在影响区域市场正常运作的风险，对公司的产品、品牌、价格、渠道、区域管理等产生负面影响
	对区域市场内的渠道维护不到位，未能及时了解各经销渠道的需求变化与意见反馈，存在公司因未能及时了解各渠道需求变化导致丧失已拥有渠道的风险
	区域市场稳定性不足，公司未能及时发现和了解客户之间、渠道之间的关系与问题，导致矛盾积累和升级，影响市场稳定

市场风险事件库 – 管理环节类	
品牌宣传风险	在广告宣传投放等品牌推广过程中，缺乏对广告宣传投放渠道、投放平台、投放时间的合理筛选与组合，缺乏对广告投放效果进行测评，导致广告宣传投放效果不佳，造成公司资金浪费的风险
	在新闻宣传等信息披露过程中，因公司新闻宣传管理存在漏洞或信息披露过程中出现失误，造成公司新闻信息发布真实性、准确性不足，或引发泄密事件，从而造成内部思想混乱以及外部负面影响，导致外界误解、不信任进而损害公司声誉和形象
	在舆情处理过程中，缺乏对不利舆论或虚假信息等的动态监控和收集识别、对负面舆情影响程度估计不足、对舆情信息的上报及处理不及时等，导致未能及时发现负面舆情并采取合理措施，在社会上造成负面甚至恶劣影响
营销渠道风险	在直营方面，存在受到市场供需的影响，或由于市场竞争、政策调整、销售队伍、销售策略、业绩考核等因素的变动，产品销售收入不能达到预期
	在经销方面，由于窜货等导致渠道冲突，且无序竞争极度容易引发市场价格混乱
	在大客户方面，存在大客户业务发展战略调整导致需求改变，或公司供给能力、产品与售后服务等方面难以满足大客户需求而导致大客户流失的风险
市场应急处理风险	针对舆情信息未能及时、准确辨别出是否存在对市场的不利影响或影响程度，市场部门未能采取相应措施进行预防，导致事件扩大和升级
	当发现对市场有重大负面影响的舆情信息后，缺乏对信息的及时有效核实或核实不准确，不能为公司综合判断、分析信息提供事实依据，容易导致报告的盲目性和失真、失准，公司难以据此采取有效的市场应急手段
	由于判断分析不及时，或未采取果断措施，其事态发展和严重程度完全超出预期，对市场造成重大负面影响

3. 运营风险事件

业务单元类运营风险事件如表 4-5 所示。

表 4-5　业务单元类运营风险事件

运营风险事件库 – 业务单元类	
采购管理风险	采购计划编制时预测不准确，采购计划缺少科学性、合理性，导致采购计划执行困难，出现重要商品断供、紧急采购次数增多或库存积压等情况，不利于控制生产成本
	未执行有效的采购审批流程，导致采购不合理，增加不必要的成本支出，造成资源浪费
	采购定价机制不科学，采购定价方式选择不当，缺乏对重要物资品种价格的跟踪监控，引起采购价格不合理，造成经济损失
	采购方式不合理，导致采购物资质次价高，出现舞弊或遭受欺诈，或导致经济纠纷

续表

运营风险事件库 – 业务单元类	
采购管理风险	采购过程监控不到位，未能对采购过程进行有力控制，导致采购失败或采购结果未达到预定目标影响经营效率，或造成采购成本增加，给公司带来经济损失
	未建立有效的采购验收管理机制，或采购验收管理不规范，导致所采购的物资质量不达标，造成公司经济损失
供应商管理风险	未建立供应商准入机制，未对供应商资质进行有效审核，导致选择的供应商不符合公司的要求，向非合格供应商进行采购，直接影响采购质量
	供应商选择未经有效审议批准，造成供应商选择不当，导致采购物资质次价高，出现舞弊或遭受欺诈
	供应商未按合同约定时间供货导致供货延迟，影响采购进度及生产进程
	未建立供应商考核评估标准，或未对供应商进行定期评价，无法知晓供应商供货质量及服务质量，无法对供应商实行优胜劣汰，导致供应商评级及退出缺乏公平性
生产管理风险	生产计划编制不合理，可能导致无法实现以销定产的目的，产量计划不合理，导致供货不足或产量过剩。年度生产计划未精确细化到月度或日，导致月度、日生产量不合理，制造部门无法得到准确的生产指示，导致年度目标无法达成
	在生产管理等相关活动中，由于生产能力、人员、设备等因素的不确定性，无法及时生产出足够的合格产品，导致公司无法获得更多收入或提高市场占有率等，进而难以实现公司经营目标
	生产设备维护不当、升级改造不及时，或检修过程失控，对生产的有效运行产生重大影响
销售管理风险	商品销售价格未经恰当审批，或存在舞弊，导致公司经济利益或者公司形象受损
	销售计划缺乏或不合理，或未经授权审批，导致产品结构安排不合理，难以实现公司经营目标
	未及时编制销售报表导致公司无法及时掌握即时销售情况，无法及时采取措施保证销售目标的实现
	返利、补贴等商务政策制定不合理或未经过适当审核，导致商务政策适用性不足，影响产品销售
	未按要求提供与商务政策执行相关的数据或提供不及时，导致返利、补贴等核算不准确、不及时

运营风险事件库 - 业务单元类	
经销商管理风险	对经销商的准入、评估、管理、培训、监督、检查、考核不到位，导致公司引入不佳经销商影响公司销售，或者无法及时发现经销商违规行为，给公司造成损失
	未建立畅通的经销商供货机制，无法保障经销商端物资供应的及时性及质量，影响产品销售
	返利、补贴商务政策未及时发送至各经销商，或经销商未准确理解商务政策，导致商务政策执行不到位
	公司未及时兑现商务政策，可能导致经销商不满、造成经销商信心下降，影响双方合作关系
客户管理风险	未建立客户信息库并有效收集和管理客户信息，或未有效运用客户数据，不利于客户的维护与二次开发
	未建立客户关系维护机制，或未有效维护客户关系，造成客户黏性不足，导致客户流失甚至影响公司口碑
	未建立有效的售后处理机制，未明确商品退换货售后政策，无法及时、高效、合理地处理客户的售后诉求，导致客户流失并造成公司经济、商誉损失
	未建立有效的咨询和投诉处理机制，未对客户咨询与投诉进行充分记录，不利于后续客户投诉问题的解决
	未明确大客户销售商务政策，导致经销商在大客户销售过程中缺乏积极性
	未对大客户商务政策的执行进行有效监控，导致大客户商务政策未得到有效执行，影响销量
	未对大客户返款核算进行充分审核，或未及时兑现商务政策，导致经销商不满、造成经销商信心下降
	未建立对直营客户的有效沟通渠道和客户关系维护机制，对直营客户的需求了解不充分，难以有效维护直营客户关系，造成直营客户流失，影响公司直营业务的发展
物流仓储风险	未制定物流发运计划，运力安排不恰当，导致公司利益受损
	未对物流进行有效跟踪，可能导致无法及时发现运送延迟或运输过程中出现的突发情况，影响运送及时性
	发运时的交接不充分，或运输信息资料收集不全，导致纠纷发生
	仓储管理不力，保管方法不适当、监管不严密，造成损坏变质、遗失被盗、价值贬损、资源浪费，导致公司蒙受经济损失或对生产运营产生不利影响
	仓储出入库、盘点、减值、报废、处置等机制不完善、执行不严格、手续不完备，导致货物流失，造成公司经济损失

运营风险事件库 – 业务单元类	
技术研发风险	研发方向不明确、研发力量不足、技术设计不完善、试验验证不充分、外部保障条件不确定等因素导致研发成果达不到设计要求，或者由于预先研究的探索创新中，对规律的认识不到位，技术路线不能达到预期设想，导致关键技术攻关出现反复
	技术研发攻关难度大，未采取合理措施解决技术难题，存在技术研发项目延期风险，影响上市节奏与产销量，导致经营计划达成困难，广告宣传节点踏空等问题
	技术研发项目执行与规划目标偏离，导致资源占用、预算超标、技术项目与投产衔接不上等问题
	技术研发项目执行和项目管理能力不足，导致技术研发任务准点完成率低，技术研发项目成本增加
产品开发风险	未制定合理的产品开发项目计划，未对项目目标和实施进度进行有效分解，导致项目计划的可操作性不强或计划执行偏离，造成项目延期风险，影响产品开发项目目标的实现
	产品开发设计未经过科学的调研、分析，开发设计不符合市场偏好和产品定位，影响产品的销量和收益
	产品试制管理失效，存在产品试制计划与研发主计划不匹配、试制计划未经过恰当审核后执行、产品试制未按照既定方案执行、试制重要节点未经过恰当评审等情况，难以保证产品试制项目质量，无法实现设计的预期目标
	产品试验管理失效，存在产品试验计划与研发主计划不匹配、试验方案不合理、试验方式和试验标准选择等选择不当、试验报告内容存在虚假数据等问题，导致产品试验工作流于形式，产品试验结果与试验目的不符，给产品正式投产带来潜在风险
	新开发产品安全、环保、节能等指标不符合规定，影响产品正常上市
	未明确法规认证及市场准入信息传递方式及内容，导致因准入、认证信息不完整或提供不准确，认证失败，影响新产品上市时间
质量管理风险	缺乏生产质量管理体系和标准，出现生产产品质量低劣问题，侵害消费者利益，从而导致公司面临巨额赔偿、形象受损
	未确立年度质量管理目标，导致质量管理体系无法有效落实，无法对质量管理的效果进行考核
	未定期对质量管理目标进行监控，导致质量管理目标与实际出现的偏差未得到及时的纠正
	未对外包机构同步开发产品质量进行有效管控，导致同步开发产品质量无法满足产品质量要求
	未及时反馈产品质量问题，导致不能及时发现恶意诋毁信息或未及时改善质量问题，影响品牌形象
	未建立产品召回管理体系，未有效监督召回执行和市场重大质量舆情，导致公司声誉受损

运营风险事件库 – 业务单元类	
工程项目 管理风险	工程项目总体方案编制内容不合理、不完善，未经过充分审核，导致后续项目开展存在困难
	未编制工程项目进度计划或进度计划编制不准确、审批不恰当，导致整个工期的延误
	工程项目预算编制不准确、未经适当审批或审批不及时，导致预算执行难度增大，预算实际执行情况与预算目标差距较大
	设计交底不及时或不清楚，初步设计原则中未明确功能需求、投资控制指标、设计优化、环境保护等要求或对初步设计成果缺乏必要的论证和审查，工程设计图纸编制不及时或未经适当审核，导致设计方案出现偏差，施工过程中频繁出现设计变更，进而导致成本超概预算或进度延迟
	未对开工条件落实情况进行验证，开工未经适当审批，导致工程延期、未批先建或匆忙开工等情况发生
	对项目进度执行缺乏监控，导致无法及时纠正偏差或对计划进行调整，无法保障项目进度。项目情况汇报不及时，无法对项目情况进行有效监控，导致工程质量低劣、出现安全隐患或返工现象
	竣工验收不规范，竣工决算不及时准确，虚报项目投资完成额、虚列建设成本或者隐匿结余资金，导致竣工决算失真
	项目后评价不能真正运转，没有充分发挥总结经验、指导后续项目实施等应有作用，对公司持续有效发展和目标实现产生影响
健康安全 环保风险	安全生产、交通、消防、环保等各项制度建设及体系建设不完善，导致安全生产工作效率低下
	缺乏对安全生产的考核机制，或检查不到位，导致安全管理不力，存在安全事故发生的风险，造成人员伤亡或财务损失
	未按国家法规要求开展安全与职业健康"三同时"管理工作，导致遭受行政处罚
	未根据上级政府下达的能源环保考核任务合理制定年度能源环保综合计划并组织进行考核。对环保工作的监控力度不够，公司无法及时发现并处理环保隐患，重点环评不过关或大气主要污染物超标排放，导致遭受行政处罚
	未能及时研究政府节能、低碳、环保相关政策法规，或在相关指标落实过程中执行不到位，难以按计划或要求完成碳盘查、减污降碳等环保相关工作，导致遭受行政处罚

职能单元类运营风险事件如表 4-6 所示。

表 4-6　职能单元类运营风险事件

运营风险事件库 - 职能单元类	
投资管理风险	投资项目立项论证不充分、不贴合发展战略与规划、不符合公司实际，项目建议书内容不完整，投资决策的支撑性信息收集不充分，缺乏可行性研究，导致投资失败
	未严格执行项目立项到投资决策的各项管理流程，投资管理重要环节缺少严格论证和有效的集体审议和批准流程，导致投资决策依据不充分，缺少科学性、合理性，造成项目决策失误
	未对投资项目实施过程进行有效监控，投资未按照计划实施，投资实施工作未按照既定流程操作，导致投资进度缓慢、投资项目偏离既定目标，影响投资目标的实现
	投资项目处置（含投资项目的中止和退出）的决策和执行不当，导致公司利益受损
	在开展境外投资项目管理过程中，因境外投资规模控制不当，导致境外项目规模不合理，增加境外投资风险
资本运作风险	未能统筹制定公司证券业务年度重点工作计划，证券业务管理缺乏制度约束，影响管控效果
	证券交易的内部控制存在缺陷（如前中后台未分离、未设置交易权限、未设置交易报告／预警机制等），不能及时发现违规交易／高风险交易，导致意外损失或证券交易账务处理不正确
	未能统筹制定公司整体资产证券化业务方案，未能科学合理地组织制定公司上市、挂牌、重大并购重组、股权再融资等资本运作项目方案或相关方案报批、审批不及时不合理等，导致资本运作失败
	未能为公司的信息披露工作、投资者关系管理、市值管理等做出科学指导，导致公司遭受行政处罚
关联交易风险	未能及时开展关联方识别或识别过程未经恰当审批，关联方界定未能跟随实际经营情况及时更新、关联交易超出应有限额，导致因披露不当而受到处罚
	未按照公司制度及相关法规确定关联交易价格，形成利润转移而遭受行政处罚
人力资源管理风险	未建立或执行工资总额全流程闭环管理机制，定岗定编定员缺乏科学性，导致人工成本难以管控以致超出预算
	在人力资源调配活动中，未能依据关键业务领域发展、调整变革情况确保员工有序流动调配，导致工作效率受损
	未建立系统规范的招聘计划、录用标准与流程、员工培训体系与计划、技能人才管理与培养体系等，聘用员工与岗位职责能力要求不匹配，或关键岗位人员缺失严重、经验能力不足，导致日常经营管理效率不高
绩效考核风险	绩效考核指标体系与公司目标、计划和预算等脱节，考核指标体系未充分考虑公司的客观情况，缺乏针对性和差异化，对公司产生负面影响
	未建立岗位绩效工资制度或未能落实执行，薪酬分配与业绩贡献脱钩，导致难以充分调动员工积极性

续表

运营风险事件库 – 职能单元类	
预算管理风险	预算编制以财务部门为主，业务部门参与度较低；预算编制范围和项目不全面，各个预算之间缺乏整合；预算编制所依据的相关信息不足，最终导致预算管理功能失效
	全面预算下达不力，或预算指标分解不够详细、具体，导致公司的某些岗位和环节缺乏预算执行和控制依据；预算指标分解与业绩考核体系不匹配，导致预算执行不力；预算责任体系缺失或不健全，导致预算责任无法落实
	缺乏严格的预算执行授权审批制度，可能导致预算执行随意；预算审批权限及程序混乱，可能导致越权审批、重复审批，降低预算执行效率和严肃性；预算执行过程缺乏有效监控，可能导致预算执行不力，预算目标难以实现；缺乏健全有效的预算反馈和报告体系，可能导致预算执行情况不能及时反馈和沟通，预算差异得不到及时分析，预算监控难以发挥作用
	预算分析不正确、不科学、不及时，削弱预算执行控制的效果，或预算考评不客观、不公平，解决预算差异的措施不得力，预算分析形同虚设，导致决策失误而使公司遭受损失
	预算调整依据不充分、方案不合理、审批程序不严格，预算调整随意、频繁，预算失去严肃性和"硬约束"，导致成本控制失效
	预算考核不严格、不合理、不到位，导致预算目标难以实现
会计核算及其报告风险	不恰当的会计政策及会计估计，会计科目体系不能满足合规和内部管理的双重需要，或重要会计政策、会计估计变更未经审批，会计政策未能得到有效贯彻、执行
	财务报告未严格按照企业会计政策编制，对财务报告产生重大影响的交易和事项的处理未按照规定的权限和程序进行审批，对于需要编制合并会计报表的单位，纳入合并范围的单位不完整或该单位未能及时提供会计报表和有关资料，导致无法按照会计准则要求编制合并会计报表
	财务报告披露程序不够恰当、不及时、不准确，在财务报告对外提供前未按规定程序进行审核，未能及时对外报送财务报告，导致遭受行政处罚
信息系统风险	对于确有需求的付费计算机软件，公司未通过正规渠道统一购买正版，使用盗版软件，导致声誉受损
	在建立公司数据管理体系、搭建数据治理平台过程中，数据标准不统一，数据难以交互，导致效率低下
	病毒木马、黑客攻击、溢出攻击等造成信息系统安全事故发生，给公司生产运营造成不良影响
	对软硬件故障或使用异常缺乏及时的响应和维修维护，影响正常使用或运行中断；缺乏日常的信息系统巡检等机制，未能及时发现信息系统异常；未建立业务持续性计划及灾难恢复计划，或未定期演练或调整：公司日常经营管理工作受到影响

运营风险事件库 – 职能单元类	
制度流程管理风险	未按照公司管理需要及规章制度制定或修订计划形成对公司制度的宏观、系统性把控，导致制度缺失、冗余或制度冲突，或与工作流程、表单、信息系统等未有效衔接，难以满足管理需要
	未按照有关外部监管机构要求，建立必要的管控体系和制度流程，导致遭受行政处罚
	制度长期未修订或缺乏动态更新，导致对国家法律法规及公司重大改革、重大事项等新举措无法及时执行落实，或与公司业务发展和管理要求的客观需要不匹配
	未及时对制度的有效性进行评价、执行制度修订或者废止措施，导致现行规章制度不适应或不能满足管理需要
	制度未在公司内部进行公开发布、宣贯、培训等，导致员工对制度理解不深入透彻，造成制度落地执行困难
行政管理风险	公司重要公文的撰写、调度、审核、发布流程不合理，导致内部重要文件传递不及时，相关制度、行政公文、公告执行受阻
	未能建立科学合理的档案管理体系，未明确档案移交清单、资料交接方式及记录要求、档案管理要求等，未按照档案归档、借阅、复制要求执行，导致档案文件遗失或受损，重要技术资料借阅、复制管理具有随意性，给公司经营管理带来不利影响
	未建立公司档案管理信息沟通渠道，相关档案的收集、整理、上报、提供利用、移交进馆等不充分、不及时，导致内部信息沟通的渠道受阻或影响公司决策
	对涉密内容缺乏认定，密级标准不明确，或涉密人员范围不明确，未与涉密人员或关键人员签订保密协议，针对涉密文件或介质的使用和流转缺乏严格规范，导致泄密事件的发生
	在印鉴制发、使用、保管过程中，由于不相容职务未分离，或未执行适当的审批流程，印鉴管理不规范，出现私用、滥用公司印鉴的舞弊问题

4. 财务风险事件

生财类财务风险事件如表 4-7 所示。

表 4-7　生财类财务风险事件

财务风险事件库 – 生财类	
盈利能力风险	营销能力较差，销售量不足导致营业利润未能到达公司预期水平
	资本结构不合理，存在公司资产报酬率不足以覆盖公司借款利率的风险，负债经营导致公司严重亏损
成本费用风险	各项费用开支出现浪费现象，对企业盈利产生不利影响
	成本控制效果不佳，导致公司经济效益降低

财务风险事件库 - 生财类	
资产减值及管理损失风险	固定资产投保制度不健全，应投保资产未投保、索赔不力，导致公司资产损失严重
	固定资产操作不当、失修、维护过剩或更新改造不够，造成资产使用效率低下、产品残次率高、产品线老化等，甚至发生生产事故或资源浪费
	固定资产抵押制度不完善，导致抵押资产价值低估和资产流失
	取得的无形资产不具先进性，或权属不清，导致资源浪费或引发权属纠纷。无形资产长期闲置、低效使用或处置不当，往往造成公司资产流失
	缺乏严格的保密制度或由于商标等无形资产疏于管理，致使商业机密泄露，导致公司利益受损
	存货周转率不高，存货流动性差，存在公司流动资金不足、仓储保管费用过高等问题，导致公司费用上升、利润下降
信用风险	缺乏合理的资信评估，导致客户选择不当，销售款项不能回收或遭受欺诈，从而影响公司的资金流转和正常经营
	缺乏对客户信用动态档案的更新维护，由与销售部门相对独立的信用管理部门对客户付款情况进行持续跟踪和监控，未能及时划分、调整客户信用等级方案，导致公司利益受损
	未根据客户信用等级和公司信用政策拟定和调整客户赊销限额和时限，在客户信用、生产经营等发生变化时，致使公司面临销售业务应收账款难以回收

用财类财务风险事件如表4-8所示。

表4-8 用财类财务风险事件

财务风险事件库 - 用财类	
资金管理风险	资金调度不合理、营运不畅，未能做好资金在采购、生产、销售等各环节的综合平衡，导致公司陷入财务困境或资金短缺
	资金活动管控不严，例如资金支付未经适当审批或超越授权审批，导致资金被挪用、侵占、抽逃或遭受欺诈
	银行账号管理不规范，未对银行账户的开立、使用、注销等进行统一规范管理，导致舞弊发生
结算风险	结算方式选择不当，导致销售款项回收较慢或采购款项支付过早，资金使用效率低下
	结算操作过程不当，结算金额不准确，或未对不相容职务进行分离，结算单未经有效核实，结算过程中存在舞弊导致公司利益受损
	票据管理制度不够健全，票据管理不善，导致销售款项不能收回或遭受欺诈，使公司经济利益受损

续表

财务风险事件库 – 用财类	
衍生品交易风险	在交易计划编制与审批活动中，缺乏严格的授权审批制度，未针对不同类型的衍生品制定相应的授权审批制度并明确不同岗位人员权责，金融衍生品交易计划未得到适当的审批或超越授权审批，导致发生重大损失
	在衍生工具计划执行活动中，衍生品交易过程中未按照规定建立持仓预警报告、交易止损机制和风险评估制度，导致公司遭受经济损失
外汇管理风险	未按照相关法规政策办理外汇收付业务，导致外汇使用超额或用途不当而遭受行政处罚
	未按照公司相关外币管理规定办理外汇收付业务或外币管理规定不存在，可能导致外汇收付过程中的操作风险增加
	对汇率波动缺乏监控、分析预测，缺少套期保值、互换等对冲手段平抑风险，导致公司外汇损益带来较大损失

聚财类财务风险事件如表 4-9 所示。

表 4-9　聚财类财务风险事件

财务风险事件库 – 聚财类	
股权融资风险	存在股权结构设置不当导致控制权稀释的风险。在引入投资者时忽略股权转让的比例结构，导致股权比例被逐步稀释，话语权逐步丧失甚至控制权落空。同时，公司也更容易遭遇并购威胁，影响公司长期的持续经营
	公司在股权融资时，无条件将公司的经营状况、财务状况等有关情况告知投资者，商业秘密被泄露而蒙受损失
	对股权融资所获资金缺乏严密的跟踪管理，缺乏对募集资金使用情况的监督和检查，使公司筹集资金未按约定用途使用，因资金被挪用而导致财务损失
债务融资风险	债务融资结构的不合理会增大公司经营的压力，同时债务融资将提高公司的资产负债率，从而降低公司再次进行债务融资的能力
	债务融资与实际生产经营需要脱节，盲目筹资，使得公司资金来源结构、利率结构等处于频繁变动中，给公司的生产经营带来巨额财务费用
	对已开展的债务融资业务缺乏及时的归类、整理、分析，融资操作失控或公司资金管理失控，因资金被挪用而导致财务损失，也因此导致利息无法及时支付而被银行罚息
担保风险	对担保申请人的资信调查不深入、不透彻，对担保项目的风险评估不全面、不科学，导致公司担保决策失误或遭受欺诈
	授权审批制度不健全，导致对担保业务的审批不规范，审批不严格或者越权审批，导致担保决策出现重大疏漏，引发严重后果或审批过程存在舞弊行为
	后续管理不到位，对担保合同履行情况疏于动态监控或监控不当，未能及时发现被担保公司出现经营异常 / 财务危机并采取有效措施，导致公司利益受损

续表

财务风险事件库 – 聚财类	
担保风险	被担保单位违约，公司承担连带责任，承担代为清偿义务后向被担保人追索权利不力，造成较大经济损失
现金流风险	公司对外投资加大、研发项目持续投入等活动，给公司带来较大的资金压力，现金流紧缺，无力支付经营所需资金而使公司面临困境
	到期债务偿还保证程度不足，公司难以利用其资产偿还长期债务与短期债务，导致公司信誉受损
	公司资产运用、循环效率较低，资金管理水平较差，周转速度慢，导致公司现金流动性降低而影响公司的日常经营管理

5. 法律风险事件

法律事务类法律风险事件如表 4-10 所示。

表 4-10　法律事务类法律风险事件

法律与合规风险事件库 – 法律事务类	
法律环境变化风险	与公司运营相关的法律法规、产业政策、监管要求等发生重大变化，公司未及时关注并采取应对措施，导致违法或被处罚
	与公司相关的境外政治环境、法律法规、产业政策、监管要求等发生重大变化，公司未及时关注并采取应对措施，导致公司遭受损失
	未对外部法律环境进行有效监控，及时将法律法规、产业政策、监管要求等变化并纳入公司管理制度中，导致公司的日常经营活动违法违规
合同风险	对合同相对方主体资格、信用状况、履约能力等调查不足，导致已签约合同无效或无法得到有效执行
	合同文本内容不完整、不严谨，甚至不合规，或未能将双方的权利和义务通过书面合同进行详细明确，导致公司利益无法得到保障
	未按照公司合同管理规定履行合同审查和审批程序，使合同的签订不符合公司利益，导致公司经济利益损失
	合同签订或授权签订不当，导致签订的合同不符合公司利益，使公司发生经济损失
	未对合同履行进行有效监控，对合同履行过程中的变更、解除等缺少管控，导致出现违约
	未采取有效措施对与合同相关的所有文档进行有效的归档及保存，导致合同出现纠纷时无法提供相关证明材料而使诉讼被动

续表

法律与合规风险事件库 – 法律事务类	
法律纠纷管理风险	公司内部未建立完善的法律纠纷处理机制和程序，造成公司未能及时在法定期限内采取法律救济措施，给公司造成经济损失
	公司建立有相应的法律纠纷处理机制和程序，但相关法律风险管理培训或规章制度宣贯不到位、不彻底，公司相关部门或人员未能充分、准确识别或判断出相应的法律纠纷风险，未能及时按照公司内部规章制度和程序启动、采取相关法律救济措施和行动，给公司造成经济损失
	公司未建立重大法律纠纷案件上报及应对机制，致使公司领导层不了解、不掌握重大案件进展情况，未能及时启动重大案件应对机制，未能及时调动公司重要资源进行重大纠纷案件的应对处理，错失最佳时机，导致重大法律纠纷案件败诉
	公司日常经营管理过程中不重视证据留存工作及文档管理工作，重口头沟通交流，轻视留痕取证，忽略对己方有利证据材料的提取和保存，或者取证后未能规范管理和保存，造成重要证据或原件遗失、遗漏，导致举证不能或重大缺陷；法律纠纷案件发生后，未能及时补充取证工作或补强证据，错失取证最佳时机，导致败诉

合规行为类法律风险事件如表 4-11 所示。

表 4-11 合规行为类法律风险事件

法律与合规风险事件库 – 合规行为类	
市场交易合规风险	在进行房屋租赁活动时，存在未公开选择承租人或未充分调查承租人财务状况、经营状况和信用情况、未明确界定安全管理责任，违规使用违章建筑或超使用年限的危险建筑等情况，造成公司经济损失
	在工程建设项目管理过程中，存在未办理必要的许可、审批、登记手续，在资质办理完成前开工，导致遭受行政处罚
	在进出口贸易活动过程中，存在相关证件或单据办理不齐全、不及时，进出口贸易未取得适当许可或资质，未经许可、批准进出口限制或禁止物项，未依法完成报关、检验检疫等手续等情况，导致公司受到监管处罚其至经济制裁
	招标管理工作开展程序不规范，存在应招未招、化整为零、以紧急采购和单一来源采购规避招标，招标文件缺少项目技术要求、投标人资格审查标准等实质性要求和条件，或供应商选择存在特定倾向，评标管理的保密性不到位，投标方围标串标等情况，违反法律法规和其他监管要求，并最终影响招标工作的有效开展
	在股权投资管理活动中，存在抽逃资金、虚假出资、怠于行使权利、故意损害其他股东利益等行为，导致公司受到监管机构处罚或造成其他严重后果
	在市场交易过程中，违反市场公平交易原则，涉嫌垄断、不正当交易、商业贿赂等违法违规活动，可能导致公司受到外部监管机构处罚，影响公司声誉
	涉嫌参与或协助反洗钱活动，违反现金与付款等方面的会计、簿记等相关的财务规定，或使用大额现金交易，但未核实资金来源，导致遭受行政处罚

法律与合规风险事件库 – 合规行为类	
劳动用工合规风险	在员工劳动关系管理等相关活动中，由于劳动合同签署、劳动合同条款程序和内容不合法，以及员工劳动关系事宜处理不当等因素，导致未按劳动合同法与员工签订劳动合同，或者劳动合同违反劳动合同法规规定，产生法律纠纷，使员工或公司合法权益得不到保障，使公司声誉受损
	违反劳动法关于劳动时间、带薪休假、提供劳动者法定所得和福利待遇等有关规定，对涉及员工利益的重大事项未征求工会意见，侵犯员工合法权益，导致劳动纠纷案件发生，影响公司声誉
	未按照政策法规的要求执行社保缴纳、工伤认定等劳动者保护的有关规定，造成劳动纠纷案件的发生，影响公司声誉
	被派遣劳务用工引进未严格遵循法律法规要求，导致用工单位使用的被派遣劳动者数量超过其用工总量的10%，或存在其他违法违规情形，导致公司遭受行政处罚
	未建立员工个人信息处理机制或超出必要范围处理员工个人信息，侵犯员工个人信息权益，导致员工合法利益受损，影响劳资关系
财务税收合规风险	未健全完善财务内部控制制度并依法建立账簿记录，难以保证记录的真实完整性，导致公司财务数据失真，受到外部监管机构处罚
	未按照税务机关要求进行税务登记并进行纳税申报，未履行依法纳税义务，导致公司受到巨额处罚，影响公司声誉
	未如实向税务机关反映公司的生产经营情况和执行财务制度的情况，未按照有关规定提供相应的报表和资料，存在瞒报、漏报、误报、偷税漏税等情形，违反法律法规等外部监管要求规定遭受行政处罚
	违反国家有关资金借贷管理的监管要求，存在在筹资过程中提供虚假材料以获取高额资金、违规拆借资金等情形，导致公司受到监管处罚
	违反关联交易有关监管要求，存在向所属公司直接拨付款项、虚假交易、关联交易未履行前置审批手续等情形，受到外部监管处罚，影响公司声誉
数据与信息保护合规风险	公司在信息系统管理过程中，未履行法定的数据安全保护规定，导致公司信息泄露，受到监管处罚，影响公司声誉
	公司未依法处理个人信息，导致违反个人信息保护相关法律法规，导致公司经济利益和声誉损失
	员工违规使用内部软件、信息技术设备、电子邮件、互联网、公司内部网络等信息系统，违反数据保护的有关规定，导致公司受到监管处罚，影响公司声誉

法律与合规风险事件库 – 合规行为类	
境外经营合规风险	在境外经营活动中，未按照我国境内和目的地国家或地区法律法规的有关规定履行必要的审批流程等，导致境外投资、贸易等经济行为违反外部监管要求而遭受违规处罚
	未按照监管要求，对境外经营活动的合作伙伴、国家或地区、最终用户、用途、交易物项等要素是否受到管制开展必要审查，导致公司受到相应处罚，甚至经济制裁
	境外经营活动中，存在走私、腐败、商业贿赂等违法经营行为，导致受到外部监管机构处罚，造成公司经济、声誉损失
安全环保合规风险	未建立特殊工种资质管理机制，允许没有特殊资质或证书的人员从事特殊工种作业，导致遭受行政处罚
	未建立有关劳动用品发放和使用等劳动保护管理机制或相关机制执行不到位，不符合外部监管要求的相关规定，导致发生安全事故
	未按照外部监管要求的规定制定消防安全管理制度，未按要求配置、维护消防设施，导致公司消防事故发生并受到监管处罚
	发生安全生产事故后违规处理，如未及时处理事故或未及时向有关部门进行报备等，导致公司受到监管处罚，影响公司声誉
	公司违反环境保护、节能减排相关的国家和地方规定，生产过程中的排放物超标或使用的设备、原材料等不符合环保标准，导致公司受到监管处罚，影响公司声誉
	未按照监管要求对公司从业人员开展安全生产、环保等方面的培训教育，忽视安全生产管理的重要性，导致公司出现安全生产事故
质量合规风险	未按照国家和行业相关产品质量要求、质量体系生产产品，未严格落实产品生产规范流程、质量控制和检验制度，导致受到监管处罚，造成公司财产、声誉损失
	公司产品质量存在缺陷，不符合质量体系规范，影响产品正常使用，甚至侵害他人人身或财产权益，造成公司面临巨额赔偿并导致声誉损失
知识产权合规风险	未在合同中明确知识产权归属、使用限制、许可及利益分配、侵权责任承担等内容，导致委托开发、合作开发所形成的知识产权得不到保护，造成知识产权纠纷
	知识产权申报工作准备不充分，或相关资料缺失，导致公司无法顺利取得相应知识产权权益，造成公司经济利益损失
	拟申报知识产权未经过适当的专业评审，导致申报缺乏可行性或价值较低，无法为公司带来实际效益
	在进行知识产权许可、转让过程中，未履行知识产权许可、转让的审批、登记和备案等手续，可能导致知识产权许可、转让的不合理或不适当，造成公司经济利益损失
	未建立有效的知识产权成果保护机制，导致公司"重复发明"，经验成本过高，甚至出现知识产权纠纷风险
	在日常经营活动中出现涉嫌侵犯他人商标、著作权、商誉、商业秘密等行为，导致公司经济利益和声誉等受损

法律与合规风险事件库－合规行为类	
信息披露合规风险	对信息披露的外部监管要求了解不充分，未明确需要对外披露的信息范围和内容等事项，导致公司信息披露管理存在缺失或漏洞而遭受行政处罚
	未进行披露或未按照要求规范、及时、公平、公开地披露信息，使公司遭受监管处罚
	公司对外披露的信息不准确、不完整、不真实，导致被外部监管机构处罚，损害公司声誉

4.2 雷声绕圈转，有雨不久远：建立与完善风险预警指标体系

4.2.1 案例导读

问题提出

无所顾忌地疯狂投资

HY 集团成立于 1992 年，在总裁周某的带领下 HY 集团 13 年间总资产猛增到 567 亿元，资产翻了 404 倍，旗下拥有 8 家上市公司；HY 集团业务跳出纺织产业，拓展至农业机械、医药等全新领域。进入 21 世纪以来，HY 集团更以"大生命产业"示人，跃居为中国最大的医药集团。但是 2005 年 9 月中旬，上海银行对 HY 集团一笔 1.8 亿元贷款到期；此笔贷款是当年 HY 集团为收购上药集团而贷，因年初财政部检查事件，加之银行信贷整体收紧，作为 HY 集团最大贷款行之一的上海银行担忧 HY 集团无力还贷，遂加紧催收贷款，从而引发了 HY 集团的信用危机。国资委指定德勤会计师事务所对 HY 集团做清产核资工作，清理报告显示：截至 2005 年 9 月 20 日，HY 集团合并财务报表的净资产 25 亿元，银行负债高达 251.14 亿元，其中：子公司为 209.86 亿元，母公司为 41.28 亿元；旗下 8 家上市公司的应

收账款、其他应收款、预付账款合计高达 73.36 亿元，即这些上市公司的净资产几乎已被掏空。

如何破解

建立与完善预警指标体系是风险防控的重要措施

HY 集团 13 年来高度依赖银行贷款支撑，在其日益陌生的产业领域，不断 "并购—重组—上市—整合"。HY 集团长期以来以短贷长投支撑其快速扩张，最终引发整个集团资金链的断裂。其间，HY 集团的流动比率、资产负债率等财务常用预警指标早已超标而达到红灯区域，对外投资应当早日收手。因此，企业建立与完善预警指标体系是风险防控的重要措施，是破解的核心。

知识术语

预警指标

预警指标是指企业能够对危机发生提前发出警报的经济、业务指标，可以是定量的，也可以是定性的。这些指标在危机发生前，也就是风险不断聚集的时候，就出现了某些异样变化，因此可以通过观测指标出现的异样变化衡量危机发生的可能性。预警指标的特征如下。

①推测性。指标与风险有逻辑上的关联。

②有缓冲。黄灯设置为缓冲。

③承受度。不同企业风险承受能力不同，其指标值也不同。

④可描述。能定量或定性。

4.2.2　常用风险预警指标（以汽车制造为例）

1. 战略风险预警指标

业务领域类战略风险预警指标如表 4-12 所示。

表4-12　业务领域类战略风险预警指标

战略风险–业务领域类	风险预警指标名称	风险预警指标作用	风险预警指标阈值	
人才战略风险	核心人才流失率（年度）	用于反映公司核心人才的稳定程度，该指标计算数值越小，反映核心人才流失程度越低，核心人才的保有率越高	绿灯阈值	$X < 5\%$
			黄灯阈值	$5\% \leqslant X < 10\%$
			红灯阈值	$X \geqslant 10\%$
研发战略风险	研发投入在总收入中占比（年度）	用于反映公司在技术研发方面的投入比重和重视程度，研发投入在总收入中的占比越高，反映公司对技术研发越重视	绿灯阈值	$X \geqslant 3\%$
			黄灯阈值	$1.5\% \leqslant X < 3\%$
			红灯阈值	$X < 1.5\%$
产品战略风险	明星产品增减（年度）	用于反映公司明星产品市场地位变动情况	绿灯阈值	总体名次不降
			黄灯阈值	总体名次下降2位以内
			红灯阈值	总体名次下降超过2位
投资战略风险	投资计划完成率（年度）	用于反映公司年度投资计划完成情况，该指标计算数值越高，反映公司年度投资计划完成度越高	绿灯阈值	$X \geqslant 60\%$
			黄灯阈值	$40\% \leqslant X < 60\%$
			红灯阈值	$X < 40\%$
营销战略风险	主销产品市场占有率（年度）	用于反映公司主销产品市场份额情况，该指标计算数值越高，反映公司主销产品所占市场份额越高	绿灯阈值	轿车：$X \geqslant 1.5\%$ MPV：$X \geqslant 3.5\%$ SUV：$X \geqslant 1.5\%$
			黄灯阈值	轿车：$1\% \leqslant X < 1.5\%$ MPV：$1\% \leqslant X < 3.5\%$ SUV：$1\% \leqslant X < 1.5\%$
			红灯阈值	轿车：$X < 1\%$ MPV：$X < 1\%$ SUV：$X < 1\%$

续表

战略风险 – 业务领域类	风险预警指标名称	风险预警指标作用	风险预警指标阈值	
数字化战略风险	业务数字化指数（定性指标）	用于评估业务数字化成熟度，业务数字化指数越高，反映公司在设计开发、采购管理、生产运作等方面的业务数字化成熟度越高	绿灯阈值	业务数字化指数较高，设计开发、采购管理、生产运作等各项业务的数字化成熟度均达到较高标准，业务层面已基本完成数字化转型
			黄灯阈值	业务数字化指数偏低，设计开发、采购管理、生产运作等主要业务的数字化成熟度偏低，业务层面的数字化转型任务有待进一步推进
			红灯阈值	业务数字化指数较低，设计开发、采购管理、生产运作等主要业务的数字化成熟度较低，业务层面的数字化转型任务开展情况不佳

注：MPV 为多功能汽车，SUV 为运动型多功能汽车。

管理环节类战略风险预警指标如表 4-13 所示。

表 4-13 管理环节类战略风险预警指标

战略风险 – 管理环节类	风险预警指标名称	风险预警指标作用	风险预警指标阈值	
战略制定风险	战略制定合理性（定性指标）	用于反映战略制定的合理性，以控制由于战略制定不合理，导致战略规划可行性较差，无法有效落地执行的风险	绿灯阈值	公司制定了完整、可行的战略规划，包括中长期（五年）发展规划、三年滚动规划等，并根据内外部环境对战略目标进行有效分解，目标分解到位
			黄灯阈值	公司制定了战略规划，包括中长期（五年）发展规划、三年滚动规划等，但战略规划的完整性、可行性存在一定优化空间，战略目标无法完全细化、分解、落实

续表

战略风险–管理环节类	风险预警指标名称	风险预警指标作用	风险预警指标阈值	
战略制定风险	战略制定合理性（定性指标）	用于反映战略制定的合理性，以控制由于战略制定不合理，导致战略规划可行性较差，无法有效落地执行的风险	红灯阈值	战略规划完整性、合理性不足，战略规划的制定缺少对内外部环境的调查研究；战略规划可行性较差，无法对战略目标进行细化落实
战略执行风险	战略实施保障程度（定性指标）	用于反映战略实施保障程度，以控制由于战略资源的配置方向和手段不合理，导致战略规划难以落地实施的风险	绿灯阈值	合理优化配置，保障战略实施。根据公司战略规划，在基建、并购投资过程中逐项优化投资重点和节奏，保证战略资源的配置完全满足战略实施的条件
			黄灯阈值	公司明确了全部战略资源的配置方向和手段，但并未完全匹配公司战略规划需求
			红灯阈值	公司明确了部分战略资源的配置方向和手段，远远不能满足战略规划落地实施的需求
战略调整风险	战略调整及时性（定性指标）	用于反映公司外部环境、内部经营发生重大变化时，是否充分评估战略调整的必要性并及时调整战略	绿灯阈值	本年内当公司外部环境、内部经营发生重大变化时，充分评估战略调整的必要性，按需对公司战略进行了及时调整
			黄灯阈值	本年内当公司外部环境、内部经营发生重大变化时，未及时评估战略调整的必要性，导致战略调整相对滞后
			红灯阈值	本年内当公司外部环境、内部经营发生重大变化时，未及时评估战略调整的必要性，导致战略规划应调未调，造成公司战略与实际脱节
战略考核风险	战略考核合理性（定性指标）	用于反映公司战略考核的合理性，以控制由于战略考核缺乏合理性，导致评估效果不佳的风险	绿灯阈值	公司定期开展战略考核
			黄灯阈值	公司不定期开展战略考核
			红灯阈值	公司未开展战略考核

2. 市场风险预警指标

市场活动类市场风险预警指标如表 4-14 所示。

表 4-14　市场活动类市场风险预警指标

市场风险－市场活动类	风险预警指标名称	风险预警指标作用	风险预警指标阈值	
市场需求风险	乘用车整体市场产品竞争力指数（月度）	旨在通过构建成熟的乘用车整体市场产品评价标准，研究汽车市场产品竞争力的影响因素，洞察市场需求的变化趋势	绿灯阈值	$X \geq 90.8$
			黄灯阈值	$89.8 \leq X < 90.8$
			红灯阈值	$X < 89.8$
市场供应风险	乘用车产销比（月度）	反映市场供需总体情况，识别公司面临供过于求、市场销售困难或供不应求的风险	绿灯阈值	$0.93 \leq X \leq 1.67$
			黄灯阈值	$1.67 < X \leq 2$ 或 $0.74 \leq X < 0.93$
			红灯阈值	$X>2$ 或 $X < 0.74$
竞争风险	乘用车市场占有率	反映统计期内乘用车销售量占全国乘用车批发销量累计额的比重，识别公司产品市场竞争能力	绿灯阈值	$X \geq 2.5\%$
			黄灯阈值	$1.5\% \leq X < 2.5\%$
			红灯阈值	$X < 1.5\%$
价格风险	主要产品销售价格下降幅度（月度）	反映公司主要产品销售价格的稳定性，识别产品价格下降导致经济效益不及预期的风险	绿灯阈值	$X<0.8\%$
			黄灯阈值	$0.8\% \leq X < 1.3\%$
			红灯阈值	$X \geq 1.3\%$
境外市场风险	境外投资项目财务效益达预期比例	反映境外市场环境的稳定性及给公司投资带来的影响，识别由于境外市场环境变动带来的经营效益未达预期的风险	绿灯阈值	$X \geq 70\%$
			黄灯阈值	$50\% \leq X < 70\%$
			红灯阈值	$X < 50\%$

管理环节类市场风险预警指标如表 4-15 所示。

表 4-15　管理环节类市场风险预警指标

市场风险 – 管理环节类	风险预警指标名称	风险预警指标作用	风险预警指标阈值	
市场开发风险	市场开发计划完成率(月度)	反映公司市场开发计划的完成情况，以控制市场开发计划完成不到位导致的市场开发失败的风险	绿灯阈值	$X \geqslant$ 考核目标
			黄灯阈值	考核目标 $\times 80\% \leqslant X <$ 考核目标
			红灯阈值	$X <$ 考核目标 $\times 80\%$
市场维护风险	客户保有率(月度)	反映现有客户的稳定性，识别客户流失带来的经营失败的风险	绿灯阈值	$X \geqslant 40\%$
			黄灯阈值	$20\% \leqslant X < 40\%$
			红灯阈值	$X < 20\%$
品牌宣传风险	负面舆情事件数	反映公司声誉形象的损失，识别公司舆情风险	绿灯阈值	没有出现较大的负面舆情
			黄灯阈值	负面消息在全国各地流传，对组织声誉造成较大损害
			红灯阈值	负面消息在全国各地、政府及监管机构流传，对组织声誉造成重大损害
营销渠道风险	销售计划完成率	反映公司销售计划的执行情况，以控制销售计划完成不到位导致的经营失败的风险	绿灯阈值	$X \geqslant$ 考核目标
			黄灯阈值	考核目标 $\times 80\% \leqslant X <$ 考核目标
			红灯阈值	$X <$ 考核目标 $\times 80\%$
市场应急处理风险	市场舆情事件处理及时性（定性指标）	反映公司市场舆情事件处理的及时性，识别公司声誉形象损失及市场应急处理风险	绿灯阈值	公司及时采取有效手段应对市场舆情，使负面影响降到最低，未对公司声誉、形象造成不良影响
			黄灯阈值	公司未及时采取有效手段应对市场舆情，导致舆情事件发生小范围蔓延，对公司声誉、形象造成了一定程度的不良影响
			红灯阈值	负面市场舆情信息未得到及时、有效处理，事态进一步恶化，负面影响持续蔓延，给公司声誉、市场造成严重不良影响

3. 运营风险预警指标

业务单元类运营风险预警指标如表 4-16 所示。

表 4-16　业务单元类运营风险预警指标

运营风险 - 业务单元类	风险预警指标名称	风险预警指标作用	风险预警指标阈值	
采购管理风险	采购计划完成率（月度）	用于反映采购计划的合理性与完成情况。该指标值越小，说明采购计划执行偏差越大，采购计划合理性和采购执行工作有待加强	绿灯阈值	$X \geq$ 考核目标
			黄灯阈值	考核目标 $\times 80\% \leq X <$ 考核目标
			红灯阈值	$X <$ 考核目标 $\times 80\%$
供应商管理风险	供应商履约率	用于评估供应商的履约率，实时监控供应商履约情况并及时采取措施	绿灯阈值	$X \geq$ 考核目标
			黄灯阈值	考核目标 $\times 80\% \leq X <$ 考核目标
			红灯阈值	$X <$ 考核目标 $\times 80\%$
生产管理风险	生产计划完成率（月度）	用于反映生产计划完成情况。该指标值越大则说明生产计划执行越好；反之则越差，需对其予以重点关注	绿灯阈值	$X \geq$ 月度计划
			黄灯阈值	月度计划 $\times 80\% \leq X <$ 月度计划
			红灯阈值	$X <$ 月度计划 $\times 80\%$
销售管理风险	销售额变动率（月度）	用于反映公司月销售额的变动情况，该指标值越高，说明公司本月销售情况越好	绿灯阈值	$X \geq$ 考核目标
			黄灯阈值	考核目标 $\times 80\% \leq X <$ 考核目标
			红灯阈值	$X <$ 考核目标 $\times 80\%$
经销商管理风险	经销商被内部处罚次数	用于反映经销商被内部处罚的次数。该指标值越高，说明经销商被处罚次数越多，其履约情况越差	绿灯阈值	$X <$ 警戒值 $\times 80\%$
			黄灯阈值	警戒值 $\times 80\% \leq X <$ 警戒值
			红灯阈值	$X \geq$ 警戒值
	经销商整车销售达成率	用于反映经销商的整车销售是否达到合同约定的销售目标	绿灯阈值	$X \geq$ 考核目标
			黄灯阈值	考核目标 $\times 80\% \leq X <$ 考核目标
			红灯阈值	$X <$ 考核目标 $\times 80\%$

续表

运营风险－业务单元类	风险预警指标名称	风险预警指标作用	风险预警指标阈值	
客户管理风险	客户满意度	用于反映客户满意程度。该指标值越高表明客户的满意度越高	绿灯阈值	$X \geqslant$ 考核目标
			黄灯阈值	考核目标 $\times 80\% \leqslant X <$ 考核目标
			红灯阈值	$X <$ 考核目标 $\times 80\%$
	销售服务满意度	用于反映新购车客户对新车购买体验的满意度。该指标值越高，表明客户的满意度越高	绿灯阈值	$X \geqslant$ 考核目标
			黄灯阈值	考核目标 $\times 80\% \leqslant X <$ 考核目标
			红灯阈值	$X <$ 考核目标 $\times 80\%$
物流仓储风险	物流服务订单及时率	用于反映公司物流服务订单及时率。该指标值越高，说明公司物流服务水平越高	绿灯阈值	$X \geqslant$ 考核目标
			黄灯阈值	考核目标 $\times 80\% \leqslant X <$ 考核目标
			红灯阈值	$X <$ 考核目标 $\times 80\%$
	存货损耗率	用于反映公司在存储环节的管理水平，以控制由于库存管理不力，导致公司蒙受经济损失或对生产运营产生不利影响的风险	绿灯阈值	$X \leqslant 0.5\%$
			黄灯阈值	$0.5\% < X \leqslant 2\%$
			红灯阈值	$X > 2\%$
技术研发风险	研发成果转化率	用于反映公司研发成果落地情况。该指标值越高，反映公司研发成果落地情况越好	绿灯阈值	$X \geqslant$ 考核目标
			黄灯阈值	考核目标 $\times 80\% \leqslant X <$ 考核目标
			红灯阈值	$X <$ 考核目标 $\times 80\%$
产品开发风险	重点产品开发项目关键节点计划完成率	用于反映公司产品开发关键节点计划完成情况。该指标值越高，反映公司产品开发任务完成效果越好	绿灯阈值	$X \geqslant$ 考核目标
			黄灯阈值	考核目标 $\times 80\% \leqslant X <$ 考核目标
			红灯阈值	$X <$ 考核目标 $\times 80\%$

续表

运营风险 – 业务单元类	风险预警指标名称	风险预警指标作用	风险预警指标阈值	
质量管理风险	3CS1000	用于反映 1000 台车在使用期 3 个月内发生的维修次数（不包含批量维修）	绿灯阈值	$X <$ 警戒值 $\times 80\%$
			黄灯阈值	警戒值 $\times 80\% \leq X <$ 警戒值
			红灯阈值	$X \geq$ 警戒值
	3CPU	用于反映售后车辆在使用期 3 个月内发生的维修的单车费用（不包含批量维修）	绿灯阈值	$X <$ 警戒值 $\times 80\%$
			黄灯阈值	警戒值 $\times 80\% \leq X <$ 警戒值
			红灯阈值	$X \geq$ 警戒值
工程项目管理风险	工程项目超概比例	用于反映公司对项目造价的管理情况，以控制项目概算执行管理不及时、执行过程中的偏差未得到及时纠正，而导致项目超概的风险	绿灯阈值	$X <$ 警戒值 $\times 90\%$
			黄灯阈值	警戒值 $\times 90\% \leq X <$ 警戒值
			红灯阈值	$X \geq$ 警戒值
	工程项目进度偏差率	用于反映公司工程项目进度偏差率。该指标值越高，反映工程项目进度偏差率越高，工程项目进度管理越差	绿灯阈值	$X \geq$ 考核目标
			黄灯阈值	考核目标 $\times 90\% \leq X <$ 考核目标
			红灯阈值	$X <$ 考核目标 $\times 90\%$
健康安全环保风险	安全生产事故次数（月度）	用于综合反映公司的安全管理情况，以控制由于生产、消防、交通等管理不当，造成人员伤亡和经济损失等安全事故的风险	绿灯阈值	没有发生重大安全生产事故
			黄灯阈值	一次事故或造成 5 人及以下重伤，未造成死亡
			红灯阈值	一次事故或造成 1 人及以上死亡，或者 5 人以上（不含 5 人）重伤

职能单元类运营风险预警指标如表 4-17 所示。

表 4-17　职能单元类运营风险预警指标

运营风险 – 职能单元类	风险预警指标名称	风险预警指标作用	风险预警指标阈值	
投资管理风险	项目投资完成率（月度）	用于反映公司对项目投资完成情况的管理水平，以控制项目投资执行不力，无法达到公司预期目标的风险	绿灯阈值	$X \geqslant$ 考核目标
			黄灯阈值	考核目标 $\times 80\% \leqslant X$ < 考核目标
			红灯阈值	X < 考核目标 $\times 80\%$
资本运作风险	证券交易内控缺陷数量	反映公司证券交易内部控制情况，识别公司因内控缺陷而在证券交易过程中遭受经济损失的风险	绿灯阈值	没有重要或重大缺陷
			黄灯阈值	出现重要缺陷
			红灯阈值	出现重大缺陷
关联交易风险	因关联交易不合规、价格不公允受到处罚、警告的事件数量	反映公司因关联交易不合规、价格不公允受到处罚、警告的事件数量，识别公司声誉受损、资金遭受损失的风险	绿灯阈值	关系来往程序合规，交易价格公允
			黄灯阈值	受到警告类等非实质性行政处罚，不涉及对高管、员工的处置
			红灯阈值	受到罚款类等实质性行政处罚或涉及对高管、员工的处置
人力资源管理风险	人员流失率	监控公司人才的流失情况，衡量员工结构的稳定性，对预警人才流动风险和人才缺乏风险有重要作用	绿灯阈值	$X \leqslant 8\%$
			黄灯阈值	$8\% < X \leqslant 18\%$
			红灯阈值	$X > 18\%$
绩效考核风险	绩效考核体系设计合理性（定性指标）	绩效考核体系设计合理性是定性指标，反映公司考核指标设计是否合理、考核是否流于形式、考核效果是否显著等	绿灯阈值	公司制定了完整、可行的绩效考核指标体系，并根据公司、部门、岗位的客观情况进行针对性和差异化设计
			黄灯阈值	公司制定了绩效考核指标体系，但其合理性、可行性存在一定优化空间，待根据公司、部门、岗位的客观情况进行针对性和差异化设计

运营风险 – 职能单元类	风险预警指标名称	风险预警指标作用	风险预警指标阈值	
绩效考核风险	绩效考核体系设计合理性（定性指标）	绩效考核体系设计合理性是定性指标，反映公司考核指标设计是否合理、考核是否流于形式、考核效果是否显著等	红灯阈值	绩效考核指标体系完整性、合理性不足，可行性较差，无法对绩效考核指标进行细化落实
预算管理风险	财务预算编制合理性（定性指标）	反映公司财务预算编制的合理性，识别公司预算编制与战略规划、经营计划、市场环境、公司实际等相脱离的风险	绿灯阈值	公司财务预算编制合理，业务部门参与程度高，预算目标符合战略规划、经营计划、市场环境、和公司实际情况
			黄灯阈值	公司财务预算编制缺乏合理性，业务部门参与程度偏低，编制范围和项目不全面，各个预算之间缺乏整合
			红灯阈值	公司财务预算编制不合理，业务部门参与程度较低或未参与，预算目标脱离战略规划、经营计划、市场环境和公司实际情况
	预算执行偏差率（月度）	用于反映预算执行与预算计划之间的偏差。该指标值越低，反映预算执行偏差越小，预算执行情况越好；反之则需要关注	绿灯阈值	$X < 10\%$
			黄灯阈值	$10\% \leqslant X < 20\%$
			红灯阈值	$X \geqslant 20\%$
会计核算及其报告风险	财务报告发生错误次数（月度）	用于综合反映公司的财务报告管理情况，以控制财务报告编制准确性不足的风险	绿灯阈值	没有发生重大差错
			黄灯阈值	财务报表的错报金额落在如下区间的次数：1.错报金额＜资产总额（合并）的1.5%；2.错报金额＜经营收入总额（合并）的2%
			红灯阈值	财务报表的错报金额落在如下区间的次数：1.错报金额≥资产总额（合并）的1.5%；2.错报金额≥经营收入总额（合并）的2%

运营风险 – 职能单元类	风险预警指标名称	风险预警指标作用	风险预警指标阈值	
信息系统风险	信息系统安全事故发生次数	反映信息系统发生安全事故的情况，识别公司面临的信息系统安全风险	绿灯阈值	$X \leqslant 5$
			黄灯阈值	$5 < X \leqslant 10$
			红灯阈值	$X > 10$
制度流程管理风险	制度流程的审查率（年度）	用于反映公司规章制度及流程的审查情况	绿灯阈值	$X=100\%$
			黄灯阈值	$80\% \leqslant X < 100\%$
			红灯阈值	$X < 80\%$
行政管理风险	未及时归档的档案数量	反映公司档案管理水平、归档及时性，识别公司由于档案管理力度不够，档案归档不充分、不及时，导致的信息保存风险	绿灯阈值	没有出现不及时的情形
			黄灯阈值	出现一次未及时归档的情形
			红灯阈值	出现二次及以上未及时归档的情形

4.财务风险预警指标

生财类财务风险预警指标如表4-18所示。

表4-18　生财类财务风险预警指标

财务风险 – 生财类	风险预警指标名称	风险预警指标作用	风险预警指标阈值	
盈利能力风险	销售（营业）利润率	以销售收入为基础分析公司获利能力，反映销售收入的收益水平，衡量公司销售收入的收益水平	绿灯阈值	$X \geqslant 6.0\%$
			黄灯阈值	$2.3\% \leqslant X < 6.0\%$
			红灯阈值	$X < 2.3\%$
成本费用风险	成本费用总额占营业总收入比重	反映公司的经济效益和成本费用控制水平，识别公司成本费用预算执行不到位或超支导致的成本费用过高风险	绿灯阈值	$X<94.7\%$
			黄灯阈值	$94.7\% \leqslant X < 99.8\%$
			红灯阈值	$X \geqslant 99.8\%$
资产减值及管理损失风险	存货周转率（次）	反映公司存货的周转速度，用于评估及控制公司存货的流动性及存货资金占用量	绿灯阈值	$X \geqslant 6.6$
			黄灯阈值	$3.2 \leqslant X < 6.6$
			红灯阈值	$X < 3.2$

续表

财务风险－生财类	风险预警指标名称	风险预警指标作用	风险预警指标阈值	
信用风险	1年及以上账龄应收账款占比	反映应收账款的安全性，识别客户的信用风险	绿灯阈值	$X < 2\%$
			黄灯阈值	$2\% \leqslant X < 5\%$
			红灯阈值	$X \geqslant 5\%$

用财类财务风险预警指标如表 4-19 所示。

表 4-19　用财类财务风险预警指标

财务风险－用财类	风险预警指标名称	风险预警指标作用	风险预警指标阈值	
资金管理风险	发生资金挪用、侵占、遭受欺诈等事件数量	反映公司发生资金挪用、侵占、遭受欺诈等事件的数量，识别公司资金遭受损失的风险	绿灯阈值	没有发生
			黄灯阈值	预计直接财产损失<5000万元的事件数量
			红灯阈值	预计直接财产损失≥5000万元的事件数量
结算风险	结算发生错误事件次数（月度）	反映公司结算管理情况，识别公司因结算操作不当而面临经济损失的风险	绿灯阈值	没有发生
			黄灯阈值	预计直接财产损失<5000万元
			红灯阈值	预计直接财产损失≥5000万元
衍生品交易风险	衍生品盈亏目标完成率	反映公司是否通过金融衍生品交易达到了套期保值或既定盈利的目标，识别公司所面临的经济遭受损失的风险	绿灯阈值	$X \geqslant$ 考核目标
			黄灯阈值	考核目标 $\times 80\% \leqslant X <$ 考核目标
			红灯阈值	$X <$ 考核目标 $\times 80\%$
外汇管理风险	汇兑损益占比	反映公司在发生外币交易、兑换业务时，由于采用不同货币及汇率波动所面临的外汇损益风险	绿灯阈值	$X \geqslant$ 考核目标
			黄灯阈值	考核目标 $\times 80\% \leqslant X <$ 考核目标
			红灯阈值	$X <$ 考核目标 $\times 80\%$

聚财类财务风险预警指标如表 4-20 所示。

表 4-20　聚财类财务风险预警指标

财务风险 – 聚财类	风险预警指标名称	风险预警指标作用	风险预警指标阈值	
股权融资风险	股权融资方案合理性（定性指标）	反映公司股权融资方案制定的科学性和合理性，识别公司股权融资方案与公司实际需求和战略导向不相符，导致盲目融资的风险	绿灯阈值	公司制定了科学合理的股权融资方案，符合公司战略导向与实际需求
			黄灯阈值	公司股权融资方案经过了必要审批，但与公司战略导向和实际需求结合不够紧密
			红灯阈值	公司股权融资方案制定不科学或缺乏必要审批，股权融资方案忽视公司的战略导向，盲目筹资，公司股权结构处于频繁变动中
债务融资风险	债务融资成本	反映公司融资成本的高低。该指标值越大说明公司融资成本较高，不利于公司利润目标的达成，需对其进行重点关注	绿灯阈值	$X \leq$ 考核目标
			黄灯阈值	考核目标 $< X \leq$ 考核目标 $\times 120\%$
			红灯阈值	$X >$ 考核目标 $\times 120\%$
担保风险	担保业务违约事件数量（月度）	反映公司因被担保单位违约而承担连带责任的风险，识别公司面临的因向被担保人追索权利不力而造成较大经济损失的风险	绿灯阈值	没有出现违约情形
			黄灯阈值	预计直接财产损失 <5000 万元
			红灯阈值	预计直接财产损失 ≥ 5000 万元
现金流风险	速动比率	反映公司的偿债能力。该指标值越大，表明公司的资产流动性越强，资产的安全性越高；该指标值越小，说明公司的资产安全性越小，公司的偿债能力越差，公司财务风险越高，银行贷款越困难	绿灯阈值	$X \geq 95.8\%$
			黄灯阈值	$78\% \leq X < 95.8\%$
			红灯阈值	$X < 78\%$

5. 法律风险预警指标

法律事务类法律风险预警指标如表 4-21 所示。

表 4-21 法律事务类法律风险预警指标

法律风险 – 法律事务类	风险预警指标名称	风险预警指标作用	风险预警指标阈值	
法律环境变化风险	与外部监管要求存在冲突的制度数量（月度）	用于反映公司规章制度修订的及时性，以控制未更新规章制度或规章制度更新不及时造成与外部监管要求存在冲突，导致公司的日常经营活动违法违规的风险	绿灯阈值	没有出现冲突
			黄灯阈值	冲突发生一次
			红灯阈值	冲突发生二次及以上
合同风险	合同法律审核率(月度）	用于反映合同的审查情况，以控制合同未经审查，导致合同内容违法违规或缺乏科学性和合理性的风险。该指标值越小，反映合同存在的法律隐患越大，公司经营风险增高，需对其予以重点关注	绿灯阈值	$X=100\%$，且识别了重大法律风险，未造成重大损失或不良影响
			黄灯阈值	$X < 100\%$，但尚未造成重大损失或不良影响
			红灯阈值	$X < 100\%$，或虽经法律审核，但因故意或重大过失未识别、提示重大法律风险，造成重大损失或不良影响
法律纠纷管理风险	涉案总金额均值同比增长率(年度）	用于反映公司涉案总金额均值的同比增长率。该指标值越高，反映该年度涉案金额增长幅度越大，应予以重点关注	绿灯阈值	$X < 10\%$
			黄灯阈值	$10\% \leq X < 30\%$
			红灯阈值	$X \geq 30\%$

合规行为类法律风险预警指标如表 4-22 所示。

表 4-22 合规行为类法律风险预警指标

法律风险 – 合规行为类	风险预警指标名称	风险预警指标作用	风险预警指标阈值	
市场交易合规风险	因违规交易导致被监管机构处罚的事件数量	用于反映市场交易合规管理情况，以控制由于对市场交易管理工作的监控力度不足，导致市场交易违规事件发生而使公司遭受处罚的风险	绿灯阈值	没有出现违规处罚案件
			黄灯阈值	受到警告类等非实质性行政处罚，不涉及对高管、员工的处置
			红灯阈值	受到罚款类等实质性行政处罚或涉及对高管、员工的处置

法律风险 – 合规行为类	风险预警指标名称	风险预警指标作用	风险预警指标阈值	
劳动用工合规风险	因劳动用工违规导致劳动纠纷或被监管机构处罚的事件数量	用于反映劳动用工合规管理情况，以控制由于对劳动用工管理工作的监控力度不足，导致劳动用工违规事件发生而使公司陷入劳动纠纷或遭受处罚的风险	绿灯阈值	没有发生
			黄灯阈值	发生劳动纠纷，但未受到外部监管机构处罚，或受到警告类等非实质性行政处罚但不涉及对高管、员工的处置
			红灯阈值	发生劳动纠纷，并且受到罚款类等实质性行政处罚或涉及对高管、员工的处置
财务税收合规风险	因税收管理不合规导致被监管机构处罚的事件数量	用于反映税务管理情况，以控制由于对税务管理工作的监控力度不足，导致税务违规事件发生而使公司遭受警告或处罚的风险	绿灯阈值	没有发生
			黄灯阈值	受到警告类等非实质性行政处罚，不涉及对高管、员工的处置
			红灯阈值	受到罚款类等实质性行政处罚或涉及对高管、员工的处置
数据与信息保护合规风险	因数据与信息保护不合规导致被监管机构处罚的事件数量	用于反映公司数据与信息保护合规管理情况，以控制由于对数据与信息保护管理工作的监控力度不足，导致数据与信息保护违规事件发生而使公司遭受处罚的风险	绿灯阈值	没有发生
			黄灯阈值	受到警告类等非实质性行政处罚，不涉及对高管、员工的处置
			红灯阈值	受到罚款类等实质性行政处罚或涉及对高管、员工的处置
安全环保合规风险	安全环保不合规导致被监管机构处罚的事件数量	用于反映公司安全环保合规管理情况，以控制由于对安全环保管理工作的监控力度不足，导致安全环保违规事件发生而使公司遭受处罚的风险	绿灯阈值	没有发生
			黄灯阈值	受到警告类等非实质性行政处罚，不涉及对高管、员工的处置
			红灯阈值	受到罚款类等实质性行政处罚或涉及对高管、员工的处置

法律风险 – 合规行为类	风险预警指标名称	风险预警指标作用	风险预警指标阈值	
质量合规风险	因产品与服务质量不合规导致被监管机构处罚的事件数量	用于反映公司产品与服务质量合规管理情况，以控制由于对质量管理工作的监控力度不足，导致产品与服务质量违规事件发生而使公司遭受处罚的风险	绿灯阈值	没有发生
			黄灯阈值	受到警告类等非实质性行政处罚，不涉及对高管、员工的处置
			红灯阈值	受到罚款类等实质性行政处罚或涉及对高管、员工的处置
知识产权合规风险	因知识产权侵权导致被监管机构处罚的事件数量	用于反映公司知识产权合规管理情况，以控制由于对知识产权管理工作的监控力度不足，导致知识产权侵权事件发生而使公司遭受处罚的风险	绿灯阈值	没有发生
			黄灯阈值	受到警告类等非实质性行政处罚，不涉及对高管、员工的处置
			红灯阈值	受到罚款类等实质性行政处罚或涉及对高管、员工的处置
信息披露合规风险	因信息披露不当导致被监管机构处罚的事件数量	用于反映公司信息披露合规管理情况，以控制由于对信息披露工作的监控力度不足，导致信息披露违规事件发生而使公司遭受处罚的风险	绿灯阈值	没有
			黄灯阈值	受到警告类等非实质性行政处罚，不涉及对高管、员工的处置
			红灯阈值	受到罚款类等实质性行政处罚或涉及对高管、员工的处置
境外经营合规风险	境外经营不合规导致被监管机构处罚的事件数量	用于反映公司境外经营合规管理情况，以控制由于对境外经营管理工作的监控力度不足，导致境外经营违规事件发生而使公司遭受处罚的风险	绿灯阈值	没有发生
			黄灯阈值	受到警告类等非实质性行政处罚，不涉及对高管、员工的处置
			红灯阈值	受到罚款类等实质性行政处罚或涉及对高管、员工的处置

4.3 随机应变是才智的试金石：做好企业重大风险应急管理

4.3.1 案例导读

问题提出

突发事件令企业措手不及

某区域性乳业巨头在当地市场取得巨大成功后开始进军全国市场，希望能够冲击进入一线梯队，因此与同行存在较为激烈的竞争。某日，省外某地级市食品药品监督管理局突然发布通报，指该品牌某批次液奶产品中某项化学物质含量过高可能对人体有害，要求当地经销商下架该品牌所有产品。该省其他地市经销商随后也跟进下架了该品牌的所有产品。本地媒体相关报道接踵而至，外省和全国性的行业媒体、财经媒体、都市类媒体也跟进报道，消费者开始质疑该品牌存在食品安全问题。事后，该品牌全国市场销量断崖式下滑，业务在后续一段时间持续萎靡不振。

如何破解

建立应急处理机制

该乳业品牌由于对舆情判断不及时，市场应急反应过于滞后，导致品牌声誉受到严重影响。企业应当建立应急处理机制，建立健全的应急报告流程，积极应对舆情，及时判断分析，加强负面舆情信息管理，避免事态扩大，挽回市场冲击造成的负面影响和经济损失。莫里哀曾说随机应变是才智的试金石，应急处理能力体现了企业真正的软实力。

知识术语

应急管理

应急管理是指企业在突发事件中的事前预防、事发应对、事中处理和善后管理过程中，通过建立必要的应对机制，采取一系列必要措施，以保障企业财产安全，避免发生经济与声誉出现更大损失的有关活动。企业应急管理事前预防主要针对的是重大风险，之后过程中应建立一套迅速反应的应急管理流程。应急管理的特征包括以下几点。

①时间紧。事发突然。

②重要。一旦处理不好，会带来经济与声誉的不良影响。

③有难度。情况往往比较复杂。

④可管理。风险事件通过努力能够控制。

4.3.2　重大风险的判定

企业对相关材料进行汇总、分析，形成年度重大风险评估清单，以年度重大风险评估清单为基础，对年度重大风险管控情况进行定期跟踪。各职能部门及相关业务单元要定期汇报重大风险管控情况。对于发生的重大风险事件，各职能部门、各业务单元应启动风险应急预案进行管理，并应于 24 小时内上报。各企业应根据自身的实际及风险承受能力对重大风险进行界定。

示例：

某规模企业重大风险认定标准如下。

（1）制定的战略或规划依据不足，市场占有率快速下降，出现供应链困难，或某业务、产品发生重大经营亏损。

（2）重大工程建设、其他境内重大投资和所有境外投资面临的风险。

（3）对外担保、大额举债、即时债务危机、资不抵债、蓄意编制虚假财务报告。

（4）涉及证券、期货、外汇买卖等高风险投资面临的风险。

（5）改组改制、上市融资、兼并破产、股权转让、资产重组等业务面临的风险。

（6）重大生产安全事故或隐患，重大舆情。

（7）被国家、地区或者国际组织机构管制、制裁等，或被监管机构处罚及其他所面临合规风险，对企业产生重大负面影响的。

（8）单一经营事项亏损或潜在损失金额 5000 万元（含）以上，新发 5000 万元（含）以上重大法律纠纷、诉讼及其他重大案件等。

（9）通过风险评估确定的重大风险事件或董事会认为应作为重大风险管理的风险事件。

（10）其他。

4.3.3　重大风险应急管理流程

重大风险应急管理是指企业在突发重大风险事件的事前预防、事发应对、事中处置和善后恢复过程中，通过建立必要的应对机制，采取一系列必要措施，应用管理、科技、监控等手段，保障企业财产安全，促进健康发展的有关活动。明确重大风险应急管理流程至关重要，凡事应当按照流程规定行事，以免危险来临而方寸大乱。重大风险应急管理要区分好各有关方的职责，注重效率与效果。

1. 流程

某规模企业应急管理流程及其说明如图 4-1 所示。

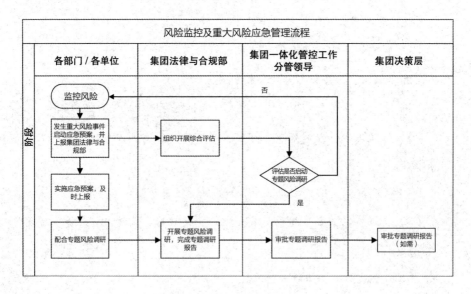

图 4-1　重大风险应急管理流程

2. 流程说明

重大风险应急管理流程制定的目的是规范企业重大风险应急预防、发生、处置、善后的流程，适用范围为企业及各单位，并需要明确各参与方的职责。

3. 参与角色及职责

应急管理参与角色及职责如表 4-23 所示。

表 4-23　应急管理参与角色及职责

参与方	职责
各部门 / 各单位	具体执行
集团法律与合规部	牵头组织
集团一体化管控工作分管领导	领导开展
集团决策层	决策工作

4. 流程活动描述

应急管理流程活动描述如表 4-24 所示。

表 4-24　应急管理流程活动描述

序号	流程步骤描述	输入	输出	相关表单
1	各部门 / 各单位监控风险			
2	发生重大风险事件，各部门 / 各单位启动应急预案，并上报集团法律与合规部	风险应急预案		
3	各部门 / 各单位实施应急预案，及时上报情况	风险应急预案		
4	集团法律与合规部组织开展综合评估	风险应急预案	初步评估结果	
5	集团一体化管控工作分管领导评估是否启动专题风险调研	风险应急预案及初步评估结果		
6	集团法律与合规部牵头开展专题风险调研，完成专题调研报告		专题调研报告	
7	各部门 / 各单位配合专题风险调研			

序号	流程步骤描述	输入	输出	相关表单
8	集团一体化管控工作分管领导审批专题调研报告			
9	集团决策层审批专题调研报告			

5. 关键控制点及控制方法

应急管理流程的关键控制点及控制方法如表 4-25 所示。

表 4-25　应急管理流程的关键控制点及控制方法

序号	关键控制点	控制方法
1	是否编制应急预案	完成应急预案编制
2	应急预案是否实施	跟踪实施效果，纳入考核

第 3 篇

一体化：如何处理好风险管理、内部控制与合规管理之间的关系

长期以来，企业以风险管理、内部控制与合规管理三种管理手段来进行风险防控，取得了一些成效，但也存在许多困惑。这三者虽然各自有自身的特点并能发挥作用，然而在管理内容、方式上有相当多的重叠之处。如何实现风险防控更高效率的协同是企业要思考的问题。问题的解决，一可以通过"组织上合署、行动上一致、资源上共享"的路径来实现风险管理、内控控制与合规管理一体化管控的效果目标；二可通过体现各部门在风险防控第二道防线的优势来突出自身的工作重点。

第 5 章 | **勠力同心质效高：实施风险管理、内部控制与合规管理的一体化管控**

5.1   浑然一体：三位一体模式

5.1.1   案例导读

问题提出

风险防控成效无长进

某企业进行风险防控已多年了，因为没有什么成效，风险防控工作已被边缘化。问题主要体现在四个方面。一是风险意识仍不强。相当一部分企业领导认为风险管理重要，但在实际工作中未督促开展重点事项，如没有开展本风险识别排序工作，对重大项目也没有进行风险评估。二是重点风险领域案件时有发生。品宣、营销、采购、工程等领域内控制度有漏洞或执行不严，出现好几起大案要案，相关责任人因徇私舞弊被留置、判刑。三是信息不对称现象明显。组织内信息传递不及时，有明显的信息孤岛风险现象。四是专业人才较少，从事风险防控工作的人员多数是兼职人员，专业性无法得到保证。

如何破解

适时进行体制机制的变革

这家企业在风险内控合规工作中存在的主要问题有：一是组织上各有归属；二是行动上各自独立；三是资源上各得其所。问题的实质是分割，要打破这一局面，就要实现"组织上合署，行动上一致，资源上共享"。组织上合署就是要把风险管理、内部控制和合规管理放在一个部门里管理，克服部门墙带来的效率低下的问题；行动上一致就是要以风险为导向，为避免重复工作而将风险管理、内部控制与合规管理工作统一部署；资源上共享就是要实现信息共享，相互之间实现信息通畅传播。

知识术语

三位一体

我国俗语传说"三个臭皮匠顶个诸葛亮"，可理解为"三个副将的智慧能顶的上一个诸葛亮的智慧"，所以"三位一体"可理解为三个人、三件事或三个方面联成的一个能发挥更大潜能的整体。把风险管理、内部控制和合规管理三项职能融为一体，比起各自分立运作，能在风险防控中发挥更大的作用，也是一种"三位一体"。

5.1.2 一体化工作的必要性

1. 企业高质量发展的客观需要

企业要持续健康发展，长久、稳定、安全是高质量发展的重要内容。企业要统筹发展与安全，平衡效率与风险，兼顾长期与短期之间的辩证关系。企业不仅要适应外部监管环境对全面风险管理、内部控制、合规管理不断提高的要求，更要从企业的内在需求出发构建协同、融合、实用、高效的风险内控合规管理体系，全面提升生产经营水平和风险防范能力，为企业更高质量、更有效率、更可持续、更为安全的发展提供有力保障。

2. 企业资源整合的必然选择

企业在激烈的竞争中面临的风险复杂多样。风险管理、内部控制与合规管理一体化运行体系既能遵循全面风险管理、内部控制、合规管理三者的共性要求，提高运行效率效果、减少交叉重复工作，又能结合各自专业优势聚焦管理重点，提高工作的针对性和有效性，形成协同效应。因此，建立统一完备的风险管理、内部控制与合规管理一体化运行体系有利于进一步整合内部管理资源、方法和手段，促进风险内控合规更紧密地与业务相融合，提升风险内控合规的管理效率，为企业价值的增加保驾护航。

3. 企业管理创新的逻辑推断

风险管理、内部控制与合规管理在我国，先由政府倡导，通过发布政策文件将其应用于国有企业，然后扩展到其他性质的企业。认真研究风险管理、内部控制及合规管理的理论逻辑，会发现三者存在内在的一致性：核心是风险，以风险为导向；都要通过风险识别、监测、应对，形成高效运转并执行、改进的运行机制；都需要通过 PDCA 管理、流程、授权、制度、评价以及信息化支撑来落实执行。

4. 企业数智化转型的形势所在

当前，互联网、区块链、纳米、云计算、大数据、人工智能、3D 打印等技术发展日新月异，这些技术将极大地改变社会经济生活中机器与机器、人与机器、人与人、预测与操作、管理与运营之间的关系，推动便捷生活的到来，数智化转型现已成为企业发展新路径。传统管理手段难以满足风险内控合规高效、精准、智能的管控需要，应用新技术和工具为企业打造全方位、精益化风险内控合规管理体系，通过数智化手段建设标准化、数字化、自动化、可视化的智能风控管理平台，是适应企业转型发展的必然选择。

5.1.3　一体化工作思路

1. 健全一体化管控的组织架构

董事会层面，按照现代企业法人治理要求，在决策层面设立审计与风险管理委员会作为董事会专门工作机构，指导风险内控合规管理建设，评估和督导体系的完整性和有效性，充分发挥决策领导作用。经营层面，设立全面风险管理委员会，成员涵盖总部各部门，负责落实董事会关于风险内控合规管理各项要求。企业要建立分工明确、相互协同的风险内控合规管理"三道防线"，上下贯通一体化运行。

2. 实施一体化管控的运行机制

企业要一体化推进风险评估，全面评估年度重大风险，动态跟踪年度重大风险、突发的重大风险事件以及传导性强的风险事件，及时收集风险信息，做好预判预防，跟踪变化情况，防止风险聚集和传导。企业要深入开展专项风险评估和合法合规性审查，差异化开展板块风险监测，统筹开展联防联控，强化"网格化"管控，增强跨板块、跨部门、跨专业风险内控合规管控合力，防止风险管理与业务管理"两张皮"。企业要强化风险应急处置，建立完备的应急体系，协同开展问题隐患整改治理，严格考核问责。

3. 建立与业务相融合的一体化管控标准

企业要借鉴 COSO 风险管理 20 条原则、内部控制五要素等标准规范，将风险内控合规的各项管控要求转化为企业内部管控的流程、授权、制度和评价等核心要素，以流程图形象化地展示业务管理全过程，明确各业务的主要风险、关键控制点、合规要求、岗位权责、制度依据、控制措施、监督评价要点等内容，形成以流程步骤为纽带的"网"状关系，为各部门、各岗位开展风险内控合规管理提供标准及依据，促进风险内控合规管理与业务管理深度融合。

5.2　珠联璧合：一体化管控组织体系的构建

5.2.1　案例导读

问题提出

部门墙是第二道防线的一大障碍

某国有企业集团按照国资委的要求，设立了风险管理岗、内部控制岗和合规管理岗，并在每个岗位配备了 1~2 人，但他们各自分属不同的部门，风险管理岗在战略规划部、内部控制岗在财务部、合规管理岗在法务部。因为部门墙的原因，他们之间互不通气，有时还为了某个风险事件的处理相互推卸责任，工作成果一直平平淡淡，没有大的起色。

如何破解

进行组织变革消除部门墙的影响

企业进行组织分工之后形成一个个部门单元，大家各司其职、创造绩效、为企业的整体创造价值，但企业部门间的隔阂越来越严重，在部门间架起了一道无形的墙。部门内都只盯着自己手里的事，目光短浅、一切以自我为中心、没有大局意识。部门间沟通成本上升，相互的合作变得异常艰难，"重复造轮子"的事情时有发生。风险管理、内部控制与合规管理都有一个共同的目标，就是帮助企业防控风险。该国有企业集团岗位设置有误，将力量分散，功效大打折扣。为此，企业必须进行组织变革，将这三者融为一体，珠联璧合，以在风险防控中发挥更大的作用。

知识术语

部门墙

部门墙是指企业内部之间阻碍各部门、员工之间信息传递、工作交流的一种无形的"墙"。部门墙易导致员工工作效率低下、相互推卸责任。部门墙实质上就是部门本位主义，各部门在企业中形成了一个个的独立系统，部门利益高于企业利益，严重影响了企业的整体利益。

5.2.2　一体化管控角色分工

1. 治理层职责

①股东（大）会：依照规则，股东（大）会可修订公司章程，对风险管理、内部控制与合规管理一体化管控做原则性规定。

②董事会：依照公司章程、董事会议事规则等规定，负责审批一体化管控基本制度、工作报告和涉及风险内控合规工作的重大事项。

③总经理办公会或专题会：在董事会授权范围内，依照公司总经理工作细则，审议或批准一体化管控及涉及风险内控合规工作的重要事项。

④一体化管控委员会：通常主任由总经理担任，副主任由主管风险内控合规工作的副总经理担任，成员由风险防控部、法务部、战略部、投资管理部、经营部、财务部、证券与资产管理部、市场品牌管理部、人力资源管理部、审计部、监察部、信息中心等相关部室负责人组成。主要职责：拟订一体化管控的相关制度；撰写工作报告及主要分项报告；拟订一体化管控年度工作计划、制定工作方案并组织落实；建立一体化管控沟通机制，具体研究、协调、处理一体化管控工作开展过程中的各类事宜；处理公司领导交办的其他工作。一体化管控委员会办公室设在风险防控部，负责一体化建设工作的牵头组织及日常事务的对接管理。

2. 各部门职责

①风险防控部，是风险、内控、合规一体化管控工作的归口管理部门。

②战略部，负责公司战略、规划管理等方面涉及风险、内控、合规工作的归口管理，并提出工作意见及建议，是战略风险的牵头部门。

③市场管理部，负责公司市场管理等方面涉及风险、内控、合规工作的归口管理，并提出工作意见及建议，是市场风险的牵头部门。

④供应链管理部，负责供应链等方面涉及风险、内控、合规工作的归口管理，并提出工作意见及建议，是运营风险的牵头部门。

⑤人力资源管理部，负责人力资源管理、劳动用工等方面涉及风险、内控、合规工作的归口管理，并提出工作意见及建议。

⑥财务部，负责财务等方面涉及风险、内控、合规工作的归口管理，并提出工作意见及建议，是财务风险的牵头部门。

⑦证券与投资管理部，负责证券、投资和产权管理等方面涉及风险、内控、合规工作的归口管理，并提出工作意见及建议。

⑧市场品牌管理部，负责舆情、对外宣传、品牌管理等方面涉及风险、内控、合规工作的归口管理，并提出工作意见及建议。

⑨法务部，负责法务方面涉及风险、内控、合规工作的归口管理，并提出工作意见及建议，是法律风险的牵头部门。

⑩信息中心，负责网络安全、信息数据管理等方面涉及风险、内控、合规工作的归口管理，并提出工作意见及建议；按照风险内控合规一体化管控工作的需求，协助做好一体化平台信息化、智能化建设及运维管理。

⑪其他部室：负责本部门职责范围涉及风险、内控、合规工作的归口管理，并提出工作意见及建议。

⑫下属控股企业：各单位应成立工作小组具体负责本单位风险内控合规一体化管控工作，根据实际情况积极推进下属企业的相关工作开展，并接受总公司的指导、检查、评价。

5.2.3　一体化管控组织方式

1. 会议组织

①联席会议：一体化管控委员会应定期（月度或季度）组织召开一体化管控联席会议，对一体化管控工作相关事项进行讨论、审议。会议由一体化管控委员会主任主持。

②不定期会议：企业应建立针对相关风险内控合规事项的快速响应机制，在重大事件发生的第一时间召开会议，对成因、后果进行分析，制定下一步工作方案。

2.PDCA 管理

风险内控合规一体化管控工作应在一体化管控委员会领导下统筹开展。企业每年年初制定一体化管控年度工作方案，各部门、各单位应对年度工作方案进行充分研讨，结合本部门、本单位实际情况制定落实措施并有序推进。主要在节点或年终对工作情况进行检查、考核。

3. 联络人

各部门及下属控股企业应指定一体化管控工作联络人，负责与总公司一体化管控的具体工作对接与落实。

5.3　步调一致：一体化运行机制的构建

5.3.1　案例导读

问题提出

风险防控运行机制缺失

2009 年央视 3·15 晚会曝光某通信公司滥发垃圾短信并泄露用户个人信息。垃圾短信问题扰民已久。2008 年的央视 3·15 晚会就曝光并谴责了这一违规行为，垃圾短信问题受到社会各界的高度关注，2008 年声称要处理一批 SP（移动互联网服务内容应用服务的直接提供者）、堵住垃圾短信之源的 Y 公司，其下属单位竟然就是垃圾短信泛滥最大助推者与纵容者。从风险防控的角度来看，该通信公司失误之处在于公司领导眼光短浅、风险意识薄弱，放任公司员工为谋个体利益而牺牲集团的整体利益，未能采取强有力措施扼杀危机种子。该通信公司最大的败笔就是缺乏风险防控机制，当风险来临时，没有办法应对。

如何破解

统筹建立风险防控运行机制

一天，文王问扁鹊谁的医术最好，扁鹊答："长兄最好，中兄次之，我最差。"文王再问："那么为什么你最出名呢？"扁鹊答："长兄治病，是治病于病情发作之前。由于一般人不知道他事先能铲除病因，所以他的名气无法传出去；中兄治病，是治病于病情初起时。一般人以为他只能治轻微的小病，所以他的名气只及本乡里。而我是治病于病情严重之时。一般人都看到我在经脉上穿针管放血、在皮肤上敷药等，所以以为我的医术高明，名气因此响遍全国。"对于企业来说，风险防控是事前、事中、事后全过程的风险防控。通常而言，事后控制不如事中控制，事中控制不如事前控制，风险防控越早越好。

知识术语

PDCA 管理工具

PDCA 管理工具是指企业按照计划、执行、检查与调整循环而实施的一种管理工具。PDCA 循环是美国质量管理专家休哈特博士首先提出的，由戴明采纳、宣传而获得普及，所以又称戴明环。该工具的理念为针对品质工作按计划、执行、检查与调整来进行活动，以确保可靠度目标达成，并进而促使品质持续改善。它是全面质量管理的思想基础和方法依据，也是企业管理各项工作的一般规律。一体化管控需要运用 PDCA 管理工具来实施闭环管理，这样效果才会更好。

5.3.2　风险内控合规综合测评与考核

每年上半年企业应组织开展对上一年度的风险内控合规一体化管控的综合测评工作（风险内控合规一体化管控综合测评表见表 5-1），形成一体化工作报告和各分项报告，并上报总经理和董事会。年度工作报告须经董事会批准，相关部门或单位要认真落实有关意见和建议，工作进展和完成情况报一体化管控委员会办公室。

表 5-1　风险内控合规一体化管控综合测评表

评价项目	评价要素	计分	序号	评分规则	扣分	得分依据	得分
×× 有限公司 风险内控合规一体化管控综合测评表							
一体化管控（40分）	机制建设	8分	1	明确一体化管控职责			
			2	部门			
			3	人员			
			4	年度方案			
	制度	8分	5	一体化管控制度			
			6	各分项制度			
	综合测评	8分	7	开展测评、审议、提报			
			8	对集团一体化年度方案落实			
	台账、季报表	8分	9	季报表报送			
			10	台账记录			
	培训	8分	11	相关培训工作			
			12	培训计划			
			13	对其所属单位提出培训要求			
			14	宣传工作			
风险管理（20分）	风险评估、应对及跟踪落实	15分	15	未开展公司层面风险评估、辨识公司层面风险、建立公司层面风险库，扣10分			
			16	重大风险应对方案未落实责任部门，未明确具体的负责人及时间节点，扣2分			
			17	重大风险解决方案落实率低于50%，扣3分			
			18	未开展预警体系建设，未建立健全预警机制、预警组织体系，扣2分			

评价项目	评价要素	计分	序号	评分规则	扣分	得分依据	得分
风险管理（20分）	报告及监督	5分	19	未编制、上报年度风险管理报告，扣1~5分			
			20	未严格按要求落实重大风险管理过程监督，扣1~3分			
内部控制（20分）	内控自评及整改	15分	21	未按集团要求开展年度工作自评，扣10分			
			22	未对内控相关缺陷开展整改工作，扣5分			
			23	整改工作不到位的，视情况扣1~5分			
			24	内控整改结果未经公司领导审核确认，扣1~5分			
	报告及监督	5分	25	未编制、上报年度内控工作报告，扣1~5分			
			26	未严格按要求落实内控监督，扣1~3分			
合规管理（20分）	合规管理运行机制	15分	27	未有效开展合规风险识别与评估，扣5分			
			28	未对制度、合同、重要项目等进行合规审核，未对供应商开展合规筛查，扣3分			
			29	未开通合规举报电话、邮箱等，以及未保证合规举报途径畅通，扣2分			
	报告及监督	5分	30	发生重大合规风险事件未及时报告，扣1~5分			
			31	未严格落实合规监督，扣1~5分			
加分项		5分	32	有效落实一体化管控工作，将前置审核等一体化管控工作要求与公司现有工作流程进行结合，加2分			
			33				
总分							

5.3.3 重大事项一体化前置审核

对于需由出资人、董事会、经理层做出决定的重大经营事项，在履行上会审议环节前，应对相关事项基于风险管理、内部控制、合规管理的工作要求进行前置审核（重大事项一体化审核表见表5-2），形成审核意见，作为上会审议及决策依据，未经前置审核的事项原则上应暂缓履行上会程序。

表5-2　重大事项一体化审核表

编号：A2022101301

项目名称	
项目概况	
风险内控合规一体化审核意见	
总法律顾问审核意见	
分管领导意见	
说明／备注	经办人：　　　　时间：

5.3.4 编制一体化操作指引（附实务举例）

借鉴COSO风险管理20条原则、内部控制基本规范及其指引，将风险内控合规工作的各项管控要求转化为企业内部管控的流程、授权、制度和评价等核心要素，企业应研究编写主要业务或重点管理环节的风险管理、内部控制与合规管理一体化操作指引，明确各业务的流程图及关键节点、岗位权责、制度依据、主要风险、控制措施、合规要求等内容，形成以流程步骤为纽带的"网"状关系，重点以关键节点的"点"为工作抓手，为各部门、各岗位开展风险内控合规管理提供标准及依据，促进与业务管理深度融合。一体化操作指引模板如下。

××指引通用模板

引言

背景、目的、免责条款

1. 业务流程及关键节点

业务端到端全流程，画出流程图

关键节点

2. 组织、岗位与职责

决策、执行、具体实施的组织架构

权责体系、责任部门、关键岗位与职责

3. 法律法规与制度

国家法律法规与规范性文件

行业标准

集团制度

4. 风险识别与重大风险认定

主要风险类型、风险点、风险事件、风险评估方法等

5. 管控措施

对一般事件的内控措施

对重大事件的管控措施

6. 合规要求

红线（明确具体的禁止事项）

结语

致谢、意义、局限性等

示例：

某企业集团风险内控合规一体化管控操作指引之预算管理篇

企业预算管理是在企业经营目标的指引下，通过预算编制、执行、考核等一系列环节，全面提高企业管理水平和经营效率，实现企业价值最大化，是现代化企业不可或缺的重要管理工具之一。集团公司编制本操作指引的目的是，以风险管理、内部控制与合规管理一体化建设为依托，针对预算管理开展专项风险评估，梳理控制措施与提出合规要求，编制本操作指引，作为集团公司各业务部门、各单位预算管理工作风险防控的参考。

本操作指引围绕预算管理风险防控来编制，不能取代集团公司和各单位的具体预算管理制度。各单位应根据本操作指引并结合实际情况，编制并完善适用于本单位的预算管理风险内控合规一体化管控操作手册。

1. 业务流程及关键节点

预算管理通过业务、资金、信息、人才的整合，来实现企业的资源合理配置并真实地反映出企业的实际需要，进而对业务协同、战略贯彻、经营管理与价值增长等方面的最终决策提供支持，是一项全员参与、全方位管理、全过程控制的综合性、系统性管理活动。"全员参与"是指企业内部各部门、各单位、各岗位都参与到预算管理中；"全方位管理"是指预算管理涉及企业的一切经济活动，包括人、财、物各个方面，供、产、销各个环节；"全过程控制"是指预算管理涉及企业各项经济活动的事前、事中和事后控制。预算管理流程如图 5-1 所示。

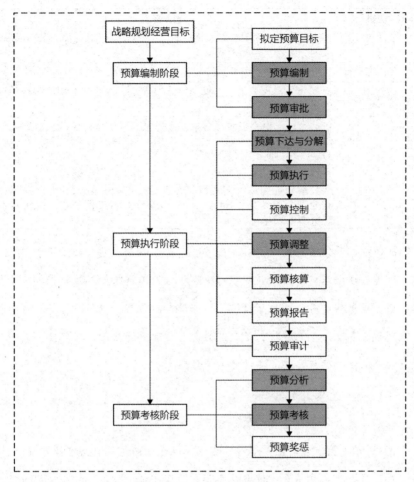

图 5-1 预算管理流程

流程中关键环节如表 5-3 所示。

表 5-3 预算管理流程中的关键环节

序号	关键环节	详细描述
1	预算编制	预算编制要自上而下、自下而上、上下结合，并结合预算目标和预算编制大纲，考虑预算期市场环境、资源状况、自身条件等因素
2	预算审批	各预算单位上报全面预算草案—预算管理部门审查—反馈调整意见—预算单位再次提交全面预算—预算管理部门汇总编制企业全面预算草案—预算管理委员会审议—董事会/股东（大）会审议批准

序号	关键环节	详细描述
3	预算下达与分解	下达经批准的预算—各预算单位签订预算责任书—预算指标横向、纵向分解落实到各预算单位
4	预算执行	预算单位按照业务开展计划及预算分解情况，发生相关费用
5	预算调整	根据业务实际需求，提报预算调整申请，按原审批流程履行预算调整程序
6	预算分析	包括事前、事中、事后分析。通过预算分析确定预算执行结果与预算标准之间的差异，预算分析的问题定位在于找到差异产生的原因，并由此追溯责任归属
7	预算考核	对企业经营业绩考核，包括对生产能力指标、销售能力指标、资金运作能力指标等各种需求指标的考核；对人的考评，包括对业绩较好者给予激励，对业绩不理想者进行惩罚，强化对预算管理的约束

2. 组织、岗位与职责

预算管理组织体系由预算管理的决策机构、工作机构和执行机构三个层面组成，是承担预算编制、审批、下达与分解、执行、调整、分析、考核等一系列预算管理活动的主体，是企业预算管理有序开展的基础环境，对企业预算管理的正常运行起着关键性的主导作用。

（1）股东（大）会和董事会。

股东（大）会和董事会是预算管理的决策机构。

① 股东（大）会的主要职责：审议批准企业的年度财务预算方案。

② 董事会的主要职责：批准企业预算管理制度，并授权相关部门执行；审批涉及预算管理重大风险的相关事项；审定企业预算管理委员会上报的企业总体预算方案；审定企业及全资企业的全面预算方案及预算调整方案；批准预算执行奖惩制度，授权相关部门监督、执行；授权并监督相关部门开展预算执行审计；等等。

（2）预算管理委员会。

董事会下设专门委员会，负责预算管理组织领导工作。其职责包括：审核企业预算相关制度并报董事会批准；审核预算管理工作过程中重大风险事件并报董事会审议；审核企业、全资及控股所属企业的全面预算方案及重大预算调整方案，并就相关风险管控措施提出建议；审核预算编制、控制、分析工作；对企业总体预算提出质询，并就必要的改善提出建议；提请企业董事会审定企业总体预算及调整方案，并组织实施；审查、分析预算执行分析报告，提出改善措施；监督预算执行业绩的考核。

（3）预算管理办公室。

预算管理办公室是企业预算管理委员会的执行机构。其职责包括：负责起草预算相关管理制度；负责收集预算管理相关风险事件，并按照应急方案要求分析、上报并处理重大风险事件；负责制定企业全面预算编制大纲，组织和指导各单位全面预算编制工作；对各单位编制的预算及调整方案进行初步审查、协调和平衡，汇总后编制企业总体全面预算及调整方案，上报企业预算管理委员会审议；向各单位下达经企业董事会/股东（大）会审批的预算方案；负责企业整体预算执行过程的日常管理并定期分析，并就执行中的差异及存在的风险提出改进措施和建议；结合企业预算执行情况，对各单位预算调整和修订提出建议；协调解决各单位预算编制和执行中的有关问题。

（4）企业各职能部室。

财务管理部门负责资金预算编制、预算整体协调和综合管理，负责预算管理过程中各类风险事件的监控、上报、处理；人力资源管理部门负责审核人力资源计划、薪酬预算、员工培训预算等；投资管理部门负责审核股权以及项目类投资和兼并重组方面的预算；信息化管理部门负责审核企业信息化预算；其他部门根据实际情况提供预算所需材料，识别并管控预算编制及执行的相关风险。

（5）各单位预算管理委员会、预算管理办公室及相关职能部室应参照上级单位预算管理模式明确各自的职责。

3.法律法规与制度

全面预算管理对提高企业管理水平和经营效率、实现企业价值最大化至关重要。国家和地方法律法规均对预算管理进行规定，各级政府和集团公司也针对预算管理工作出台了系列政策、规范性文件及管理制度。本操作指引在编制过程中，参考或引用了以下文件。

《中华人民共和国公司法》

《中华人民共和国企业国有资产法》

《企业内部控制应用指引》

《北京市国有资本经营预算管理暂行办法》

《集团研发投入预算管理制度》

《市国资委国有资本经营预算建议草案编报试行办法》

《集团人工成本管理办法》

《集团战略预算管理办法》

《集团全面预算管理办法》

《集团国有资本经营预算管理办法》

4. 风险识别与重大风险认定

预算管理风险是指企业因预算编制不合理、预算下达不力、缺乏严格的预算执行授权审批制度与监督反馈、预算调整依据不充分、预算考核不合理等因素，导致企业预算编制与企业战略规划、经营计划、市场环境、企业实际相脱离，实际业务开展未按照预算方案执行，或预算差异得不到及时分析，使企业面临预算管理流于形式、难以实现预算管理刚性约束目标等后果的可能性。

（1）预算管理关键环节存在的风险。

经识别与评估，在预算编制、预算审批、预算下达与分解、预算执行、预算分析、预算调整、预算考核等预算管理关键环节，主要存在以下风险（见表5-4）。

表 5-4 预算管理关键环节风险

序号	关键环节	风险描述
1	预算编制	预算编制以财务部门为主，业务部门参与度较低，可能导致预算编制不合理
		预算编制范围和项目不全面，各个预算之间缺乏整合，可能导致全面预算难以形成
		预算编制所依据的相关信息不足，可能导致预算目标与战略规划、经营计划、市场环境、企业实际等相脱离等
		各单位预算编制的假设条件不统一，但预算考核时使用统一的内外部条件衡量标准，导致预算绩效考核结果不合理
		预算编制松弛，下级单位给完成预算指标留有后路，导致收入减少、利润压缩
		境外企业预算编制不符合上级单位要求，可能导致预算不准确
2	预算审批	未按要求将年度预算提报董事会／股东（大）会审批，导致企业年度预算未经批准而执行，董事会／股东（大）会被架空
3	预算下达与分解	预算指标分解不够详细、具体，可能不利于成本压缩
4	预算执行	内外部因素发生变化，可能导致预算执行产生偏差
		缺乏严格的预算执行授权审批制度，可能导致预算执行随意
		预算审批权限及程序混乱，可能导致越权审批、重复审批，降低预算执行效率和严肃性
		预算执行过程中缺乏有效监控，可能导致预算执行不力，预算目标难以实现
		缺乏健全有效的预算反馈和报告体系，可能导致预算执行情况不能及时反馈和沟通，预算差异得不到及时分析，预算监控难以发挥作用
		未严格按照预算执行，存在国有资本经营预算资金截留或挪用风险
5	预算分析	预算分析不正确、不科学、不及时，可能削弱预算执行控制的效果，或可能导致预算考评不客观、不公平
		对预算差异原因的解决措施不得力，可能导致预算分析形同虚设
		预算分析流于形式，无法切实反映指标与实际的差异和企业风险问题

序号	关键环节	风险描述
6	预算调整	预算调整依据不充分、方案不合理、审批程序不严格，可能导致预算调整随意、频繁，预算失去严肃性和"硬约束"
		年度预算内大额度资金调动和使用、超预算或预算外的资金调动和使用，未按要求履行"三重一大"决策
		未将预算调整提报董事会/股东（大）会审批纳入制度规定，或虽有规定而不执行，导致预算失控
		境外企业的预算调整审批未按上级要求设置，导致预算调整事项未能纳入上级单位管控视野
7	预算考核	预算考核不严格、不合理、不到位，可能导致预算目标难以实现、预算管理流于形式
		未将预算执行情况纳入绩效考核范围，导致预算管理过程未形成有效闭环
		预算考核指标设置不合理或未将预算及其调整审批纳入考核，考核不能取得预期效果
		未区分不同企业具体情况设置差异化预算考核指标，可能导致预算考核不能实现正负激励目标

（2）预算管理重大风险的认定。

预算管理重大风险的认定包括但不限于以下情形：

①未按要求履行"三重一大"决策而调动和使用大额资金、超预算或预算外资金，造成5000万元及以上财产损失；

②截留或挪用国有资本经营预算资金或其他专项预算资金；

③伪造内外部预算审批、决策文件而调动、使用资金，获取不当利益，出现重大舞弊。

5.管控措施

企业应逐步建立并夯实预算管理的内控、风险管理体系，对一般、重要和重大风险实行分级管控。

（1）对一般、重要风险的内控措施。

①建立健全预算管理制度，明确预算管理工作开展流程和各相关方职责；

②推进预算管理制度落实，严格履行审核、批准程序；

③预算编制与预算审批、预算审批与预算执行、预算执行与分析评价、

决算编制与审核等不相容岗位的分离；

④提升预算管理人员水平，深入剖析企业价值链、成本构成，夯实预算基础数据，确保预算指标准确；

⑤加强信息化建设，减少或避免业务流程的人为干预。

（2）对重大风险的管控措施。

各预算单位应根据一体化管控目标和预算管理工作特点，持续、动态监控预算管理风险，设定风险预警指标，按一体化前置审核要求，以风险管理的视角提出意见和建议。

对于识别出来的预算管理重大风险，各预算单位应对每一个重大风险制定有针对性的应对预案，经本企业决策机构批准后实施。对于发生的重大风险事件，各预算单位应启动本部门、本单位风险应对预案进行管理，在第一时间报主管领导和本单位风险管理部门，并按要求提报集团法律与合规部。预算管理重大风险事件包括但不限于：

①未按要求将年度预算提报董事会／股东（大）会审批，企业年度预算未经批准而执行，董事会／股东（大）会被架空；

②未严格按照预算执行，国有资本经营预算资金被截留或挪用；

③对预算差异原因的解决措施不得力、预算分析形同虚设；

④未履行"三重一大"决策，对年度预算内大额度资金调动和使用、超预算或预算外资金调动；

⑤未将预算调整提报董事会／股东（大）会审批纳入制度规定，或虽有规定而不执行，预算失控；

⑥境外企业的预算调整审批未按上级要求设置，预算调整事项未能纳入上级单位管控视野。

集团总部及各单位风险管理部门收到各预算单位提报的重大风险事件后，应立即组织对当前风险事件进行综合评估，并将评估结果报一体化管控工作分管领导，由分管领导决定是否启动专题风险调研。如不启动专题风险调研流程，各预算单位应将风险应急处理情况及时报送集团法律与合规部。如启动专题风险调研流程，由集团法律与合规部组织开展专题风险调研工作，各预算单位应积极配合。各预算单位应按照一体化管控的要求，定期提报重大风险的管控及变化情况。

6. 合规要求

企业的预算管理行为应符合预算管理工作相关法律法规、监管规定、行业准则和企业章程、规章制度规定的合规要求，将该等要求嵌入预算管理各环节，并予以落实。合规要求包括但不限于：

①企业年度预算方案及预算调整方案未经企业股东（大）会［无股东（大）会的，为董事会］批准，不得实施；

②年度预算内大额度资金、超预算或预算外的资金，未履行"三重一大"决策程序的，不得调动和使用；

③国有资本经营预算资金拨付后，企业应严格按照预算使用资金，不得截留或挪用。

第6章 | 切中窾要，相得益彰：风险管理、
内部控制与合规管理作用的发挥

6.1 危机思维：一体化中的风险管理

6.1.1 案例导读

问题提出

WLJ 公司"添加门"：上火与去火

2009 年 4 月 13 日，某市消费者起诉 WLJ 公司，称自己的胃溃疡是饮用 WLJ 所致。5 月 11 日，某疾控中心营养与食品安全所称：WLJ 中的有些成分和原料，不在食品安全法已经规定的既是食品又是药品的名单之列。WLJ 卷入"添加门"，危机风波骤然掀起。由于 WLJ 的巨大知名度与品牌影响力，"添加门"事件发生之后，迅速点燃了众多媒体的兴奋点，在客观报道的同时，各种各样的谣言与攻击也铺天盖地而来，WLJ 公司一时间背负巨大的舆论压力。

如何破解

沉稳应对危机

危机之后的第二天，某市食品协会就紧急召开记者招待会，称 WLJ 凉茶中含有夏枯草配方是合法的，不存在添加物违规问题。事发仅 4 天，卫生部（现为卫计委）也发布声明确认 WLJ 凉茶在 2005 年已备案，并认可夏枯草的安全性。WLJ 公司这次事件平息得这么快，重要的原因就在于其政府公关出色。企业必须做到以下 3 点：严格遵守行业法则，减少危机漏洞；营销宣传有度，避免过分夸大，授人话柄；积极建立品牌美誉度。

知识术语

风险管理

风险管理是指企业围绕总体目标，在企业管理的各个环节和经营过程中执行风险管理的基本流程，培育良好的风险管理环境，建立健全风险管理体系，从而为实现风险管理的总体目标提供合理的方法。做好风险管理，企业应有危机思维：一是危险防范，最大限度地消除危险发生时带来的损失；二是机会获取，风险很多时候也意味着机会。

回复"162596"，领赠品表 1

6.1.2　风险排序与跟踪监控

企业应在风险管理工作开展过程中，每年年初通过组织风险识别、评估等工作，按评分大小进行排序，对排在前列的风险（示例如表 6-1）进行重点跟踪监控。企业应对重大风险管控情况进行定期跟踪，填报重大风险管控情况提报表（见赠品表 1），每月末或季度末报企业归口管理部门备案。经风险评估形成的非重大风险，由业务部门、各单位常态化管理。

表 6-1　重大风险评估排序

×× 集团有限公司 2023 年度重大风险评估排序表				
序号	一级风险	二级风险	风险描述	评估结果
1	市场风险	外部竞争风险	现有竞争对手竞争力大幅提升，如竞争对手率先向市场推出新型产品和技术等，导致公司与竞争对手差距拉大，造成竞争失利。潜在竞争对手进入市场导致市场竞争规模扩大，市场竞争加剧导致公司面临的风险增大	16.20 分
2	战略风险	投资战略风险	政府对行业投资准入政策、持股比例放开等相关政策方面的调整，对一些合资企业稳定性产生影响，如影响集团对相关单位的控股权等，导致公司原本战略目标无法实现	15.69 分
3	市场风险	竞争力降低风险	公司自身竞争力降低，例如未能跟上行业发展趋势、技术与广告宣传投入较竞争对手不够充足等，导致公司竞争失利或丧失发展机遇，经济效益和持续发展受到不利影响	14.93 分
4	市场风险	价格风险	在产品定价等相关活动中，由于市场需求、市场竞争、产品价格信息、价格政策等因素的不确定性，导致产品的定价不合理；市场竞争厂商、竞品大幅降价，应对不及时或被动降低售价等，导致公司面临难以实现预期收益的风险	13.00 分

续表

序号	一级风险	二级风险	风险描述	评估结果
			××集团有限公司2023年度重大风险评估排序表	
5	战略风险	战略执行风险	由于迅速变化的宏观经济环境，公司不能沿既定战略发展，从而在未来的经营发展中处于不利地位；战略执行的相关配套机制不完善，如战略执行团队、战略资源配备、战略执行政策等因素不完善，可能导致战略执行难度增大，影响战略目标的实现	12.72分
6	运营风险	采购管理风险	采购端缺乏规模效应，导致采购议价能力较弱，采购成本高企	11.85分
7	市场风险	市场需求风险	市场需求变化评估不充分，投资收益无法达到预期，导致经营风险；互补品价格的上涨，经济周期变化等对市场需求带来的影响	11.33分
8	运营风险	零部件采购风险	公司生产所用零部件价格、能源价格等成本上涨，生产、日常业务开展所需零部件、技术服务等无法及时交付或与预期收益相差较大	11.27分
9	财务风险	成本费用风险	各项成本费用开支的合理性风险，如各项成本费用开支是否符合公司生产经营活动的需要，是否正确划分资本性支出和收益性支出，是否正确划分产品成本和期间费用，以及收入与费用配比不合理的风险	11.19分
10	财务风险	担保风险	公司存在大量大额担保事项，担保政策、相关管理制度、审批流程不健全，分析不深入，后续管理不到位，对担保合同履行情况疏于动态监控或监控不当，未能及时发现被担保公司出现经营异常/财务危机并采取有效措施	11.11分
11	财务风险	应收账款管理风险	缺乏根据客户信用等级和公司信用政策拟定和调整客户赊销限额和时限，存在客户信用、生产经营等发生变化时，公司面临应收账款无法回收的风险；客户回款不及时或无法支付货款，导致应收账款周转缓慢，逾期甚至面临坏账的风险	11.07分
12	战略风险	投资战略风险	未制定投资战略或投资战略与公司战略目标不一致，缺乏对战略实施的保障措施、行动方案，缺乏可以落实和监测的指标等，可能导致公司总体投资规划的可实施性不强，无法落地	10.51分

续表

序号	一级风险	二级风险	风险描述	评估结果
		××集团有限公司 2023 年度重大风险评估排序表		
13	运营风险	客户管理风险	售后客户管理体系不健全，未建立客户信息库并有效收集和管理客户信息，或未有效运用客户数据，可能不利于客户的维护与二次开发；未建立客户关系维护机制，或未有效维护客户关系，造成客户黏性不足，可能导致客户流失甚至影响公司口碑	10.29 分
14	法律与合规风险	法律纠纷管理风险	未建立完善的法律纠纷处理机制和程序或未有效执行、上报与应对，可能造成公司未能及时在法定期限内采取法律救济措施，给公司造成经济损失	9.75 分
15	财务风险	现金流风险	公司对外投资加大、研发项目持续投入等活动，给公司带来较大的资金压力，现金流紧缺；资产运用、循环效率较低，资金管理水平较低，周转速度慢，难以通过较少收入获取较多收益；公司"造血"功能不强，过度依赖定向增发等手段保证流动性	7.69 分

6.1.3 风险管理工作规程

1. 设定风险管理目标

开展风险管理工作应合理设定风险管理目标，包括但不限于以下内容：企业与组织及成员的生存和发展；保证组织的各项活动正常运转；尽快实现企业和组织稳定的收益；减少忧虑和恐惧，为管理当局提供安全保障；通过风险成本最小化实现企业或组织价值最大化。

2. 进行风险识别、评估、应对

风险识别包括初始信息收集、风险辨识和风险分类 3 个环节。风险评估分为风险分析和风险评价两个环节，注意风险与收益的配比分析。风险应对应当考虑各种环境信息，包括内部和外部利益相关者的风险承受度，以及法律、法规和其他方面的要求等。

3. 加强风险监控

企业应建立相应的风险预警系统，选取适当的监控指标、设立合适的指标区间值，进行风险状态的动态监控和预警提示。

4. 及时报告风险事件

重大风险事件发生时应在 24 小时内迅速报告。

5. 风险管理测评与改进

企业应持续优化风险管理工作流程，创新风险管理工作方法，提升风险管理工作效率、效果，定期对风险管理工作开展的效率、效果进行自查，及时发现不足并改进。

6. 风险管理信息化及文化建设

企业应推动风险管理与企业数字化转型深度融合，加强风险管理系统与业务系统的有机融合，逐步建立风险、内控、合规三合一信息化、智能化平台，做好资源共享和高效管控。依托平台，企业应将业务流程、风险预警、内控规则、合规要求固化至平台系统，实现自动校验控制，减少人为干预，增强管控刚性约束力。企业应注意培育具有风险意识的企业文化，树立正确的风险管理理念，增强员工风险意识，将风险意识转化为员工的共同认识和自觉行动，促进企业建立系统、规范、高效的风险管理机制。

6.2 有序思维：一体化中的内部控制

6.2.1 案例导读

问题提出

财务和运营数据造假

2020 年 2 月 1 日，美国著名调查机构 HS 公司公布了一份长达 89 页的做空报告，直指 RS 咖啡正在捏造公司财务和运营数据。2020 年 2 月 3 日，RX 咖啡发布公告，否认做空报告中的所有指控，并表示打算采取适当的措施，保护自己免受恶意指控，保护股东的利益。2020 年 4 月 2 日，RX 咖啡提交给美国证券交易委员会的文件显示，公司董事会内部调查表明，自 2019 年第二季度到 2019 年第四季度，RX 咖啡与虚假交易相关的总销售金额约为人民币 22 亿元；在此期间，某些成本和费用也因虚假交易大幅膨胀。2020 年 4 月 3 日，中国证监会发布声明，高度关注 RX 咖啡财务造假事件，对该公司财务造假行为表示强烈的谴责。2020 年 6 月 29 日，RX 咖啡宣布在美股退市。RX 造假消息一经公布，RX 咖啡当日股价下跌 75.57%，最大跌幅 81.3%。RX 咖啡事件引起了美国多起集体诉讼事件。2020 年 9 月，国家市场监督管理总局对 RX 咖啡做出了 200 万元的顶格处罚。2020 年 12 月 17 日，RX 咖啡同意支付 1.8 亿美元罚款以达成与美国证券交易委员会和解。

如何破解

建立有效的内部控制体系确保财务及运营数据真实完整

HS 公司做空报告公布了 5 条铁证，说明 RX 咖啡财务及运营数据作假、销售数量造假、客单品造假、客单价造假、广告支出夸大、周边产品销售造假。这样大规模的作假，说明 RX 咖啡内部控制体系整体失效。企业坚持诚信为本，重塑内部控制体系设计与运行的有效性，才能解决取信于消费者。

知识术语

内部控制

内部控制是指企业由公司董事会、经营层和全体员工实施的、旨在实现控制目标的过程。控制目标分战略目标、经营目标、资产安全目标、财务报表信息重视目标及合规目标五类。做好内部控制，应遵循有序思维。通过有效的方法与措施，对偏离目标的计划、预算、标准等进行适当的纠正，以保障企业经营管理工作有序进行，避免无序失控状态的发生。内部控制的功能就是维护企业良好的秩序。

6.2.2　基于有效性的视角完善内部控制体系

企业内部控制体系应以财政部等五部委颁布的《企业内部控制基本规范》及其配套指引为依据，以内部管理活动和业务流程为主线，按照内部环境、风险评估、控制活动、信息与沟通及内部监督五项基本要素建立健全内部控制体系。内部控制体系涵盖集团所有业务管理流程和具体管理事项，贯穿生产、经营、管理活动各个环节，以保证内部控制体系的完整性和有效性。各单位应依据所处的环境和自身经营特点制定各项专门的管理制度及业务流程，建立健全内部控制的工作程序。内部控制体系的建设不要流于形式，其建设也不是一蹴而就、一劳永逸的，企业应不断进行完善。内部控制体系一定要围绕有效性进行建设与完善。

1. 内部环境

内部环境是企业实施内部控制的基础，一般包括治理结构、机构设置与权责分配、人力资源政策、企业文化等。内部环境的有效性在于其对其他四要素积极作用的发挥。

2. 风险评估

风险评估是企业及时识别、系统分析经营活动中与实现内部控制目标相关的风险，合理确定风险应对策略。风险评估贯穿企业生产经营管理过程的始终，也贯穿内部控制的始终。风险评估的有效性在于较为准确地评估目标相关的风险大小，便于企业有针对性地采取措施。

3. 控制活动

控制活动是企业结合具体业务和事项，运用相应的控制政策和程序实施控制。企业应当结合风险评估结果，运用相应的控制措施，将风险控制在可承受的范围内。控制活动的有效性在于它能较好地防范风险，也在于促进工作效率的提升，如进行流程再造，压减不必要的节点等。

4. 信息与沟通

信息与沟通是企业及时、准确地收集、传递与内部控制相关的信息，确保信息在企业内部、企业与外部之间进行有效沟通。信息与沟通的有效性在于有助于企业迅速获取信息，消除信息不对称的情景。

5. 内部监督

内部监督是企业对内部控制体系建立与实施情况进行监督检查，评价内部控制体系的有效性，发现内部控制体系缺陷，并及时加以改进。内部监督要把内部控制体系设计及运行的有效性作为关注的重点。

6.2.3　内部控制工作标准与缺陷认定标准

回复"1625962"，
领赠品表 2

1. 内部控制工作标准

企业应当编制内部控制手册，明确内部控制工作标准（见赠品表 2），并在组织内发布。内部控制工作标准一般包含组织架构、发展战略、人力资源、社会责任、企业文化、资金活动、采购业务、资产管理、销售业务、研究与开发、工程项目、担保业务、业务外包、财务报告、全面预算、合同管理、内部信息传递、信息系统等业务领域及主要管理环节。当发生下列事项时，企业应修订和完善内部控制工作标准：

①国家相关法律法规、规章制度、行业从业规定、监管部门要求等发生变化；

②战略调整、组织机构、管理职责等内部环境发生变化；

③新业务的实施、业务管理要求发生变化；

④根据风险评估结果，重大风险和重要风险发生变化；

⑤发生内部控制重大缺陷事件；

⑥其他事项。

2. 内部控制缺陷认定标准

企业应从财务内部控制和非财务内部控制两个维度，并结合企业规模、行业特征、风险偏好和风险承受度等因素，确定企业内部控制缺陷的具体认定标准（缺陷认定标准参见表6-2），明确对重大缺陷、重要缺陷和一般缺陷的认定标准。企业应将自我评估、内部监督及外部监管检查等发现的内部控制缺陷全部纳入整改范围，制定整改方案，明确整改时间和责任人。企业应优先整改重大、重要缺陷以及普遍性强的一般缺陷，聚焦重点业务及管理环节，增强缺陷整改力度，切实规避可能给企业带来重大损失的操作风险。针对在内部控制管理中发现的内部控制缺陷，企业要及时对相应的制度流程进行整改完善，涉及重大内部控制缺陷的，要适时进行业务流程再造。

表6-2　缺陷认定标准

1. 财务报告类缺陷认定标准		
严重程度	定量标准	定性标准
重大	财务报表的错报金额落在如下区间： 1. 错报金额≥资产总额（合并）的1.5% 2. 错报金额≥经营收入总额（合并）的2%	1. 公司内部控制环境无效 2. 公司董事和高级管理人员舞弊 3. 公司更正已公布的财务报告，并造成重大社会影响 4. 外部审计对公司出具拒绝表示或否定意见的审计报告 5. 内部审计部门对公司内部控制监督无实质性效果 6. 内部控制重要缺陷未及时整改
重要	财务报表的错报金额落在如下区间： 1. 资产总额（合并）的0.3%≤错报金额＜资产总额（合并）的1.5% 2. 经营收入总额（合并）的0.4%≤错报金额＜经营收入总额（合并）的2%	1. 未依照会计准则选择和应用会计政策 2. 未建立反舞弊程序和控制措施，或反舞弊程序和控制措施失效 3. 对于非常规或特殊交易的账务处理没有建立相应的控制机制或没有实施且没有相应的补偿性控制 4. 对于期末财务报告过程的控制存在一项或多项缺陷且不能合理保证编制的财务报表达真实、完整的目标 5. 内部控制一般缺陷未得到及时整改

1. 财务报告类缺陷认定标准		
严重程度	定量标准	定性标准
一般	财务报表的错报金额落在如下区间： 1. 错报金额＜资产总额（合并）的 0.3% 2. 错报金额＜经营收入总额（合并）的 0.4%	除上述重大缺陷、重要缺陷之外的其他内部控制缺陷

2. 非财务报告类缺陷认定标准		
严重程度	定量标准	定性标准
重大	1. 预计直接财产损失：损失≥5000 万元 2. 人员健康安全影响：一次事故或造成 1 人及以上死亡，或者 5 人以上（不含 5 人）重伤 3. 影响持续经营能力：核心供应商或销量排名前 50 的经销商流失率≥30%	1. 董事会（类似权力机构）及其专业委员会、经理层职责权限、任职资格和议事规则缺乏明确规定，或未按照权限和职责履行 2. 违反决策程序导致重大失误 3. 严重违反法律法规，受到罚款类等实质性行政处罚或涉及对高管、员工的处置 4. 中高级管理人员和高级技术人员流失严重 5. 负面消息在全国各地、政府及监管机构流传，对组织声誉造成无法弥补的损害 6. 造成严重环境损害，激起公众愤怒 7. 关键业务缺乏控制或控制体系失效 8. 已发现的内部控制重要缺陷未得到整改 9. 内部信息传递中泄露核心商业秘密，严重削弱组织核心竞争力或造成重大经济损失 10. 重大诉讼（仲裁）案件的起诉或应诉不当，导致公司经济利益受到严重的影响，且导致公司无法持续经营
重要	1. 预计直接财产损失：1000万元≤损失＜5000 万元	1. 公司决策程序不规范

续表

2. 非财务报告类缺陷认定标准		
严重程度	定量标准	定性标准
重要	2. 人员健康安全影响：造成3~5人重伤 3. 损伤公司竞争力：15% ≤核心供应商或销量排名前50的经销商流失率 < 30%	2. 违反法律法规，受到警告类等非实质性行政处罚，不涉及对高管、员工的处置 3. 关键岗位业务人员流失严重 4. 负面消息在全国各地流传，对组织声誉造成较大损害 5. 对环境或社会造成较大损害，需要相当的时间才能恢复 6. 关键业务制度流程存在漏洞 7. 已发现的内部控制一般缺陷未得到整改 8. 内部信息传递中泄露商业秘密，削弱组织核心竞争力或造成经济损失 9. 迟报、误报、瞒报安全事故 10. 重大诉讼（仲裁）案件的起诉或应诉不当，对公司日常经营管理产生较大影响
一般	1. 预计直接财产损失：损失 < 1000万元 2. 人员健康安全影响：造成3人以下重伤（不含3人） 3. 对公司日常经营管理造成一定影响：核心供应商或销量排名前50的经销商流失率 < 15%	除重大、重要缺陷以外，其他可能导致组织偏离控制目标的情形

6.3 底线思维：一体化中的合规管理

6.3.1 案例导读

问题提出

投标资格被取消

ZT集团及其20家附属公司因违反采购指南条款于2017年4月被列入世界银行黑名单，制裁期为15个月。世界银行的调查显示，ZT集团在中国某省基础设施工业安置建设项目中，为了满足投标要求，提交虚假合同（包含虚假工期、虚假合同金额）。世界银行在评标阶段取消了ZT集团投标资格。

如何破解

加强对重点领域的合规管理

招投标是市场交易中重要的一个环节，也是企业合规管理的重点领域之一。企业在参与世界银行的招标项目时，被发现串标、违规、腐败等问题就会被列入其黑名单。这不仅对企业的当期经营业绩产生重要影响，还会对企业的信用、声誉带来不良影响，从而影响企业的长期绩效。因为企业被世界银行列入黑名单后，其他国际银行或者企业可以通过信息共享和检索，查到企业的违规历史，所以企业在涉外信贷与合作中会受到限制，影响国际化发展。

知识术语

合规管理

合规管理是指企业以有效防控合规风险为目的，以企业和员工经营管理行为为对象，开展包括制度制定、风险识别、合规审查、风险应对、责任追究、考核评价、合规培训等有组织、有计划的管理活动。做好合规管理，应遵循底线思维。企业要有底线，要对法律法规有敬畏之心，要明确规定哪些事或行为是不能做的。

6.3.2 合规管理工作要点

1. 合规管理重点领域

以全面覆盖为基础，企业结合每年合规风险识别与评估情况，以及审计、监察等发现的重大风险，动态地确定其他需要加强合规管理的重点领域。一般而言，重点领域包括但不限于以下方面。

（1）市场交易

企业在开展市场交易活动时，应当严格遵守法律法规及企业内部的相关流程，严格履行企业内部的审批流程，强化合规风险控制，尤其需要特别关注反垄断、反不正当竞争、反商业贿赂、企业资产使用及交易安全、规范招投标等活动。

（2）劳动用工

企业应当严格遵守劳动用工相关的法律法规，健全和完善本单位的劳动用工制度以及员工健康和安全的劳动安全卫生制度，尊重和维护员工的合法权益，创建良好的工作氛围。

（3）财务税收

企业应当健全完善财务内部控制制度，依法建立账簿记录，保证记录的真实完整性；严格执行财务事项操作和审批流程，依法纳税，积极履行代扣代缴税款的义务；应当依法进行税务登记、设置账簿、保管凭证、纳税申报；各下属单位应当如实向税务机关反映本单位的生产经营情况和执行财务制度的情况，按有关规定提供相应的报表和资料，不得瞒报、漏报、误报，不得偷税漏税。

（4）数据与信息保护

企业应当建立数据安全保护制度，加强数据应用过程的数据安全和信息保护，加强对个人数据搜集、保存及使用的相关标准及要求。

（5）安全环保

企业应当遵守我国及经营所在国家的安全环保法律法规，树立安全环保合规意识。企业应主动履行安全及环境保护义务，落实遵守相关法律法规的主体责任，及时采取有效措施防止安全事故发生、防止环境污染。

（6）产品与服务质量

企业应当秉持客户为中心的理念，健全完善质量体系，强化产品与服务质量的合规意识，加强过程控制，严把各环节质量关，为客户提供优质产品和服务。

（7）知识产权

企业应当加强知识产权保护合规意识，健全完善知识产权管理体系。企业要保护和依法维护企业的知识产权，同时要尊重和防止侵犯他人的知识产权。

（8）信息披露

企业应按照相关要求，规范、及时、公平地公开、披露信息，确保信息真实、准确、完整，不存在虚假记载、误导性陈述或重大遗漏。

（9）境外经营

企业在境外开展任何经营活动时，除应当遵守境内的相关法律法规外，还应当严格遵守所在地及所适用的其他相关国家或地区的法律法规。企业应重点关注市场准入、国家安全审查、贸易管制、国际制裁清单、劳动用工、外汇管理与反洗钱、税务合规、商业贿赂等领域的合规风险。

2. 合规管理重点人员

企业将以下人员确定为合规管理重点人员，在进行合规管控的过程中，应当加强合规管理。

（1）管理人员

企业应通过不断提升管理人员的合规意识，促进其带头依法依规开展经营管理活动，认真履行合规管理职责，建立和提升合规文化，同时在合规管理过程中强化考核与监督问责。

（2）重要风险岗位人员

企业应当根据合规风险识别、评估情况明确重要风险岗位，同时应当有针对性地加大培训力度，促使重要风险岗位人员熟悉并严格遵守各项合规管理制度，加强监督检查和违规行为追责。

（3）境外人员

企业应将合规培训作为境外人员任职、上岗的必备条件，确保境外人员遵守我国和所在国（地区）法律法规等相关规定。

（4）其他需要重点关注的人员

如供应商、经销商等商业合作伙伴。

3. 合规管理重点环节

企业将以下环节作为合规管理的重点环节，通过合规管理运行机制，加强对重点环节的合规管控，防范合规风险。

①制度制定环节。企业应当强化对规章制度、重大项目涉及的方案等重要文件的合规审查，做到审核率100%，确保制度符合法律规定、监管规定等要求。

②经营决策环节。企业严格落实决策程序，通过议案审核等方式加强对决策事项的合规论证把关，保障决策依法合规。

③供应商、投资伙伴等商业合作伙伴引进及管控环节。企业通过合规筛查发现合规风险，利用合规管理系统等信息化手段加大合规风险管控力度。

④合同审核环节。企业严格对合同尤其是重大合同进行合规审核，制定标准的合规条款并纳入合同。

⑤重点岗位人员引进、提拔、培养环节。企业把合规背景筛查作为重点岗位人员引进、提拔的前置条件，加强对重点岗位人员开展合规培训。

⑥生产运营环节。企业应严格执行规章制度，加强对重点流程的监督检查、对执行人员的合规培训，确保生产经营依法合规。

⑦境外投资环节。企业应加强对所投资国别（地区）的法律合规风险研究，严格按照相关要求开展业务。在投资前，企业加强对相关风险的研判与做好应对准备。在经营中，企业定期对境外业务进行合规风险评估，建立境外企业合规工作定期汇报制度。

⑧其他与合规管理重点领域密切相关的环节。

6.3.3 合规管理工作方式

1. 合规审查与咨询

①各部门应当关注合规重点管理领域的经营管理活动，进行合规控制；

②各部门在制定及修订上述各重点环节涉及的企业管理制度及业务流程时，应确保满足合规管理要求，并提报合规归口管理部门进行合规审查；

③各部门在开展工作过程中，审查与重点领域、重点环节、重点人员相关的重大事项，应将合规审查作为必备的前置程序；

④各部门在开展业务活动时，应根据企业规章制度及法律与合规部的要求，就相关业务活动所涉事项是否合规提交法律与合规部进行咨询；

⑤法律与合规部应开展合规审查和咨询工作。

2. 合规反馈与举报

①各部门应在日常业务中对其业务相关的合规风险进行日常监控及定期自查，并将相关的情况及时向合规归口管理部门进行反馈；必要时，合规归口管理部门可聘请独立第三方协助进行评估。各部门应在合规归口管理部门的支持与指导下分析与其业务相关的合规风险的管控是否到位。

②各部门应对存在业务合作的商业伙伴进行合规监控，若发现商业伙伴存在任何合规问题包括但不限于出现违法情形或被处罚等合规风险，应当及时向合规归口管理部门进行反馈。

③企业应建立合规举报和调查机制。设置举报电话与邮箱，收到举报要及时进行调查处理。

3. 合规宣传与培训

①企业应开展多种形式的适当的合规宣传工作。

②企业应将与合规管理相关的信息传达至企业决策管理人员、各部门领导及员工，并进行相应的沟通。

③合规归口管理部门应面向全体员工及商业伙伴或第三方开展合规解释工作，解答合规政策及合规管理的具体问题。

第4篇

合力：整合与风险防控相关的监督资源

　　企业第一要务是发展，讲究激励机制，但绝不能忽视约束机制，否则容易出现重大风险事件，滋生腐败。监督是风险防控的第三道防线，企业专司监督的组织有审计监督、监察监督和监事监督。由于各自职业要求具有独立性，因此，规模以上企业将三者融为一体不合适，形成合力，构建大监督组织体系则更妥当。同时，审计监督、监察监督和监事监督皆应以风险为导向，发挥自身的专业优势，认真履行风险防控第三道防线的职责。

第 7 章 | 麻线搓绳——合在一起干：构建以风险为导向的大监督组织体系

7.1　不可或缺：监督在风险防控中扮演的角色

7.1.1　案例导读

问题提出

腐败"群蠹"

个别国有企业群体性腐败分子被媒体称为国企"群蠹"，这一腐败现象被称为"群蠹"现象。YN 铜业集团原董事长、总经理邹某受贿案具有一定的代表性，邹某所领导的 YN 铜业集团出现了严重腐败窝案、串案，是典型的"群蠹"现象。邹某作为一个投身企业改革、在经营管理方面颇有建树、很有成绩的职业企业人，在人生辉煌、事业成功、行将退休离开职场之时因腐败犯罪而被绳之以法。邹某的腐化堕落固然让人感到可悲、可叹，而 YN 铜业集团的集体（群体）腐败却更加让人感到可怕、危险。YN 铜业集团邹某一案涉及 60 多个单位、100 余人，涉案金额折合人民币 15 亿元。这是一起典型的、严重的国企高管腐败窝案。企业高管人员集体涉案，竞相腐败，群体分利，相互交织，结构复杂，形成结构性企业腐败。有的是高管挪用、侵占国有资产；有的是内外勾结，利用企业兼并、重组或融资之机，大肆侵吞国有资产；有的以亲友名义经商办企业；有的在经营中高进低出，暗中渔利，狠挖国企墙脚；有的弄虚作假，巧立名目蚕食国有资产：有的入股成立公司，集体分配国资收益；有的盲目扩建，造成国有资产严重流失。在这种情况下，YN 铜业集团上行下效，争食国企血肉，形成了国企"群蠹"，而且渗透到企业生产经营管理各个环节，使企业深受戕害，体无完肤，蒙受了重大损失。

如何破解

加强监督

要防范腐败风险，必须加大监督力度，尤其是内部监督。2012 年年底以来在我国反腐运动的高压态势下，一些国有企业比较严重的腐败问题逐渐浮现，关于 YN 铜业集团个别国有企业高层败德问题引发了全社会的关注，加强国有企业内外部监督的呼声高涨，而从根本上解决这一问题是个棘手的大难题。仅仅依靠党政纪委监察机关的外部监督来治理国有企业高层的腐败问题显然是不够的，外部监督重在事后监督及问责，它源于国家治理的动力，属于外部因素，外部因素在一定时期内开展的运动所起到的作用有局限性。而持续的内部因素的作用来自内部监督。

知识术语

公司治理

公司治理是指企业董事会和高管层应遵守的那些惯例，即指公司的所有权、决策权、监督权、经营权的布局。公司治理包含激励机制与监督机制，监督机制的缺失直接影响着公司治理的完善程度及其效果。对于一个企业来说，高层败德和内部人控制将严重损害公司治理的有效性，健全有效的监督机制能抑制这些不良行为，促进公司治理有序健康运行。监督机制，也称约束机制，主要指的是内部监督。从公司治理的角度来说，监督源于所有权与经营权分离过程中产生的委托代理理论。当公司股东和管理层存在目标不一致时，组织中内部监督的作用就凸显出来了。在委托代理关系的契约下，代理人被委托人授予权力，而委托人则对代理人解除受托责任的过程进行监督，依托公司治理结构和内部控制体系，形成对代理人的监督。经济与合作发展组织秘书长安赫尔·古里亚在为《二十国集团 / 经合组织公司治理原则》作序时写道："公司治理旨在营造一个讲信用、透明度高和问责明确的环境，从而获得长期投资、金融稳定和商业诚信，进而支持更强劲的增长和更具包容性的社会。"其中的讲信用、透明度高和问责明确都与高层败德和内部人控制呈高度的负相关关系，也都与监督机制是否有效密切相关。综上所述，良好公司治理应具备的 3 个特征为伦理价值、信息透明和问责明确，前一个特征属于伦理范畴，后两个特征属于制度方面。

1. 伦理价值

1994 年，美国、日本和欧洲的企业界领袖在瑞士通过了《考克斯圆桌企业原则》，为企业经营提供了商业伦理的基本准则。该原则认为：企业的经营活动应基于"共生"和"人的尊严"开展，这种基本的企业伦理应该得到所有企业的普遍尊重和严格遵守。公司治理有一项很重要的职责就是维护好企业的经济秩序，使企业走健康持续发展的道路，而不是鼓励走歪门邪道。企业高层应是企业良好道德文化的倡导者，遵循企业伦理。伦理价值与高层基调和企业文化密切相关。

2. 信息透明

内部人控制常常利用信息不对称缺陷，侵犯利益相关者的权利，谋求自身的利益并引发腐败。若利益相关者能及时掌握信息，就能够预防和及时制止腐败的发生，使企业免受各种损失。信息不对称很大程度上归结于信息不透明，信息成为某些高层或关键岗位的"私人财产"，所以，在保护商业及技术秘密的条件下，信息的公开与透明应在企业制度中进行规定，至少保证高层不会因信息的不畅而阻碍工作，从而使公司治理失效。

3. 问责明确

大部分企业的公司治理强调激励机制，奖励那些有突出贡献的人员，完成任务或超额完成任务应当给予一定的奖赏。但对那些违反制度的人员，往往找出各种理由免受处罚。我国在 20 世纪 90 年代就提出了"产权清晰、权责分明、政企分开、管理科学"十六字的现代企业制度基本特征，而问责在实践中贯彻起来不容易。

7.1.2 内部监督三大类别

1. 审计监督

审计监督在西方发达国家的企业中，被称为公司治理的基石之一，地位相当高，在日常监督中充当主角。我国的内部审计起步较晚，但发展较快，也逐步与国际接轨。目前，我国审计监督部门的主要职责有：负责管理审计委员会的日常事务，为审计委员会提供专业支持；负责实施本公司或集团内部控制审计，对本公司或集团内部控制设计和执行的有效性进行评价，包括公司治理、风险管理、财务预算、舞弊及效益的审计等；负责实施本公司或集团经济责任审计，对本公司重要部门负责人及集团下属企业主要领导干部的经济责任进行审计（包括任中审计和离任审计）；负责实施本公司或集团管理审计，对本公司或集团的合规、职能管理及信息系统进行审计；负责实施本公司或集团投资与经营审计，包括本公司或集团重大建设项目和重大经营活动的全过程跟踪审计、本公司本部工程结算审计、集团下属企业改制重组审计和本公司本部的合同、采购比价的审计；负责针对本公司或集团难点、热点问题及发展的重大财务异常状况实施专项审计调查；负责对本公司或集团经审计所发现问题的整改情况进行后续审计；负责本公司或集团与外部审计的协调工作，管理委托会计师事务所事务，加强与审计机关在审计工作中的沟通与合作；负责建立健全本公司或集团审计管理体系，对集团下属企业审计机构的设立和审计人员的配置提供指引和开展实施情况检查，对其审计机构负责人的选聘提供意见和建议；负责对集团下属企业的审计业务提供专业指导和培训；负责办理本公司或集团下属企业审计人员资格证书年检，组织后续教育；配合本公司监事会和纪检监察部门的工作。内部审计的优势在于对企业经济活动比较熟悉，工作比较主动，而劣势在于没有后续的处理、处罚权，尤其在对人的调查权上往往无能为力。

2. 监察监督

监察监督是企业对中高层管理人员及业务骨干的行政履职行为的监督，应在企业主要负责人领导下开展。监察部门的主要职责是：负责检查组织决议的贯彻执行情况；负责组织和指导本公司或集团廉政建设和反腐败工作；组织和指导本公司或集团遵纪守法的宣传教育；负责对干部管理权限范围内干部的廉洁自律的监督和廉政谈话，参与对领导班子、领导干部的考察、评议；负责干部管理权限内领导干部的违纪案件的调查处理和案件审理工作，受理职员的控告和申诉，保护党员的民主权利；受理群众信访举报，指导和协调下属单位监察部门查处党员违纪案件；负责监督检查监察对象贯彻执行国家法律、法规、政策、决定和本公司或集团规章制度的情况；受理对监察对象违法违纪行为的检举、控告，调查监察对象的违法违纪案件，提出政纪处理意见，受理监察对象不服从政纪处分的申诉；指导和组织本公司或集团的效能监察，负责对效能监察项目进行考核。国有企业党组织纪委和行政监察要求合署办公。非国有企业以行政监察工作为重，所设部门名称叫法有所区别，有的叫监察部，有的叫稽查部，还有的叫督察部等，但职责职权上大同小异。监察监督的优势在于具有人事调查、处理、处罚权，而劣势在于工作被动，即工作来源于举报或其他的案件线索。

3. 监事监督

监事监督是企业依据《中华人民共和国公司法》（以下简称《公司法》）及其企业章程规定的对企业高管及董事勤勉尽责行为与财权进行监督，是企业最高类别的监督。监事会或监事具有以下职权：检查公司财务；对董事、高级管理人员执行公司职务时违反法律、行政法规、公司章程或者股东（大）会的行为进行监督，并可以提出罢免董事、高级管理人员的建议；当董事、高级管理人员的行为损害公司的利益时，要求董事、高级管理人员予以纠正；监事列席董事会会议，提议召开临时股东（大）会会议，向股东（大）会提出提案；对执行公司职务时违反法律、行政法规或者公司章程的规定，给公司造成损失的董事、高级管理人员提起诉讼；发现公司经营情况异常，可以进行调查，必要时，可以聘请会计师事务所、律师事务所等专业机构协助其工作，费用由公司承担等。公司监事会或者监事在履行职责时，应当有权力要求董事、高级管理人员提供相应的资料，以了解公司的情况，确保正确有效地履行职责。董事、高级管理人员应当如实地向监事会或者监事提供有关情况和资料，不得妨碍监事会或者监事依规定履行职责的行为。为确保《公司法》规定的落实，公司章程应细化落实。公司也可以专门就监事会或者监事如何履职制定细致的办法及其流程，以便于公司治理运作关系畅通。规模较大的公司可以设置监事会办公室，配备监事会秘书，承担监事会的日常管理工作。有的集团公司，为了强化对下属单位的监事工作的统一管理和发挥实质性作用，还设置了专职监事工作办公室。基于工作内容的同质性，有的集团公司将其合并在一起。监事会的优势在于法律地位高，而劣势在于自身可运用的资源少。

7.1.3　企业内部监督的作用

1. 促进组织目标的实现

组织目标是任何特定的社会组织在一定时期内达到的标准或水平。一般而言，组织目标具有社会性（行政事业单位）或营利性（企业）。组织的终极目的是不断发展，所以，组织内的各种活动都必须围绕组织的目标来进行，组织内的内部监督活动也是如此。内部监督将通过更权威有力的手段，维护组织的良好秩序，而良好的组织秩序是实现组织目标的基本条件。内部监督对组织来说是实现组织目标的有力保障，从功能定位来讲，内监督不具体参与组织目标的制定，也不负责组织目标的落地执行，而是以独立的一方检查组织目标实现进度，一旦发现偏离组织目标的情况或存在影响组织目标实现的重大障碍，应当立即报告有关方面或按授权及时处置事项或处分责任人员，以确保组织目标如期实现。简而言之，内部监督对组织能起到保驾护航的作用，其核心功能就是保护组织，不让组织受到伤害，促进组织目标实现。

　　20 世纪 80 年代英国大批著名企业相继倒闭引发了极大的社会震动，为此，英国成立了一个以卡特伯里为主席的委员会，于 1992 年 12 月出版了一份名为《公司治理结构的财务表征》的研究报告，该报告简称为《卡特伯里报告》。通过对这些破产企业进行深入的研究发现，大量企业的破产都是由经理人行为不规矩、不能尽职尽责造成的。而作为股东代表的董事也违背股东的利益，不能履行他们应尽的监管职责。显然，这基本属于公司治理问题，即股东与其代理人之间出现了利益不一致的情况，以致代理人的行为损害股东的利益，从而最终导致企业破产。《卡特伯里报告》在分析英国企业破产的原因时指出，内部人控制和高层败德是两个方面的主要因素，二者皆属于公司治理问题。企业内部腐败的问题主要是内部人控制和高层败德，导致企业法人财产受损甚至企业破产，可以说腐败是公司治理紊乱和失效的表现。内部人控制属于权力腐败，权力过大没有制衡，监督者位卑言轻，企业需要严格制度管理；高层败德属于品德腐败，违反委托代理契约，丧失诚信，企业需要开展伦理教育。我国的《公司法》及各企业的企业章程都规定了公司治理及其内部监督机制的基本制度，这是基于顶层设计所做的安排。但这些安排必须基于企业良好的伦理道德观，符合企业长远发展的使命、核心价值和社会责任等。公司治理包含激励机制和监督机制。监督机制是为规避经理人在经营活动中出现偷懒行为、短期行为、保守行为和不作为行为，根据对企业经营业绩及对经理人各种行为的检查结果，所有者或市场适时对经理人或内部控制人做出公正的奖惩决定。监督机制的核心内容是所有者或相关的市场载体对企业经营结果、企业经理人行为或决策所进行的一系列客观而及时的审核、检查和分析行为。要保证监督工作正确、顺畅、制度化，企业需要制定长效的监督机制，这是企业存在的客观要求。监督机制则是企业所有者及其利益相关者可用以对经营者的经营决策行为、结果进行监察和控制的制度设计。

2. 充当与激励机制相制衡的约束机制的主力

从委托代理关系与信息不对称情况看，组织在两权分离的条件下，在委托人与代理人博弈的过程中，委托人只了解代理人运营的结果，而不掌握代理人的行为及运营的过程。一般通过契约的方式使委托人与代理人的利益趋于一致，但代理人的"败德行为"和"内部人控制"将会使组织受损。这样，委托人就有必要建立一种激励与约束机制，以让代理人做出有利于组织利益及委托人利益的决策和行为。激励机制可依组织的实力及参照市场行情来确定其可承受能力，激励机制的核心问题是满足中高层人员及骨干技术人才的利益需求，激励方式主要有现金报酬激励、预期报酬激励、预算内职务消费激励、可预期升迁激励和声誉激励等。组织的创新变革的一个主攻方向就是建立促进组织又好又快发展的可行的激励措施和制度。有的组织激励措施与制度非常到位，高层人员及骨干技术人才的利益也得到了很大的满足，但不作为现象、腐败案件和败德行为仍然有增无减，这就要从约束机制上找原因，查看是否存在约束过度或约束不足的问题。约束过度，就是监督时直接介入经营管理活动，干涉了日常工作，导致不作为现象；而约束不足，即监督作用不能较好地发挥，对违法违纪违规行为不纠、不处分，任其发展，导致腐败案件和败德行为。内部监督就是组织内的经济警察，在组织的约束机制中充当主力。

外部监督不是根治腐败的灵丹妙药，带有局限性。内部监督机制是常态化反腐败机制，它要植根于企业的土壤，需要从制度与伦理的视角统筹各种资源并进行系统的思考，从内部监督组织体系和运行方式的设计及执行两方面入手，打造一个独立、权威的组织体系和高效协同的运行方式。

3. 构筑风险防控的第三道防线

内部监督是风险防控的第三道防线，包括审计监督、监察监督与监事监督等，这三类监督都不直接参与企业任何经营业务，主要负责对第一及第二道防线部门的工作进行事后稽核、审计和监察等。内部监督是事后控制风险的关键，也是最后一道防线。审计监督主要是对企业内部控制制度进行查漏补缺，对企业主要业务流程的合规性、合理性和风险可控性进行审计，对经营管理者进行经济责任审计，对企业信息系统有效性进行审计，对企业财务报表进行审计等。监察监督主要针对风险岗位涉及人员进行检查、警示等。

腐败是许多风险发生的因子，反腐败对风险防控具有积极作用。腐败是由于制度缺失或执行不严以及伦理丧失造成的，所以反腐败要从制度与伦理上寻找对策。内部监督机制是为了维护企业良好的经济秩序以达到良好的公司治理状态而建造的制衡力量。因此，企业在制度上要充分保障内部监督机制的独立性与权威性，为其行使职权提供必要的条件与支持；在伦理上应营造良好的企业文化，培育具有正能量的伦理道德思想。诚然，内部监督机制的作用是反腐败，但这一机制是否能取得成效，还需通过制度与伦理两个维度统筹考虑，以找到好的方法与路径。

7.2　连珠合璧：构建大监督组织体系的思路

7.2.1　案例导读

问题提出

各顾各的

HL 公司为大型钢铁企业，内部管理流程复杂，涉及生产经营、产品研发、营销采购、物流质检、技改建设、财务管理、能源后勤、社会事务等环节，每个环节都有可能产生漏洞，每个专业领域都存在管理风险。过去，HL 公司虽然有监察部门履行专职监督职能，同时还明确了审计、财务、人事、工会等部门相应的监督职能，但这些部门往往在实际操作中各顾各的，互不沟通，也不协作。如此孤立式、封闭式的监督，导致企业监管不到位，内外勾结、弄虚作假、偷盗、业务转包挂靠、招投标暗箱操作等乱象丛生。1 万余吨的返矿精粉不翼而飞；成品库几十吨钢卷神秘失踪；合金和废钢等物资大量流失；备件材料采购价格高出市场价几倍，甚至几十倍；进口矿途耗高达 1.5% 以上，仅一个月就给炼铁环节增加成本上千万元……

如何破解

构建大监督组织体系

HL 公司大胆改革，对监督资源进行有效整合，监督效率不断提高，监督范围大大拓展，并将监督融入企业生产经营管理和业务流程管理之中，"全员参与、全程控制、全面覆盖、全司关联"的全方位、多层次的监督模式逐步形成。大监督组织体系的构建和创新发展，为 HL 公司扭亏脱困和健康持续发展起到了保驾护航的作用。

知识术语

内部监督与外部监督的区别与联系

内部监督是指企业组织内部实施的监督，主要有审计监督、监察监督、监事监督等。外部监督是指由外部单位进行的针对企业的监督活动，包括政府审计机关监督、国家监管机构监督和中介机构（会计师事务所）监督等。企业内部监督虽然不具有外部监督那样强的威慑力，但由于它建立在契约之上，体现了企业内部的自主、自愿、自治的本性，因而在运行过程中阻力较小，监督成本较低，且企业内部监督是一种积极主动的全过程监督，无论是监事会还是其他履行内部监督职责的职能部门，都能让企业外部监督更及时、准确、有效地获取相关信息，使得监督更具实效。这是企业内部监督机制的主要优势，而且有效的企业内部监督机制也是外部监督机制发挥作用的基础。外部监督机制是内部监督机制的补充，其作用在于使企业经营行为受到外界评价，迫使经营者自律和自我控制。外部监督机制主要有外部市场的监督、政府及法律体系的监督、相关管理机构的监督和社会舆论的监督。企业内部监督与外部监督区别如下。

第一，管理主体不同。外部监督由不同层次的监管当局进行监管，而内部监督则由企业内部各监管部门进行监管。

第二，监督的具体目标不同。外部监督作为监管当局的监督活动，是从全局出发的，旨在保障整个行业的发展与整个社会经济的稳定。而内部监督则主要从企业自身出发，是企业的自我监督和控制，旨在促进企业健康发展，有别于外部监督的宏观特性。

第三，内容不同。外部监督的主要内容即从宏观方面对企业的风险防控等提出要求，而内部监督则从微观层面对企业风险防控等提出要求。

7.2.2 内部监督组织体系在中国三类企业中的比较

1. 上市公司内部监督组织体系

（1）上市公司的特征

上市公司亦称"公众公司""公开公司"，是指其股份按一定程序在证券交易所上市交易的股份有限公司。我国《公司法》所称上市公司是指所发行的股票经国务院或者国务院授权证券管理部门批准在证券交易所上市交易的股份有限公司。上市公司特征如下。

①必须是股份有限公司。股份有限公司可以是非上市公司，但上市公司必须是股份有限公司。

②必须经过国务院或者国务院授权的证券管理部门批准，或按规定进行注册。

③发行的股票必须在证券交易所交易。不在证券交易所交易的不是上市股票。

（2）上市公司内部监督的特点

①内部监督环境良好。上市公司受国家有关部门监管较多，其规范运作水平相比其他类型企业要高。外部环境层面，政府、社会、投资者及其他利益相关者皆支持上市公司内部监督工作的开展。

②内部监督的主要推动力来自社会。上市公司备受社会关注，其经营情况与广大股民的利益息息相关，会承受巨大的社会舆论和来自股民的压力。因此，内部监督机制的完善是上市公司可持续发展的必备条件，也成为上市公司价值的评估依据之一，内部监督出现重大缺陷的上市公司不会被股市看好。

③内部监督的重点为董事、高管和信息披露。董事、高管能否勤勉尽职关系着上市公司决策的科学性和执行效率，防止上市公司高管败德和内部人控制情况的发生是内部监督的职责所在。要提升上市公司的公信力，信息披

露很重要，信息披露是否及时、准确和完整也是内部监督的重点。

④内部监督的标准主要是证监会的规章制度和指引。上市公司要认真执行国家相关的财经法规，证监会对上市公司的运作的方方面面制定了一系列规章制度与指引，这些成为内部监督的标准。

⑤内部监督组织体系建设规范。上市公司内部监督大都具有较强的独立性和权威性，其组织体系建设比较完备，职能、职责划分比较清晰，相关的制度制定也比较健全，这些构成了上市公司整个组织体系的重要组成部分。

2. 非上市国有企业内部监督组织体系

（1）非上市国有企业特征

国有企业，在国际惯例中仅指一个国家的中央政府或联邦政府投资并控股的企业。在我国，国有企业还包括由地方政府投资并控股的企业。国有企业作为一种生产经营组织形式同时具有营利法人和公益法人的特点。其营利性体现为追求国有资产的保值增值，其公益性体现为调剂国民经济、惠及民生及保障国家安全。我国的国有企业有上市和非上市两种，上市国有企业是已进行了股权改制并成为公众股份公司、可在证券交易所交易的国有企业，而非上市国有企业不能在证券交易所进行交易。非上市国有企业特征如下。

①遵循国有资产监管规定。

②必须经过国有产权登记。

③其产权或股票不能在证券交易所交易。

（2）非上市国有企业内部监督的特点

我国非上市国有企业内部监督具有以下特点。

①内部监督环境严肃。非上市国有企业受其隶属的国资委管辖，政府氛围浓厚，政治因素导致非上市国有企业内部监督环境趋向严肃谨慎，政治传导压力较大。中央、省级及地市级政府都设有国资委，管辖其所辖的

国有企业。

②内部监督的主要推动力来自政府。非上市国有企业内部监督机制就是基于外部力量即政府的推动而建立的，它的不断完善与深化也一直受政府的直接影响。政府的职责在于公共治理，政府对非上市国有企业内部监督的直接影响，使其行为处事带有行政色彩。

③内部监督的重点为中层领导干部和遵纪守法。目前，非上市国有企业的领导干部由其隶属的国资委或同级政府党委组织部门任命，所以对这部分领导干部的监督是来自政府或上级党组织的监督，即外部监督。而内部监督的重点为非上市国有企业自身聘任的中层领导干部。但内外监督的内容都是遵纪守法，廉政建设是非国有企业工作的一个重要目标。

④内部监督的标准主要是党规政纪。党规即指党的政策方针、规定、纪律等各种规矩，非上市国有企业的内部监督应按照党纪监督的有关条律所定的标准执行；政纪即指行使行政职务时应遵循的国家、地方、行业的各项政策法规等，非上市国有企业的内部监督同样应以这些政策法规作为标准来对照检查。

⑤内部监督组织体系建设完备。一般非上市国有企业都有隶属国资委派驻的监事会，有的自身也设立了专职监事工作办公室，派驻下属企业专门履行监事工作职责；规模以上的非上市国有企业党委都有相应的纪委组织，并设立独立的纪检监察机构，履行对其监督对象的监督；规模以上的非上市国有企业按国资委和审计署颁布的《审计署关于内部审计工作的规定》的要求，都设有审计部门，独立、客观地对组织的业务活动、内部控制、风险管理进行审查、评价和建议。

3. 民营企业内部监督组织体系

（1）非上市民营企业特征

民营企业，简称民企，是指所有的非公有制企业。除"国有独资""国有控股"外，其他类型的企业只要没有国有资本控股，均属民营企业。我国的民营企业有上市和非上市两种，上市民营企业是已进行了股权改制并成为公众股份公司，可在证券交易所交易的民营企业，而非上市民营企业是不能在证券交易所进行交易的民营企业。非上市民营企业特征如下。

①遵循企业章程规定。

②非国有或公众公司。

③其产权或股票不能在证券交易所交易。

（2）非上市民营企业内部监督的特点

我国非上市民营企业内部监督具有以下特点。

①内部监督环境市场化。非上市民营企业内部监督环境随着市场的波动而变化，其中交易成本起着很重要的作用。当投入内部监督的人力资源等成本少于减少损失或挽回损失的收益时，非上市民营企业会支持内部监督工作。而当投入内部监督的人力资源等成本大于减少损失或挽回损失的收益时，非上市民营企业会忽视内部监督工作。所以，非上市民营企业对待内部监督的态度没有定律，各企业会在所处的市场环境里依交易成本进行选择。

②内部监督的主要推动力来自主要股东。在非上市民营企业里，内部监督就是管理者的耳目，为管理者提供情报，所以，非上市民营企业内部监督的主要推动力来自主要股东。随着非上市民营企业规模越来越大，管理者亲自从事内部监督的精力和能力受到了限制，这时他们必须委托专业人员进行内部监督工作。这样，内部监督机构成为管理者的监工代理人。

③内部监督的重点为除管理者外的重要岗位人员。非上市民营企业重要岗位人员掌管企业重要的人财物资源，他们是否勤勉尽职，关系到企业的生存与发展。基于风险导向的思路，这部分人员必然是内部监督的重点对象。即使是管理者的左膀右臂，也会受到重点关注。

④内部监督标准主要是企业章程及企业各项规章制度。非上市民营企业的企业章程和各项规章制度，是其进行内部监督的主要标准。

⑤内部监督组织体系建设高度集中。非上市民营企业组织机构的设置讲究实用高效，通常会把具有内部监督职能的岗位归入一个部门来管理，一般不会分设成几个部门。

7.2.3 大监督组织体系优化思路

1. 两个必要条件和一个关键因素

为了更好地发挥监督在第三道防线中的作用，保证其充分履职，企业对以下两个必要条件和一个关键因素应当予以充分满足或考虑。

（1）两个必要条件

①独立性。监督部门不能与被监督的部门合署办公，监督人员面对与自己有利益关系的部门、单位及其有关人员应当回避。前者如有的组织设置财务与审计部，财务是审计的重点之一，出于自身本位主义的保护，即使查出财务方面的重大问题，也只是限于部门内部消化，而不会向组织最高层报告。后者如有的监督人员从下属单位上调或升职而来，如一年之内去其曾经工作过的单位进行监督，就可能因人情世故影响其秉公执法。

②权威性。履行监督职责的部门的职级地位不能低于被监督的部门。监督部门的设置，其职级地位过低，其权威性必定受到影响，进而影响工作的顺利开展。权威性越强，监督的职能作用就发挥得越充分。任何组织，上至国家层面，下到企业、行政事业单位，监督在组织内各权力机构的制衡上具有极其重要的作用。有的组织把监事会主席的职级定在董事长之下，这在履职心态和职权运用上都会使监事会的作用受到有形或无形的限制，甚至使监事会形同虚设。

（2）一个关键因素

得到组织内大多数利益相关者的支持，是内部监督机制发挥作用的关键。在实际工作中，企业的监督人员往往站在一些重要员工的对立面。特别是不怀好意者会挑拨员工与监督部门对立，这样会使内部监督工作面临很多障碍，企业应建立好的企业文化，营造良好的伦理价值观，让员工支持监督工作，这样监督人员掌握信息才能更加及时、全面，并能获取有价值的风险案件线索。

2. 构建大监督组织体系的一般思路

构建大监督组织体系，就是充分利用企业内部监督资源，促使各监督部门相互协作，形成合力，发挥好第三道防线的作用。组织体系要充分保障自身的独立性和权威性，要得到大多数员工的信任。三类不同的企业可结合自身的实际设计高效协同的监督架构。

（1）上市公司

遵照国家有关法律及证监会要求，以满足各方投资人利益为主要目的，结合企业的具体特点，构建规范有效的内部监督组织体系。上市公司的内部监督体系应当是规范而有效的，总体构建原则有 3 点：一是法规性，遵照国家有关法律及证监会要求；二是目的性，以满足各方投资人利益为主要目的；三是适应性，结合企业的具体特点，与所在企业的组织模式相匹配。

（2）非上市国有企业

遵照国家有关法律及国资委要求，以满足政府及公司治理为主要目的，结合企业的特点，构建协同共进的内部监督组织体系。非上市国有企业内部监督组织体系遵循三位一体的思路：监事力量、监察力量和审计力量各司其职，有效整合并形成合力。总体构建原则有三点：一是法规性，遵照国家有关法律及国资委要求；二是目的性，以满足政府及公司治理为主要目的；三是适应性，结合企业的具体特点，与所在企业的组织模式相匹配。

（3）非上市民营企业

遵照国家有关法律及本企业要求，以满足主要股东利益为主要目的，结合企业的特点，构建高度集中的内部监督组织体系。非上市民营企业内部监督组织体系构建遵循高度集中的思路：所有的监督资源和监督事项归入一个部门管理和实施。总体构建原则有3点：一是法规性，遵照国家有关法律及本企业要求；二是目的性，以满足主要股东利益为主要目的；三是适应性，结合企业的具体特点，与所在企业的组织模式相匹配。

7.3 继往开来：创新监督方式

7.3.1 案例导读

问题提出

"最清闲"的部门

某国企 2012 年度 360 度评价，审计监察部排名最后。除了得罪人这一因素外，该部门给大家的印象就是比较清闲，工作节奏慢，成效不明显。一年到头，审计监察部 5 个人做七八个项目就完事。

如何破解

对监督工作方式进行改革

以往该企业审计监察部主要是组成工作组按部就班地开展有关工作：一是按规定开展经济责任审计；二是对举报线索进行信访调查。工作方式死板、被动，结果是成效不明显。2013 年，该企业根据形势要求，加大监督力度，工作方式上大胆改革，工作组由封闭式改为开放式，灵活机动；为克服监督力量的不足，对重点风险领域搞专项联合监督，作为牵头部门，组织巡视巡察工作，可进一步增强联合监督的合力和力度。2014 年审计监察部成为最"忙碌"的部门，工作成效显著，通过发现大量问题，并督促整改，企业风气得到明显改善，年终 360 度评价从以前的最后一名提升到中上游。

知识术语

巡视巡察

巡视：党内巡视制度是指中央和省、自治区、直辖市党委，通过建立专门巡视机构，按照有关规定对下级党组织领导班子及其成员进行监督，并直接向派出的党组织负责的一种党内监督制度。巡视组通常只有中央或省一级派出。巡察：党章规定，党的市（地、州、盟）和县（市、区、旗）委员会建立巡察制度。相应地，市（地、州、盟）和县（市、区、旗）党委对所管理的党组织进行巡察的派出机构就是巡察组了。所以，巡视组、巡察组体现的都是党内监督，只是巡视组的派出级别更高，从上视下，往往重在宏观、重在大局，而巡察重在"察"，即了解情况，重点是发现"最后一公里"的问题，也就是要着力发现损害群众切身利益等腐败问题和不正之风，目的是推动全面从严治党向基层延伸，密切干群党群关系，厚植党执政的政治基础。国企党组织比照以上做法开展巡视巡察工作，央企党组织一般称巡视，地方国企党组织一般称巡察。国企的巡视巡察以问题为导向，融合企业经营与管理，而开展的党内监督监察工作，实质上是一种联合监督的有效方式。

7.3.2　传统监督工作方式方法

1. 传统内部监督工作方式

传统内部监督在工作方式上存在的问题：专门监督部门各自人员缺乏、力量不足、人才不全；同时，监督人员又分属各不相同的主管，各自为政。这使得内部监督更显资源有限，很大程度上制约了其职能的发挥。

传统监督工作方式经历立项、计划、实施、报告四个阶段。内部监督机构根据项目的类型、目标，选派适当的人员，以更好地完成任务。在确定项目时，内部监督机构应对所选派人员的经验、受教育程度、业务能力等进行权衡，合理配置人力资源。针对项目组内不同的专业人员，应本着尽量安排擅长的业务，抽调知识和能力结构与本次任务相适应的人员，确定合理的人员数量，按时完成任务。项目组各角色分工如下：组长对项目实施负总责，监督项目组成员的工作，协调监督对象的关系以及掌握项目工作进程，复核工作方案及报告；副组长协助组长对项目的日常管理工作，负责审核工作底稿及项目实施阶段的具体组织协调工作，拟写方案、报告；内部监督人员在一个具体的审计项目中，是具体工作的执行者，他们根据项目方案的安排，执行具体工作程序，编写工作底稿。从项目启动到报告形成，组内人员主要完成项目任务，基本上是闭环管理。

2. 传统内部监督工作方法

（1）调查

调查是指内部监督人员针对举报或发现的疑点，通过合法程序和手段开展内查外调，以获取有关事项证明材料的程序。调查是内部监督取证方法中不可或缺的重要组成部分。由于调查程序具有部署上的主动性、目标上的确定性，因此更易获得相关性更强的有效证据。具体调查方法有：谈话，也叫个别访谈或询问，是内部监督人员向有关人员通过语言交流的方式当面了解情况的程序；观察，是对相关组织的经营场所，实物资产和有关业务活动、内部控制和风险管理的执行情况进行实地察看；函证，是指为印证有关事项而向有关单位以外的第三者发出书面陈述并要求其作答的程序；座谈，通常以召开座谈会的形式进行，这一方法的价值在于通过自由的小组讨论经常可以得到意想不到的结果，也有利于更精准地对问题进行研判以及获取新线索；填表，即填调查表或测评表，是指将需要调查或测评的全部内容以提问的方式列出，并制成固定式样的表格，然后交由有关部门和人员回答，以此了解有关情况的一种方法；其他调查方法，如内部监督人员列席重大或相关会议、绘制流程图、进行穿行测试等。

（2）查阅

书面资料是十分有力的证据，内部监督人员要采用一定的方法审查书面资料，寻找审计证据或发现线索。具体查阅方法有：核对，是指将有关记录及其相关资料中两处以上的同一数值或相关数据相互对照，用以验明内容是否一致、计算是否正确的一种审计技术；审阅，是指内部监督人员通过对有关书面资料的仔细审视和阅读，查明有关资料及其所反映的经济活动是否合法、合理和有效的一种方法；计算，是指内部监督人员为核实数字的正确性而对被审计单位经济业务凭证或会计记录中的数据进行验算或重新计算的过程（由于计算所获得的证据属于内部监督人员的亲知证据，因此通常被认为具有较高的可靠性。内部监督人员在执行计算程序时，应结合数据计量的内容来评价输出结果的合理性）；查证，即检查证据，是指内部监督人员通过对抽取的部分资料的审核检查，查明应有的措施是否存在、是否发挥作用的方法；记叙，记叙法也称文字说明法，是指内部监督人员在询问有关人员或查阅有关资料时，针对所了解到的情况，以文字记录的方式对经营活动进行详尽描述的方法。

（3）实证

证明客观事物的形态、性质、存放地点、数量、价值等，以审核实物是否与账目或记录相符，有无错误和舞弊，这类方法统称实证。具体方法主要有：监盘，是指内部监督人员现场监督被审计单位存货、固定资产及现金等实物资产的盘点，并进行适当的抽查予以核实的过程；调节，如果现成的数据和需要证实的数据表面不一致，为了证实数据的真实性，就要运用调节法，调节法是指从一定出发点上的数据着手，对已发生的正常业务所出现的数据进行必要的增减调整的一种技术；鉴定，是指内部监督人员或其委托的鉴定机构或人员运用专门方法进行检测以获取有效证据的一种方法。鉴定技术通常用于一些涉及较多专门技术问题的领域，以及难以判别真实情况的事项。

（4）分析

分析是由内部监督人员通过分析和比较信息之间的关系或者计算相关的比率，以确定合理性，并发现潜在差异和漏洞的一类方法。它能帮助内部监督人员了解有关组织基本情况，确认异常差异，确认潜在的错误、违纪违法行为，以及评价有关结论、意见和建议的适当性。分析技术主要有比较分析、趋势分析、相关分析、账户分析和时间序列分析等。

（5）抽样

以往因精力和技术的限制，内部监督通常采用抽样的方法。内部监督人员应根据目标的要求以及监督对象的特征，选择不同的抽样方法。抽样方法分为统计抽样与非统计抽样两种。统计抽样是指以数理统计方法为基础，按照随机原则从总体中选取样本进行审查，并对总体特征进行推断的抽样方法。其主要包括固定样本容量抽样、停—走抽样、发现抽样、平均值估计抽样、差额估计抽样和比率估计抽样。而固定样本容量抽样、停—走抽样、发现抽样又称为属性抽样；平均值估计抽样、差额估计抽样、比率估计抽样又称为变量抽样。非统计抽样是内部监督人员根据自己的专业判断和经验进行抽样和推断总体的方法。统计抽样与非统计抽样技术相互结合使用，可以提高推断总体的精确度和可靠程度。

7.3.3　创新监督工作方式方法

1. 创新内部监督工作方式

传统的内部监督工作方式是一种封闭的项目组管理模式，一旦项目组成立，成员在任务完成之前相对固定，一般也不接受其他工作任务。由于一定时期内项目组人员固定，组长及内部监督人员承担的任务在计划、实施、报告阶段并不均匀，导致这段时间内部分项目组成员工作量不饱和。同时，工作成果的价值也只能由该组成员的素质决定，从而导致项目组出具报告的质量参差不齐，不能发挥出整个内部监督机构的能力。这两大弊端制约了封闭式组织形式的进一步改良。为克服这样的弊端，随着时代的进步与信息化科技的引用，封闭式组织形式正被开放式组织形式代替。整个内部监督机构按计划、实施、报告、整改分设职能，一部分人专门做计划，一部分人按计划实施方案，一部分人负责报告的编写，另一部分人专门跟踪整改。专业化细分不仅提高了项目组的效率，工作质量也因体现整个内部监督机构的水平而得到了极大的提升。

监察监督是对监察对象的监督（主要对人），审计监督是对问题事项的监督（主要对事），二者之间有监督内容的重合，没有绝对的界限。为此，企业应当避免重复监督造成监督资源的浪费，并形成合力，以提升监督的效率和效果。在实践中，从组织运作来看，主要通过以下两种方式来实现监督。一是联合监督。平时，专司监督的部门各司其职，扮演好各自在内部监督中的角色。在某一特定的时期内，基于对同一监督对象或者同一监督事项，专司监督的部门选派适当的人员组建联合监督项目组，以集中力量共同实施监督。二是集中监督。不按具体监督职能细分各专司监督的若干部门，而将所有或主要的内部监督职能归入一个部门或非实体组织，集中监督资源实施有效的监督。如有的企业设置审计监察部，将审计监督和行政监察合署办公。联合监督在我国国有企业内部监督中运用越来越多，有的国有企业成立巡视巡查办，调集有关人员实施全面监督，这也是联合监督的一种有效模式；集中监督在我国民营企业则比较常见。

2. 创新内部监督工作方法

内部监督工作方法不能一成不变，随着科技的发展，监督工作方法得到创新，如今即时监督、全样本监督等已成为可能。建立与完善内部监督工作方法体系，企业要做到与时俱进，不断创新。

互联网、区块链、纳米、云计算、大数据、人工智能、3D 打印等技术发展日新月异，将极大地改变社会经济生活中机器与机器、人与机器、人与人、预测与操作、管理与运营之间的关系，推动工业 4.0 时代和便捷生活的到来。数字孪生、人机界面、预测性维护、网络安全、自动化技术、边缘计算等高科技的不断进步，加之信息与通信技术的持续发展，内部监督工作方法也在不断创新。例如，当今大数据与云计算的运用，还有互联网与人工智能的推行，使得更先进的监督方法应运而生。如果不重新构建适合新技术环境的方法体系，将无法面对大数据、云计算等新场景，以致我们的工作无从下手。及时学习及研究创新新方法，对做好内部监督具有重大的现实意义。新方法，如联机分析处理（Online Analytical Processing，OLAP）技术，是把组织各类原始数据从多种角度转化为组织所用的反映组织特性的信息，从而使内部监督人员能够更深入地了解数据的一类软件技术；数据库知识发现（Knowledge Discovery in Database，KDD）技术，是从组织大型数据库或数据仓库中提取隐藏的预测性信息的一种数据挖掘技术，以发现经济业务中存在的异常现象，有助于线索发现。又如流程挖掘新技术：一可优化流程进行流程再造，通过流程挖掘，企业经营活动可被数字化呈现，从而可以量化分析流程背后的业务堵点原因，优化流程背后的组织、管控、制度和标准，极大改善流程体验；二可进行流程风险分析，能发现实际流程偏离规定流程的不正常状态，提供寻找不合规及舞弊事件的线索，提升监督的效率与效果。

第 8 章 | 笋壳套牛角——正合适：风险防控
有效监督工作法

8.1 上善若水：以风险为导向的内部审计工作

8.1.1 案例导读

问题提出

内部审计的价值在哪里

某地方国企 2011 年进行机构调整，把原来独立的审计部门并入财务部，名义上保留审计部的牌子，将其主要职能改为财务稽核。长期以来，该企业对内部审计存在偏见，主要表现为两个方面：一是高管层认为内部审计部门不是企业的盈利部门，不能为企业创造利润，认为设置内部审计部门只有成本的投入，没有利润的产出，是亏本的事；二是内部被审计单位或部门对内部审计部门有抵触情绪，认为内部审计部门进行的审计工作会给他们的工作带来阻碍。正是由于内部相关人员对内部审计部门存在偏见，内部审计部门处处受限，从而不利于内部审计工作的顺利进行。

如何破解

要摆正内部审计的位置

上善若水语出《道德经》："上善若水，水善利万物而不争，处众人之所恶，故几于道。"该句的前半句指的是：至高的品性像水一样，滋润万物而不争名利。最完善的人格应具有水般适应力，具有骆驼般坚韧不拔的品性，具有真诚无私的利他精神。这样的心境是内部审计人员应达到的。内部审计人员应注意心态平和，真诚善意地帮助组织实现其目标；同时发现问题，揭示风险，提出建议，最终促进组织健康发展。在实务中，内部审计工作要努力提升自身价值。内部审计价值是指内部审计工作的成果对组织的贡献度。内部审计人员要把工作成果，如审计工作底稿、审计报告、审计意见和建议书等，当作产品来看待。内部审计工作的产品只有更具价值，才能更好地促进组织持续发展。内部审计工作要为组织增加价值，防范风险，提高组织运行效率，保持良好的企业伦理及秩序。内部审计工作价值具体表现为增量价值、隐性价值、效率价值和伦理价值。

知识术语

内部审计

内部审计是指对本企业及所属单位财务收支、经济活动、内部控制、风险管理实施独立、客观的监督、评价和建议，以促进单位完善治理、实现目标的活动。政府审计、社会审计以及内部审计构成了我国审计体系。政府审计，又称国家审计，是公共治理的工具；社会审计作为市场经济及社会中介的公证机构，职责是独立地提供第三方的审计报告；内部审计由于其内向性，不具有独立承担民事责任的资格，服务于决策层和管理层，要求其承担更多的社会责任不现实。内部审计是风险防控第三道防线的主力。与政府审计和社会审计相比，内部审计具有以下特点。

1. 服务的内向性

企业内部审计机构作为组织的内设机构之一，根据组织的自身需要和目标而建立，为组织服务，是促进组织目标实现的机构。与政府审计、社会审计比较而言，内部审计只为组织内部服务，不接受来自组织之外的委托或代理。

2. 范围的广泛性

内部审计涉及组织经济或业务活动的所有领域，范围十分广阔。与政府审计、社会审计比较，内部审计种类更多，涉及业务更广，领域包括财务收支、业务管理、内部控制、组织战略、人力资源管理、信息系统安全性等诸多方面。

3. 成果的时效性

内部审计必须及时把有关审计成果的信息传输到有关权力机构或高级管理层，以便其有效地做出决断。与政府审计、社会审计等外部审计相比，内部审计的成果体现出的价值大小也取决于它的时效性，如重大合同和重大资金支出的审计应当安排在事项确定之前，否则形成的损失将难以或无法挽回。内部审计如同医生治病，正如"上医医未病，中医医欲病，下医医已病"，诊治越早越有效。

4. 与组织目标的紧密相关性

内部审计人员的命运与所在组织息息相关，其所有工作都以实现组织目标为出发点，因此，内部审计的目标与组织目标紧密相关。与政府审计、社会审计等外部审计相比，内部审计更应设身处地为组织着想，为组织目标的实现竭尽所能。

8.1.2　风险导向内部审计工作思路

1. 以审计风险模型为指导

传统审计风险模型指出，"审计风险＝固有风险 × 控制风险 × 检查风险"，现代审计风险模型指出，"审计风险＝重大错报风险 × 检查风险"。审计人员应当对风险有敏锐的视角，既要提高自身的素质，降低检查风险，也要对企业存在的相关风险进行分析，发现问题，提出更有价值的意见或建议。

2. 以"发现问题，揭示风险，提出意见或建议"为工作主线

发现问题也称审计发现，是审计的出发点。审计发现散布于审计底稿、审计报告中，发现之后应当做风险分析。如果不能从审计发现结果获得对风险状况的初步评价，那么审计发现往往只能起到合规性分析的作用或者效益性分析的作用。虽然风险评价需要一整套分析方法，单靠审计发现可能无法获取全面

的风险状况评价，但也能通过审计发现搭建一个风险评价的初步平台，实现通过审计发现来揭示风险。针对问题，加之初步的风险评价，这样才能提出更有效的审计意见或建议。揭示风险是工作主线的中间环节，不可或缺。

8.1.3　风险防控中的内部审计工作要点

1. 对年度审计计划的风险考量

编制年度审计计划应以审计风险为导向，这大体分为两个阶段。第一，按传统审计风险模型"审计风险 = 固有风险 × 控制风险 × 检查风险"思路编制，它解决了采用抽样审计的随意性问题，有助于将审计资源分配到高风险领域，但在实务中它往往忽视了固有风险的评估。第二，按现代审计风险模型"审计风险 = 重大错报风险 × 检查风险"思路编制，其中重大错报风险并不是固有风险和控制风险的简单概括。新的模型融合了战略和系统思想的风险观念，将审计重心前移到经营风险上，以经营风险分析为出发点，了解方方面面的风险，可以做到明确重点、有的放矢，提高审计的效率和效果。

2. 对重大风险领域或管理关键环节予以重点关注

审计业务覆盖企业的主要风险领域，尤其是重大风险领域或管理关键环节，是履行好第三道防线职责的核心。内部审计是独立的，但内部审计作为风险的第三道防线却不能是孤立的，需要和第一道、第二道防线形成联动机制。就像打仗，各个战线不能只管自己面前的敌人，还要相互之间保持信息畅通，甚至还要提供火力支持。要知道，风险如果突破了前两道防线，内部审计作为第三道防线就很难防得住。联动机制包括定期风险会议、问题整改沟通、风险的相互提示、风险信息共享等。

3. 对风险管理、内部控制及合规管理进行审计

（1）风险管理审计

风险管理审计，是指内部审计机构对企业风险管理进行审查和评价。内

部审计人员采用系统化、规范化的方法，进行以测试风险管理信息系统、各业务循环以及相关部门的风险识别、分析、评估、管理及处理等为基础的工作，并提出相应的建议。风险管理审计要点如下。

①风险管理政策的审核。

内部审计人员应审核：企业是否制定了正式的风险管理政策；该政策是否阐述了应如何发展和实施风险管理流程；风险管理政策采用的风险定义和公用语言是否适合企业文化和经营方式；风险管理政策是否充分规定了高级经理层、经理、合作伙伴、审计人员和所有人员的职责；风险管理政策是否包括将基本风险循环嵌入经营流程的方法，以确保风险渗透整个企业；风险管理政策是否将风险与经营相结合，以使其能够高效地处理风险并能适应企业发展方向；风险管理政策是否包括 COSO 风险管理框架的八要素。

②风险目标设定的审核。

风险目标设定是指管理层必须基于目标来识别成功的潜在因素。目标设定的审核主要从企业目标制定与实施方面进行评价。内部审计人员应审核：企业战略是否考虑了董事会已识别的风险；在定义、识别风险以及在决策及实施过程中，企业战略是否与风险管理政策一致；是否存在适当的程序，使企业能够将目标分解至实施层，使其对相应的风险负责；战略制定是否在绩效和合规之间取得平衡，且充分了解了各种利益相关者的责任；企业战略是否考虑了利益相关者对尽早回报的期望与经营增长和市场地位的可持续性之间的内在冲突未得到解决的风险；是否建立了企业战略与员工进行沟通的系统，并与战略设计和实施中的关键风险相结合；企业战略是否考虑了风险战略，从而对战略未能实现其既定目标的风险进行整体应对；企业目标是否包含了 COSO 风险管理框架中的战略目标、经营目标、报告目标和合规目标相对应的不同层次的目标。

③风险识别和评估的审核。

风险识别是识别对企业目标实现产生影响的潜在风险。其目的在于建立并强化贯穿企业的风险语言、形成以组合的观点来考虑各种事项。风险评估是评估识别出来的风险，是为了管理风险打基础。

内部审计人员应审核：企业是否建立了有效识别风险的机制；该机制是否充分考虑了企业内部和外部的各种风险；辨识的风险是否覆盖企业各业务单元、各项重要经营活动及其业务流程；风险识别和评估是否考虑了经济形势波动、行业发展趋势等因素；是否对辨识出的风险及其特征进行明确的定义描述；是否分析和描述风险发生可能性的高低、风险发生的条件；是否评估风险对企业实现目标的影响程度、风险价值等；风险识别和评估是否考虑了组织结构、业务性质、机构变动及员工流动等因素；环境和条件发生变动时，是否及时对风险进行再识别和再评估；是否定期或不定期评估风险；已发生的风险是否在已识别的风险范围内；是否对已识别的风险进行分析和排序，确定关注重点和优先控制的风险。

④风险管理措施、方法的适当性审核。

企业风险管理措施主要有规避、抑制、保留、转移、利用 5 种方法，而每种措施都要在相应的条件下才能使用，否则内部审计人员认为措施不当。内部审计人员不仅要审核这些风险管理措施的科学性、合理性，而且要测试这些措施在实际执行中的有效性。在实际工作中，对风险管理措施和方法的科学性、合理性的审计要根据具体情况来判断，即根据对企业特定环境、风险程度、高管层才能等因素的判断，并结合对经理人风险偏好程度的判断有机进行。

（2）内部控制评价

内部控制评价，是指企业内部审计对企业内部控制体系设计和运行的有效性进行的审查和评价活动。企业聘请会计师事务所进行内部控制有效性鉴定，称为内部控制审计。内部控制评价按其范围划分为全面内部控制评价和专项内部控制评价。全面内部控制评价是针对所有业务活动的内部控制，包括对内部环境、风险评估、控制活动、信息与沟通、内部监督5个要素所进行的全面审计；专项内部控制评价是针对企业内部控制的某个要素、某项业务活动或者业务活动某些环节的控制所进行的审计。

①对内部环境的审查和评价。

内部环境设定了内部控制的基调，影响员工对内部控制的认识和态度。良好的控制环境是实施有效的内部控制的基础。在对控制环境进行测试和评价时，内部审计人员应该考虑构成控制环境的以下具体要素：组织架构、发展战略、人力资源、企业文化、社会责任。在组织架构方面内部审计人员应审查：组织架构的设计是否符合国家有关法律法规的规定；是否形成了重大决策、重大事项、重要人事任免及大额资金支付业务等的集体决策或联签制度；是否合理设置了内部职能机构，并明确职责体现了不相容职务相互分离的要求；是否对其治理结构和内部机构设置进行了梳理，保证其运行的合理性和有效性；是否建立了科学的投资管控制度；是否定期对组织架构设计及运行的效率和效果进行评估，对存在的缺陷进行优化调整。在发展战略方面内部审计人员应审查：企业是否在制定发展目标时进行了充分的调查研究、科学分析预测和广泛征求意见；是否依据发展目标制定战略规划；董事会是否下设战略委员会及其职责和议事原则；是否根据发展战略制定年度工作计划，编制全面预算；是否对发展战略的实施情况进行监控和定期分析。在人力资源方面内部审计人员应审查：人力资源总体规划、人力资源需求计划；人力资源选聘程序是否符合职位要求、公开、公平；是否依法与员工签订劳动合同；是否建立了培训等人才培养的长效机制；是否建立了人力资源的激励约束机制和绩效考核制度；是否制定了定期轮岗制度；是否建立健全了员工的退出机制。在企业文化方面内部审计人员应审查：企业是否根据其发展战略和实际情况培育了具有自身特色的企业文化；董事、监事、经理和其他高级管理人员是否发挥了主导和模范作用；企业文化是否渗透企业的生产经营全过程，得到了全员的遵守；是否定期对企业文化进行评估，对存在的问题采取措施加以改进。在社会责任方面内部审计人员应审查：企业的安全生产措施是否到位，责任是否落实；是否建立了严格的产品质量控制、检验制度及售后服务制度；企业是否重视环境保护和资源节约，并采取改进措施；是否依法保护员工的合法权益。

②对风险评估的审查和评价。

风险评估的作用在于识别、评估和管理影响其经营目标实现能力的各种风险。风险评估过程包括识别经营风险、估计风险的重大性和发生的可能性，以及采取措施管理风险。内部审计人员在进行风险评估要素的测试和评价时，应考虑构成风险评价的下列要素：企业战略和总目标的沟通、风险评估过程以及对环境变化的管理。

企业只有确立了战略和目标，才能实施有效的控制。企业的战略和目标是由企业的理念及所追求的价值所决定的。企业的风险评估就是对企业战略目标实现过程中出现的风险进行评估。企业战略和总目标的沟通保证了风险评估在企业内部的贯彻。在评价企业战略和总目标的沟通时，应审查企业目标是否恰当，是否与企业的战略、环境相适应，总目标能否传达到相关层次；具体策略和义务流程的目标与整体目标是否保持协调；明确影响整体战略实施的关键因素；各级管理人员是否能够参与目标制定，并明确相关责任。

风险评估过程是企业风险评估的实施。风险评估过程包括风险的识别、评估风险的重大性、评估风险发生的可能性以及确定需要采取的应对措施。一般应审查企业风险识别的机制是否完备，企业是否建立起评估风险的方法，企业风险分析是否通过正式的分析程序。

企业始终处于不断变化的经济、法律和行业环境中，企业的运营和内部控制必须不断适应新的变化。因此，企业的风险评估不是一个静态过程，而是一个持续的、及时识别变化并应对变化的动态过程。一般应审查：企业是否建立了相关机制，识别和应对可能对企业产生重大且普遍影响的变化；企业风险管理部门是否建立了相关流程，以识别经营环境发生的重大变化；企业会计部门是否建立了流程，以适应会计准则的重大变化；当企业业务操作发生变化并影响交易记录流程时是否及时通知会计部门。

③对控制活动的审查和评价。

对企业内部控制活动的测试和评价，主要关注企业实施的控制手段与措施方面。控制活动往往涉及企业整体业务或管理，控制措施一般包括不相容职务分离控制、授权审批控制、会计系统控制、财产保护控制、预算控制、运营分析控制和绩效考评控制等。

全面预算至少应关注以下方面风险的控制：不编制预算或预算不健全，可能导致企业经营缺乏约束或盲目经营；预算目标不合理、编制不科学，可能导致企业资源浪费或发展战略难以实现；预算缺乏刚性、执行不力、考核不严，可能导致预算管理流于形式。

合同管理至少应关注以下方面风险的控制：未订立合同、未经授权对外订立合同、合同对方主体资格未达要求、合同内容存在重大疏漏和欺诈，可能导致企业合法权益受到侵害；合同未全面履行或监控不当，可能导致企业诉讼失败、经济利益受损；合同纠纷处理不当，可能损害企业利益、信誉和形象。

④对信息与沟通的审查和评价。

在对信息与沟通进行测试和评价时，内部审计人员应该分别考虑信息与沟通两方面。首先，信息分为内部信息和外部信息。内部信息包括企业日常经营管理、财务活动及重大事项处理等记录或报告，维护资产、负债和所有者权益的办法与记录。外部信息主要包括市场占有率、法律法规和顾客反馈等信息。信息产生于企业的信息系统，信息系统产生包含有关运营、财务和合规性的信息，帮助管理层经营和控制企业。其次，沟通应当使员工了解其职责，并能保持其对财务报告的控制。它包括使员工了解其在会计系统中的工作，如何与他人联系，如何向上级报告例外情况。沟通的方式主要有企业规章制度、财务制度、备查簿以及口头交流和管理示例等。

企业组织开展信息与沟通评价，内部审计人员应关注以下因素：内部信息传递、信息系统、财务报告。

对于内部信息传递，一般审查：内部报告系统是否功能健全、内容完整；向适当人员提供的信息是否充分、具体和及时，使之能够有效履行其职责；是否明确内部信息传递的内容、保密要求及密级分类、传递方式、传递范围以及各管理层级的职责权限等；对不恰当事项和行为是否建立了沟通渠道。

对于信息系统，一般审查：信息系统的开发及变更是否与企业战略计划相适应；管理层是否提供适当的人力和财力以开发必需的信息系统；是否建立了严格的用户管理制度；是否建立了系统数据定期备份制度；是否对信息系统进行了安全策略的保护。

对于财务报告，一般审查：企业是否按照国家统一的会计制度进行会计记录和财务报告的编制；财务报告是否内容完整、数字真实、计算准确、没有漏报；是否定期进行收入、费用、成本、资产、负债、现金流量等的财务分析，并传达给有关的管理层。

⑤对内部监督的审查和评价。

内部监督是对内部控制运行质量不断进行评估的过程。它通过管理部门的持续监督和监视活动、年度商业道德的符合性鉴证、综合性内部审计工作，与外部监管机构、供应商和客户共同完成。监督包括内部审计和外部审计等。对于内部监督，一般应审查：企业对经营业绩是否进行监督；企业是否进行定期的内部控制评价；企业管理层是否会采纳监督人员的建议，及时纠正控制运行中的偏差；企业是否建立协助管理层进行监督的机构（特别是监事会、审计委员会和内部审计机构等）。

（3）合规管理审计

合规管理审计，是指内部审计机构对企业遵循合规性标准情况进行的审查与评价活动。合规性标准的范围很广，涉及法规、政策、计划、预算、程序、合同等方面。组织在经营活动中受到国家机关制定的法律、法规以及行业、部门制定的规章制度及政策的约束，组织必须遵循这些来自外部的要求。在组织内部，管理层一般通过事先制定经营、财务等方面的计划及预算的方式进行管理控制，确保组织目标的实现。在实际经营活动中，组织必须执行这些计划及预算。在组织具体经营活动的各环节，管理层一般通过设置各种详细的流程和标准，并要求相关人员遵照执行，以保证经营活动的有序进行。在组织与外部组织及人员交往的过程中会产生各种法律上的关系，一般通过签订合同的方式保护各方利益，保证各方权责的履行，组织必须遵循合同要求，履行合同责任。合规性标准涵盖了组织经营和管理活动的各个方面，包括来自外部的约束及组织内部的规范，构成了组织经营活动合法性的基本框架。合规管理审计要点如下。

①受到政府有关部门的调查或处罚。内部审计人员应以此为重点，审查组织是否违反相关遵循性标准以及违反的事实、原因及结果。

②重要的法律诉讼。内部审计人员应关注法律诉讼发生的原因，审查组织是否存在违反法规及合同的情况以及违反的事实、原因及结果。

③异常的交易或事项。例如异常的现金收支、与关联方的异常交易、支付异常的销售佣金或代理费用等。内部审计人员应充分关注这些事项，并收集证据深入审查组织是否违反相关遵循性标准以及违反的事实、原因及结果。

④计划、预算执行结果严重偏离标准。内部审计人员应评价计划及预算

的合理性，查明偏离的原因及造成的结果。

⑤信息严重失真或资料不完整。这表明信息系统内部控制存在问题，内部审计人员应警惕由此产生的风险，充分考虑其对经营活动合法性的影响。

8.1.4　内部审计报告

以某合资企业公务车管理合规管理审计为例。合规管理审计在西方发达国家开展得比较普遍，受其影响，在我国开展合规管理审计比较早的是合资企业。该合资企业通过实施此次合规管理审计，发现了在公务车使用及管理方面存在的一些问题，遏制了车辆使用中的不良做法，明确了相关部门的管理职责。车辆管理不严格将给企业带来损失和浪费，还会引发不必要的运营管理风险。审计部门提出的建议得到了企业高层的认可，同时通过业务流程的审查，在企业内部宣传节约和合规的风尚，有助于员工形成自觉遵守规定的良好意识。

示例：

公务车管理合规管理审计报告

根据年度审计计划，于 2010 年 3 月 23 日对 ×× 公司公务车管理进行合规专项审计，被审计单位对其提供资料的完整性、真实性承担责任，审计组依据内部审计职业规范发表意见。报告如下。

1.基本情况

B 公司是 2000 年成立的一家从事汽车制造的中外合资企业，现有员工 ××× 人，注册资金 ××× 亿元，2008 年、2009 年销售收入分别达 ××× 亿元、××× 亿元，中外双方股比是 50：50。因外方股东在美国纽约证券交易所上市，故 B 公司也要遵守美国《反海外贿赂法》（FCPA），B 公司股东双方和管理层对公司业务的合规性都非常重视，该公司合规部与审计部配合执行必要的合规管理审计项目。

2008 年开始，B 公司公务车辆大量增加，为规范管理公务用车，该公司于 2008 年下半年颁布了一些关于公务车管理的制度，制度执行了一年多后，为检验上述制度执行效果，总裁特指示审计部与合规部开展对公司车辆管理合规性的审计。此次审计的范围包括：截至 2009 年 12 月 31 日公司公务车数量及分布，2009 年 1 月 1 日至 2009 年 12 月 31 日公务车数量变化、相关费用情况等。经审计，2009 年 1 月 1 日至 2010 年 2 月 28 日实际处置车辆 84 辆，其中 75 辆以拍卖方式处置，通过公司招标程序选定拍卖代理商，按拍卖流程分 5 次拍卖；9 辆以出售方式处置，按照公司出售程序先进行评估后出售，公司车辆处置符合公司规定流程。

2. 审计中发现的问题

（1）公务车辆的管理及使用。

情况概述：B 公司于 2008 年 7 月 7 日颁布并实施了《公务车辆使用管理办法》及 5 项配套管理办法，但《公务车辆使用费用标准与管理办法》尚未实施。

问题：①《公务车辆使用费用标准与管理办法》未实施，车辆使用费用缺乏制度上的实施标准；②《公务车辆使用管理办法》第三条提及车辆管理手册，目前车辆管理部门已制定总的车辆管理手册，但尚没有制定随车的管理手册；③《公务车出、入厂门的管理办法》规定部门使用公务车出厂需出示部门总经理批准的"公务车辆出厂审批单"，但审计人员在 2010 年 3 月 23 日上午对部门使用的 66 辆公务车盘点时发现有 7 辆公务车出厂时无审批单。

风险：①控制标准缺失会导致内控风险和财务风险增加；②随车手册缺失会导致公务车辆日常使用信息的不完整，增加了内部控制风险和合规风险，特别是各部门使用的公务车辆，驾驶员是经常变化的；③各部门总经理如果对本部门公务车的日常管理松懈，会增加职工的合规风险，以及公司的财务风险。

（2）加油卡管理。

情况概述：B 公司《公务车辆燃油管理办法》第三条规范了公务车加油卡的管理，一辆公务车配一张加油卡，该卡只能用于给本车加油。

问题：①公司公务车加油采取"一车一卡"措施，但审计组注意到 2009 年 9 月至 2010 年 2 月底，出现 45 张加油卡同时给多车加油现象；②公司部分公务车辆已被处置，但对应的加油卡及卡里的余额未及时收回和转出；③《公务车辆燃油管理办法》第七条规定加油卡中上月余额超过标准限额的，当月不再充值，但截至 2010 年 2 月 28 日，公司加油卡卡内有 2000 元以上的余额合计 29 万多元，超过了每月的加油总额；④公司虽然在《公务车燃油管理办法》中对加油卡的管理进行了规定，但在一些加油卡管理环节上需要进一步细化，明确责任和流程，如办法规范了车辆增加时加油卡的办理程序，但没有规范车辆减少时加油卡及卡内资金余额的收回程序，以及公务车之外车辆配备的加油卡如何进行管理。

风险：①公司部分公务车因业务原因需要采取"公卡"加油，但若没有明确的"专卡"变为"公卡"的流程和审批，公司的财务风险和车辆使用人的合规风险会增加；②已处置车辆的加油卡若不及时处置，可能增加公司财务风险；③余额过高造成公司资金闲置于燃油供应商处，造成财务风险增加；④办法和流程的不完善，会增加加油卡管理的内控风险。

（3）公务车出长途加油报销。

情况概述：B 公司《公务车燃油管理办法》规定因公驾车出差需在外地用现金加油的，须在填写出长途报告单时予以说明；加油发票需注明行驶里程和使用人姓名，经审核后方可办理费用报销，列入出差费用。

问题：审计抽样发现，2009 年 9 月至 12 月的现金加油 6 份凭证，未按规定程序审批，未注明行驶里程及使用人姓名，抽查部门涉及采购部、销售部等部门。

风险：现金报销程序执行不严格会增加公司内控风险和财务风险。

（4）增油标准执行。

情况概述：《公务车辆燃油管理办法》规定因业务工作的原因，标准限额内的燃油费不足的，须填写"增油审批单"，经本部门总经理和主管副总裁签字批准后，交物流部门办理增油；增油费用不得超过标准限额的50%。

问题：审计抽样发现，有5辆公务车按规定配油200升，实际配油500升，有相应副总裁批准的增油审批单，符合审批手续，但不符合"不得超过标准限额的50%"的规定。

风险：合规风险和财务风险增加。

3. 审计建议

（1）公务车辆管理使用：①尽快颁布实施《公务车辆使用费用标准与管理办法》；②进一步完善车辆管理手册系统，车管办负责随车手册模板，由各部门负责其部门内公务车的随车手册信息记录，以便提升车辆信息的管理效率；③各部门总经理重视公务车出厂的管理，严格按照公司既有的政策执行，车管办加大检查力度。

（2）加油卡管理方面：①拟定"专卡"变为"公卡"的审批程序和使用规定，提交公司执行管理委员会讨论通过后实施；②查清截至目前公司在用加油卡数量及余额、停用加油卡数量及余额，尽快处理停用加油卡并将卡内资金转入公司账户；③对加油卡总资金余额进行月度控制；④拟定《公司加油卡管理细则》及流程。

（3）在出差途中需要用现金给公务车加油时，应严格执行公司现金报销程序。

（4）考虑到部分公务车实际工作性质，而B公司距离市区较远，若按标准限额200升的50%增油，只能增加到300升，会影响正常工作，建议修改该条款，增油后的用油量新标准由主管副总裁根据工作实际情况批准。

8.2　明察秋毫：针对廉洁风险的监察工作要点

8.2.1　案例导读

问题提出

个别国企廉洁风险严重

通过分析国企领域违纪违法案件有关人员的职务、岗位等情况，××省纪委监委发现，无论企业规模大小，除党委书记、董事长、总经理等"关键少数"外，会计、出纳、保管员等掌握着一定权力的普通职工也容易监守自盗、以权谋私。××省纪委监委相关负责同志表示，要聚焦一把手和领导班子成员等"关键少数"以及市场营销、财务管理、物资保管等关键岗位，严查"靠企吃企"、关联交易、设租寻租、利益输送、内外勾结侵吞国有资产等违纪违法问题，坚决铲除国有企业腐败毒瘤。

如何破解

加强企业廉洁风险防控

企业要认真分析可能存在的廉洁风险，具体描述其特征，寻找预防性策略。重点监控廉洁风险隐患和可能诱发腐败行为的条件，重点解决实际工作中存在的思想观念不正确、机制体制不完善、自查互查不彻底等方面的问题，重点推广在廉洁风险防控中能降低腐败行为发生可能性的有效做法。

知识术语

企业监察

企业监察是指在本企业主要负责人的领导下，对本企业聘任、聘用的各类工作人员实施监察，对各部门和下属单位遵守国家的法律、法规，贯彻执行企业的规章制度、指令的情况进行监督检查，对各单位生产经营过程和管理流程进行监察，保证依法经营管理，促进管理干部和关键岗位人员廉洁自律，以保障企业利益不受损害。

8.2.2　基于风险防控的监察工作方式

1. 立案查办

对风险防控问题达到立案标准的，及时办理相关手续，运用有效的手段和方法调查取证，进行定性分析，形成调查报告，并在其职权内进行处理或交由具有相应处理处罚权力的机构，由其研究处理处罚决定。

2. 信访核查

信访核查是指监察部门对符合规定的发现风险来信来访进行接收和处理。对员工或有关群众的来信来访，依照有关规定及时进行处理，要认真进行核查，该反馈的要按照程序实施，达到立案标准的，要办理好相关移送手续。

3. 受理举报

国内外经验表明，举报是迄今为止揭露违法违纪行为最有效的途径之一。在我国，监察工作获得的线索大部分来源于举报。监察部门应适当设置举报电话、电子邮箱等，收到举报后，要及时进行处理。需要注意的是，组织要制定有关员工及第三方人员举报的保护制度，为举报人设置合理的保护机制，明确规定有效的救济程序，强力抑制报复性行为。

4. 警示教育

前车之覆，后车之鉴。企业领导干部腐败的经历和惨痛的教训是一部部活生生的教材，警示教育具有强大的震慑力，是监察工作的一种有效的事前监督方式。经常有人提醒，保持警钟长鸣，就能减少企业领导干部职务犯罪。

5. 廉洁文化

要实现有效监督，就要促进反腐倡廉与企业文化的深度融合，实现廉洁理念与企业文化的对接，使监督建立在企业各级领导干部严格自律、加强自我约束的道德规范的基础上。因此，企业要大力倡导"以廉为荣，以贪为耻"的廉洁文化，努力培育廉洁从业、诚信守法、行为规范、道德高尚的文化理念，使廉洁理念内化于心、固化于制、外化于行。廉洁文化建设越来越成为纪检监察工作的重要方式。

8.2.3　基于风险防控的监察工作结果的处理

1. 整改落实

（1）立行立改

立行立改是指在监督过程中，监督对象及有关人员对风险问题进行深刻认识，并积极采取措施消除负面影响。效果经过内部监督人员确认后，可将立行立改情况进行反映，如果属于对组织影响不大的问题，可不再在报告中反映。

（2）限期整改

内部监督机构在发出风险防控监督报告的同时，签发整改通知书，明确整改落实期限，监督对象（或其所在单位）应在限期内（一般不超过3个月）将问题整改及建议落实结果报备。

（3）举一反三

对于组织中可能存在的倾向性、典型性的风险问题，监督对象不仅应对查出的问题予以整改，还应在其他可能出现的地方进行排查，逐一整改，并制定相应的制度，防止类似的问题再发生。

2. 公开披露

（1）通报批评

内部监督机构根据风险防控监督检查发现的问题，以书面文件的形式在一定场合范围内公开指出监督对象及相关责任人的错误，目的是希望监督对象及相关责任人吸取教训，引以为戒，同时也警示其他人员。

（2）结果公告

内部监督机构经过风险防控监督检查后，将内部监督报告的主要内容在一定范围内进行公告，以扩大监督的影响力，形成震慑作用。结果公告一般对同一类情况的监督检查要一视同仁，忌讳选择性地进行结果公告。

（3）会议反馈

内部监督机构经过风险防控监督检查后，将内部监督报告的主要内容以会议的形式进行反馈。一般对重大的、综合性的监督检查（如巡视、巡察等）采用这种方式，能起到较好的警示教育作用，推进整改工作的有效实施。

3. 责任追究

（1）经济处罚

有关责任人的行为给组织造成经济损失的，应当给予相应数额的经济处罚，以弥补其对组织造成的经济损失。如在限期内未能完成整改的，内部监督机构应将相关信息报送至组织有关职权部门，并经有关程序批准后对有关责任人予以经济处罚。

（2）行政处分

内部监督机构对监督对象履行职责过程中存在风险问题所应当承担的直接责任、主管责任、领导责任，应当区别不同情况做出界定，对其应当承担责任的问题或者事项，要分清集体责任与个人责任、直接责任与领导责任，可以提出责任追究建议或依规进行责任追究。内部监督机构报经组织批准，依据违规性质及情节轻重可以给予警告、记过、记大过、降级、撤职、开除等行政处分。

8.2.4 监察报告

巡察是以监察为主导的一个有效的联合监督的方式，在实践中发挥了很好的作用，所以我们往往把巡察报告作为监察报告的一种特殊形式展现。这里以对某企业巡察的报告为例。联合监督综合性强，现在国有企业采取的巡视巡察的方式就是一种联合监督的有效方式，它实质上是对企业的一次综合会诊，有利于风险防控第三道防线作用的发挥。国有企业巡视巡察在企业党组织的领导下，一般由监察部门主导，联合内部审计、法务及有关业务部门实施，抽调各方面的专业人员，耗时长达 2 个月左右，力度强、效果好。

示例：

巡察组关于巡察 TRT 科技公司党委的情况报告

根据集团党委的统一部署，2020 年 8 月 6 日至 9 月 30 日，巡察组对 TRT 科技公司党委开展了巡察。现将巡察情况报告如下。

1. 基本情况

TRT 科技公司是 TRT 集团旗下集产供销为一体的高科技现代化中药企业，于 20×0 年 3 月组建，同年 10 月在中国香港联交所上市，目前总市值约 60 亿港元。TRT 科技公司以浓缩丸、胶剂、液体制剂等中成药产品为核心，形成了以生产、销售中成药为主，以生产、销售中药日化用品和种植中药材为辅的经营格局。近年来，TRT 科技公司党委不断强化党的政治建设，聚焦公司经营发展，实现了国有资产的保值增值。

2. 巡察发现的主要问题

（1）贯彻落实党的领导、决策部署不到位。

①把党的领导融入公司治理不到位。（详细情况略）

②意识形态工作责任制贯彻落实有差距。（详细情况略）

（2）高质量发展乏力，经营风险问题突出。

①创新驱动不足。公司党委对科研创新不重视，对公司可持续发展谋划不足。销售收入严重依赖少数重点品种，如安宫牛黄丸、阿胶、六

味地黄丸、牛黄解毒片、感冒清热颗粒等，上述产品在市场上同其他药企同质化严重，市场需求有限，难以实现突破。单品销售过亿元的品种明显呈减少趋势，个别品种一旦发生波动，对企业销售额将产生较大影响，如支柱型品种阿胶，2018年的销售额与2017年相比下降2.2亿元，利润也由盈转亏，2018年亏损1.15亿元，2019年亏损0.61亿元。对"传承精华、守正创新"指示精神落实不到位，落实TRT集团明确的"重点发展以提取为主的创新型中成药产品"定位有差距。存在"功不在我"心态，对新药研发、临床试验工作投入不足，支撑公司持续发展新增长点不明确。2016—2019年TRT科技公司研发投入为2.9亿元，占营业收入比重为3.5%左右，低于国资委对高新技术企业应争取达到5.5%的要求。科研工作集中于对经典名方、名药进行二次科研和品种工艺优化、标准提升等方面，研发工作对公司经济增长没有形成有力支撑。

②失管失控问题突出。长期以来对合资合作企业缺乏有效的监管措施，违法违规经营问题突出，失管失控现象长期得不到彻底扭转。TRT兴安保健科技有限责任公司，派出的董事长及财务、质量管控人员形同虚设，董事长被架空，财务和质量管控人员被安排在其他楼层办公，公司完全由合作方总经理控制。TRT化妆品公司未经批准擅自以委托方式生产、销售牙膏、眼贴、漱口水、紧润露等董事会明确坚决停止生产的产品，并伪造授权书违规开办天猫品牌旗舰店等，公司处于失控、失管状态。

③品牌保护存在较大风险。合资企业严重透支TRT品牌，造成舆论舆情引发重大风险。TRT兴安保健科技有限责任公司在产品立项、备案和商标注册使用等环节存在严重违规，老北京足贴等32个产品未在TRT科技公司产品立项或产品质量备案；艾脐贴等18种产品的委托生产未获TRT科

技公司授权批准等；兰色视界护眼贴等 13 个产品所用的"内廷上用"商标违反 TRT 科技公司制度；"YMT"商标未通过 TRT 科技公司批准自行注册。TRT 科技公司违规与某集团开展合作，涉嫌以传销模式销售未经集团公司立项审批、产品备案、品牌授权的"TRT 燕麦营养代餐饼干"，并于 2019 年 2 月 14 日引发舆情事件，违反了 TRT 科技公司《关于进一步加强品牌管理工作办法》的规定。

④公司内控管理不科学。一是总部管理机构臃肿，效能不高。TRT 科技公司目前设有行政管理部室 23 个，较 TRT 集团部室多 13 个。二是资产管理不规范。固定资产管理制度混乱，固定资产管理相关制度共有 9 个，没有统筹形成整体，且长期未进行修订完善。招标采购工作执行《TRT 科技公司采购管理规定》不严格。物流配送中心 2019 年药品运输服务沿用 2016 年 10 月的招标结果未重新招标。亦庄分厂、刘家窑分厂 2016 年 1 月至 2019 年 5 月每年劳务加工费约 2000 万元，劳务用工单位是延续使用的供应商，未进行公开招标。报废包装材料处置不规范。TRT 科技公司与某纸业有限公司签订的报废包材处置协议约定由某纸业有限公司负责销毁复合材料和不可回收物，同时负责可回收物的回收，但约定出让可回收物价款与销毁复合材料和不可回收物所支付的费用之间互抵事项不明确存在履约权责纠纷风险。三是质量管理问题依然存在。2010 年上半年阿胶系列产品因质量隐患被大面积下架，累计召回 16.9 万盒，造成重大损失。截至目前，仍未出台相应从根本上解决问题的管理措施。

（3）贯彻落实全面从严治党有差距。

①主体责任落实有差距。（详细情况略）

②纪委监督责任落实有差距。（详细情况略）

③违反中央八项规定问题依然存在。（详细情况略）

（4）落实新时代党的组织路线有差距。

①基层党组织建设薄弱。（详细情况略）

②干部队伍建设薄弱，支撑公司发展乏力。一是党委研究人才队伍建设问题不足，对结合企业发展战略、前瞻性规划部署不足，对现代化企业以创造价值为导向，充分、科学量化评估干部业绩和辨识干部责任担当的工作研究部署缺失。二是干部人才队伍梯队建设薄弱，35~45 岁的中坚力量人才整体数量较少，专业型、研发型人才比较缺乏，人才队伍断档，尤其是生产领域的关键岗位、关键环节，掌握 TRT 精湛制药技艺的技师、首席员工普遍年龄偏大，支撑公司发展乏力。三是激励机制不健全，缺乏科学的考核评价机制，未能完全做到奖罚分明、拉开差距，存在"干多干少差距不大"的现状。四是系统内存在上下级亲属关系和子女在管理系统内任职岗位回避执行不到位问题，如北京 TRT 兴安保健科技有限责任公司总经理和其分公司财务总监是夫妻关系。

3. 意见建议

（1）对 TRT 科技公司党委的意见建议。

一是全面加强党对国有企业的领导，提高政治站位，充分发挥党委的领导核心作用。坚持加强党的全面领导，以党的政治建设为统领。强化理论武装，深入贯彻落实党的十九大和全面从严治党要求。认真研究落实《中医药发展战略规划纲要（2016—2030 年）》等重要行业指导性文件要求。完善党委、董事会、经理层议事决策机制，严格执行民主集中制，不断推进各项决策的科学化、民主化、制度化。层层抓实意识形态责任制落实，定期开展员工意识形态教育。二是全面贯彻新发展理念，强化内部管理，引领企业高质量发展。全面贯彻高质量发展理念，进一步理清企业发展思路、战略规划和实现途径，抓好"十四五"规划的实施。全方位提升企业现代化管理水平，不断完善企业制度体系建设，提高企业内控管理水平，加强对下属各级公司的管控，不断提升企业经营发展质量。进一步优化合资合作投资模式，完善对合资合作企业的管理机制。加强顶层设计，发展产、学、研、销深度融合的科技创新体系，加大科研投入力度，提高科研成果转化率，加快推进中医药现代化。三是全面落实"两个责任"，强化基层党组织建设，加强人才队伍建设。党委切实履行管党治党主体责任，党委主要负责人严格履行全面从严治党第一责任人的责任，坚持党的领导、加强党的建设，加强全面从严治党，层层传导压力。督促班子成员认真履行"一岗双责"，切实抓好职责范围内的全面从严治党工作，加强对分管领域的工作指导和督促检查，落实全面从严治党要求，坚决做到"两个维护"，真正把全面从严治党要求落到实处。强化监督执纪问责，抓好党风廉政建设，充分运用监督执纪"四种形态"，做到监督执纪全覆盖、零容忍，切实履行监督责任。结合典型案例及身边人、身边事开展常态化警示教育，以案为鉴，警钟长鸣。系统性、科学性规划实施人才队伍建设，大力加强人才吸引、培养、评价、激励等，有效支撑企业高质量发展。加大对基层党建工作的指导、督促、检查、考核力度，提升基层党建规范化建设水平。党委要切实做好巡察整改工作，班子成员及各级领导要主动认领整改问题，以崇高的政治责任感与国企使命担当完成整改任务。

（2）向 TRT 集团党委提出的建议。

建议 TRT 集团党委以抓好本次巡视巡察整改工作为契机，强化对 TRT 科技公司党委全面从严治党的领导和指导，持续深入学习落实党的十九大和全面从严治党要求，完善全面从严治党体系，落实全面从严治党责任，充分发挥党委领导核心作用，强化党建工作与生产经营的深度融合。

（3）向 TRT 集团纪检监察机构提出的建议。

建议 TRT 集团纪委督促指导 TRT 科技公司党委、纪委尽快完善联合监督机制，加强与审计、专项检查等工作的联动，强化监督执纪问责，着力推动全面从严治党向纵深延伸。要把督促 TRT 科技公司巡察整改任务落实作为日常监督的重要内容，对整改不力、敷衍塞责，坚决不护短、不手软，该问责的问责。

（4）向 TRT 集团党委组织部提出的建议。

建议 TRT 集团党委组织部督促指导 TRT 科技公司党委，尽快系统性、科学性规划实施人才队伍建设工作，尽快大力加强对干部、专业人才的培养，建立健全激励机制，严格执行回避制度。

8.3 监市履狶：监事监督是形成合力的重要方式

8.3.1 案例导读

问题提出

监事失职被处罚

2021 年 11 月 12 日，作为中国首单特别代表人诉讼（也称"集体诉讼"）案件，KM 药业案一审判决出炉，5 万余名投资者获赔 24.59 亿元。广州市中级人民法院（以下简称"广州中院"）判决结果显示，KM 药业作为上市公司，承担 24.59 亿元的赔偿责任；公司实际控制人马某夫妇及邱某等 4 名原高管人员组织策划实施财务造假，属故意行为，承担 100% 的连带赔偿责任；另有 13 名高管人员按过错程度分别承担 20%、10%、5% 的连带赔偿责任。同时，KM 药业的审计机构广东某会计师事务所，因未实施基本的审计程序，严重违反了相关法律规定，导致 KM 药业严重财务造假未被审计发现，被判决承担 100% 的连带赔偿责任。广东某会计师事务所合伙人和签字会计师杨某在承责范围内承担连带赔偿责任。

如何破解

监事应当认真履职

KM 药业 19 名董事、监事、高管，还有年报审计机构及签字会计师等承担全部或部分连带赔偿责任。这被视为中国资本市场史上具有开创意义的标志性案件。

知识术语

公司监事

公司监事是公司治理结构的重要组成部分，也是公司"三会一层"的重要组织机构，监事作为公司监事会（规模较小的企业可不设监事会，但依据《公司法》应当设监事）的成员，属于公司的高级管理职位。在公司治理中，监事机构分为公司股东（大）会、董事会、监事会等"三会"和经理层。

8.3.2　监事的职责与风险防控

公司监事会是《公司法》及公司章程规定的公司最高监督机构。监事会或监事具有以下职权：检查公司财务；对董事、高级管理人员执行公司职务时违反法律、行政法规、公司章程或者股东（大）会的行为进行监督，并可以提出罢免董事、高级管理人员的建议；当董事、高级管理人员的行为损害公司的利益时，要求董事、高级管理人员予以纠正；监事列席董事会会议，提议召开临时股东（大）会会议，向股东（大）会提出提案；对执行公司职务时违反法律、行政法规或者公司章程的规定，给公司造成损失的董事、高级管理人员提起诉讼；发现公司经营情况异常，可以进行调查，必要时，可以聘请会计师事务所、律师事务所等专业机构协助其工作，费用由公司承担；等等。公司监事会或者监事在履行职责时，有权力要求董事、高级管理人员提供相应的资料，以了解公司的情况，确保正确有效地履行职责。董事、高级管理人员应当如实地向监事会或者监事提供有关情况和资料，不得妨碍监事会或者监事依规定履行职责的行为。为确保《公司法》规定的落实，公司章程应细化落实。公司也可以专门就监事会或者监事如何履职制定细致的办法及其流程，以便于公司治理运作关系畅通。规模较大的公司可以设置监事会办公室，配备监事会秘书，承担监事会的日常管理工作。有的企业集团为了强化对下属单位的监事工作的统一管理和发挥实质性作用，还设置了专职监事工作办公室。基于工作内容的同质性，有的企业集团将其合并在一起。监事会的优势在于法律地位高，在风险防控第三道防线中层级最高，而劣势在于自身可运用的资源少。

8.3.3　基于风险防控的监事监督工作方式与结果处理

1. 监事工作的主要方式

（1）出席监事会会议

监事会应当依据《公司法》及公司章程的规定定期召开会议，监事不得无故缺席。公司应在公司章程中规定规范的监事会议事规则，明确监事会的议事方式和表决程序，以确保监事会的工作效率和科学决策。监事会依据其职权对其重大事项进行表决，形成决议，并督促执行。监事会可要求公司董事、经理及其他高级管理人员、内部及外部审计人员列席监事会会议，回答所关注的问题，可以将风险防控中的重大事项列入监事会议题。

（2）参加股东（大）会，列席董事会、总经理办公会、党委会及其他相关专题会

对监事职责范围内的重大事项，监事应当及时掌握情况，通常以列席相关重大会议的方式来了解。在会议中，如出现重大问题或重大发现，并可能导致公司损失的，监事应当予以质疑、警示，以避免不利事项的发生或促进

管理当局采取相应的应对措施。股东（大）会在报告监事会工作时应当将其在风险防控中发挥的实际作用进行列示。

（3）调查

监事会发现公司经营等情况异常，尤其涉及重大风险问题，可以进行调查。必要时，可以独立聘请律师事务所、会计师事务所等专业性机构协助其工作，提供专业意见，由此发生的费用由公司承担。监事会的监督记录以及财务或者专项检查的结果应成为评价董事、经理及其他高级管理人员是否勤勉尽责的重要依据。董事、经理及其他高级管理人员应当如实向监事会提供有关情况和资料，不得妨碍监事会行使职权。监事会对董事会建立与实施内部控制及风险管理情况进行监督。

2. 结果处理

（1）提案

内部监督机构对财务出现的重大风险问题以及董事、经理及其他高级管理人员存在违反法律、法规或公司章程并造成公司风险损失的行为，可以以提案的方式向董事会、股东（大）会报告。

（2）起诉

依照《公司法》和公司章程的相关规定，对执行公司职务时违反法律、行政法规或者公司章程的规定，给公司造成重大风险损失的董事、经理及其他高级管理人员，监事会有权对其提起诉讼。

8.3.4　监事报告

以 GS 公司年度监事报告为例。监事要发挥更好的作用，只有设立监事办这样的具体办事机构，监事的履职能力、领导水平才能更好地施展，否则会成为空架子。该公司监事领导下的监事办每年在检查的基础上出具的年度报告体现了监事监督的价值。

示例：

GS 公司年度监事报告

根据 GS 公司《监事会工作规则》和《监事工作报告编制规定》，现将 GS 公司 2016 年度监事报告情况如下。

1. 监事工作开展情况

2016 年年初，监事会所有监事出席了 GS 公司股东（大）会和董事会各一次，召开监事会一次并选举监事会主席。监事会于 2016 年一季度通过发放调查表及访谈职能部门（包括经营部、组织人事部、资产财务部、科技质量部、总工办及办公室）、非法人单位和下属法人公司负责人，对工业设计院的基本情况、业务发展、相关风险和内控强弱点等进行了了解。监事会 2016 年列席了 GS 公司所有重大会议，共列席了总经理办公会 16 次、党委会 10 次和职代会 2 次（其中一次审议改制前退休在世职工住房补贴和改制后职工企业年金方案）。

2. 公司概况及行业发展情况

（1）公司概况。

GS 公司是具有机械、建筑、冶金行业设计甲级资质，工程咨询、工程监理、工程总承包、工程招标代理机构甲级资质，城市规划编制、市政公用行业设计、化工石化、医药行业设计、环境污染防治工程设计乙级资质，施工图设计文件审查机构认定书及中华人民共和国对外承包工程经营资格证书的综合性设计研究院。GS 公司原名 GS 研究院，成立于 1961 年，2016 年年初已改制成为国有控股的股权多元化公司，注册资金 2.28 亿元，其中 A 集团占 40%，B 集团、C 集团、D 集团各占 20%。

截至 2016 年年末，GS 公司设有 6 个职能部门、市内 8 个院所、市外 10 个分院和 4 个全资或控股子公司，共有职工 908 人。GS 公司本部在职人员中 85% 为工程技术人员，其中具有高级职称的有 108 人，各类一级注册资格人员 171 人（同时具备高级职称及注册资格的人员有 57 人），具有中级职称的有 129 人。GS 公司职工平均年龄为 39 岁，本科以上学历占 83%。成立 55 年来，GS 公司已完成国内外工程设计和规划 5000 余项，承担了大量产业发展规划咨询、园区规划、设计及建设管理，机械、汽车、医药、电子、冶金、轻工、建材、食品等行业的工业项目设计，宾馆、体育场馆、学校、医院、公寓、别墅和住宅等民用项目设计，以及亚洲、非洲等国外建设项目，诸多工业与民用建筑工程的监理、项目管理及总承包，获国家、省部级优秀设计奖、科技成果奖百余项。GS 公司秉承精心设计、周到服务、科学管理、持续改进的质量方针，通过 GB/T 19001—2008/ISO9001：2008（2017 年废止）质量管理体系认证。

（2）行业发展情况。

GS 公司主要业务面向工业建设工程的咨询、设计、工程管理、工程监理、工程总承包等服务类市场，同时兼顾政府咨询服务及民用建设工程上述服务类别。GS 公司业务发展受外部环境因素的影响比较大，主要有：经济发展大环境；政府对工程建设的管控力度及产业布局规划，以及工业建设市场导向原则和相关法律法规、支持政策的制定；重点工业产业发展趋势、产能情况、地区工业定位及投资力度等。

自 2013 年起本市工业产业进入全面调整时期，工业建设进程放缓，导致 GS 公司主要业务份额的工业建筑市场萎缩。2014 年本市产业调整方向进一步明确，国家大力推进京津冀协同发展进程，本市原有工业发展受到制约，且产业发展政策不明朗，全年工业项目立项审批停滞。基于上述对行业发展情况的分析，GS 公司适时进行业务市场转移，顺应环境寻找新的发展契机，依托大型制造型国有企业及政府投资，走出北京，面向全国，并努力寻求国际商机。

3. 财务及经营情况评价

（1）年度经营指标完成情况。

2016 年，GS 公司按照 A 集团的工作部署，充分发挥专业优势，以服务求生存、谋发展，在积极进取中取得了较好的成绩，扭转了前两年没有完成经营目标的状况，比较好地完成了 A 集团下达的年度考核指标，显示出改制重组融入 A 集团的改革红利。年度经营指标完成情况如表 8-1 所示。

表 8-1　年度经营指标完成情况

项目	目标值	完成值	完成率	增长率
合同	90 400	115 000	127.21%	10.51%
收入	81 300	85 000	104.55%	21.43%
利润	3800	4000	105.26%	14.94%

（2）财务评价。

①财务状况。2016 年年末资产总额 104 790 万元（合并口径，下同），比年初增加 27 027 万元，增幅为 34.8%。其中：流动资产 69 658 万元，比年初增加 4012 万元；非流动资产 35 132 万元，比年初增加 23 015 万元。年末负债总额 67 571 万元，比年初增加 3710 万元，增幅为 5.8%。年末所有者权益 37 219 万元，比年初增加 23 317 万元，增幅为 167.7%，增幅较大，增值主要由本年度转企改制评估增值 2 亿元转增资本以及年度经营增值构成。

②盈利能力。GS 公司净资产收益率在 2014 年度为 23.62%，2015 年度为 21.52%，2016 年度为 12.8%，降幅较大。下降的原因为 2016 年改制评估增值 2 亿元计入资本公积，导致净资产大幅增加，净资产收益率大幅下降，但仍高于 6% 的行业平均水平。总资产报酬率在 2014 年度为 4.38%，2015 年度 4.41%，2016 年度为 4.38%，三年基本持平，高于行业 2.4% 的平均水平。GS 公司净资产收益率和总资产报酬率最近三年均高于同行业，说明财务效益持续稳定向好。

③营运能力。GS 公司总资产周转率在 2014 年度为 1.13 次,2015 年度为 0.89 次,2016 年度为 0.94 次,高于行业 0.3 次的平均水平。应收账款周转率 2014 年度为 27.27 次,2015 年度为 16.4 次,2016 年度为 13.58 次,高于行业 2.9 次的平均水平。GS 公司近三年的总资产周转率和应收账款周转率明显高于行业平均水平,说明资产状况较好,营运能力较行业平均水平强。而应收账款周转率虽然大幅高于行业平均水平,但明显回落,说明 GS 公司要加快应收账款催收进度,增强呆坏账风险防范意识,规避坏账损失的发生。

④偿债能力。GS 公司资产负债率在 2014 年度为 83.39%,2015 年度为 82.12%,2016 年度为 64.5%,呈下降趋势,2016 年略低于行业 65.0% 的平均水平。2014—2015 年资产负债率较高,是援建项目收取的大笔专项应付款引起的,2016 年资产负债率略低于行业平均水平,主要是新建办公大楼转固定资产及其评估增值引起的非流动资产大幅增长引起的。目前,GS 公司资金充足,基本不对外举债,债务利息很少,已获利息倍数数值高。因此在传统模式下,GS 公司具有较强的偿债能力。但是,随着新兴经营模式 EPC(设计—采购—施工管理总包合同)的发展,GS 公司将会面临业主欠款、分包催款的资金风险,偿债能力不容乐观。

⑤发展能力。GS 公司营业收入增长率在 2014 年度为 −17.83%,2015 年度为 −22.09%,2016 年度为 21.84%,扭转了连续两年下滑的趋势,高于行业 3.5% 的平均水平。GS 公司的经营增长能力显著改善,营业收入增长率 2014—2015 年连续两年走低,是因为最近几年全国经济继续减速,整体维持下行趋势,实体经济不振,加工制造业产能过剩,产业结构调整举步维艰。2016 年转企改制后,GS 公司积极转型,大力拓展工程总承包业务,依托大股东,努力拓展京外、境外业务,新签合同数量及经营收入大幅增长,实现了较快的增长。资本保值增值率在 2014 年度为 126.44%,2015 年度为 104.17%,2016 年的资本保值增值率达到 267.7%,比 105.7% 的行业平均水平

高出 162 个百分点，剔除 2 亿元评估增值的非经常性因素后，2016 年度的资本保值增值率为 123.9%，仍比行业平均水平高出 18.2 个百分点，较好地实现了国有资本的保值增值。GS 公司业务范围包含设计、咨询和项目管理三大类，收入稳定，其规模及知识管理能力在同行业居中等水平，现处于转型变革的关键时期，未来发展空间较大。

（3）经营评价。

①决策程序及执行情况。2016 年 9 月召开第一届股东会、董事会、监事会，通过了增资等议案。GS 公司依法依规召开党委会、总经理办公会、职代会，"三重一大"决策程序合规，并得到有效执行。GS 公司重大会议采用会议记录而非会议纪要的方式，并且对会议决策事项没有采取严格的督办机制，影响了执行力。

②年度投资计划及重大投资项目执行情况。GS 公司对三家全资子公司在人财物方面进行了集中监管。对于控股首建项目管理有限公司，GS 公司占该公司 48% 的股权，为第一大股东，2016 年该公司收购某造价咨询有限公司 35% 的股权（为第一大股东，另外的股东分别为 4 个自然人），弥补了在造价咨询缺乏甲级资质的短板。该收购事项未及时履行 A 集团审批程序。

③内控制度及执行情况。GS 公司制度体系较为完善，制定了《财务管理制度（试行）》《重大项目管理及考核办法》《设计图签和扉页系列使用规定》《ERP 总承包项目管理办法（试行）》等规章制度，流程也较为规范，内部控制体系设计与运行的有效性较强，有一名审计专员负责抽查，2016 年没有发现重大缺陷。

④技术进步与创新。2016 年 GS 公司完成理正管理信息系统二期建设，建立了财务预算与支付系统，财务管理信息化工作取得实质进展。2016 年 GS 公司获得高新技术企业资格认定，荣获 1 项中国土木工程詹天佑奖，

完成申报发明专利 2 项。组建 BIM（建筑信息模型）核心团队，搭建私有云平台，积极加快 BIM 技术的应用推广，将提升公司技术与管理水平、盈利能力和核心竞争力，为重点打造的新兴经营模式 EPC 提供有力的技术保障，在市场竞争中实现持续稳定发展。

⑤市场竞争分析。GS 公司同行业主要竞争对手有：某工业工程公司（市场占有率约为 30%，主要市场为河南、河北、江西、湖南、广东、福建等）；某工业第九设计研究院有限公司（市场占有率约为 10%，主要市场为吉林、辽宁等）；某设计研究院有限公司（市场占有率约为 15%，主要市场为湖北、湖南、安徽、广东等）；某机电设计研究院有限公司（市场占有率约为 10%，主要市场为浙江、江苏等）。GS 公司自身人力组织成本较高，同行业内取费也较高，在本市以外的设计、咨询、工程总承包等市场不具备价格竞争优势。设计咨询行业公司众多，水平参差不齐，GS 公司主要面对的工业设计及工程总承包市场准入门槛相对较高，尤其是高端机械加工产业的设计工程，市场潜在竞争对手相对明确和集中。

⑥持续经营能力。GS 公司业务经营能力属于同行业内中等水平，服务输出质量良好，经过多年的市场细分和业务锻炼，经营业务种类相对固定并适应自身情况和市场情况。GS 公司改制后依托 A 集团、B 集团、C 集团、D 发展集团四大股东，形成了较为稳定的业务市场，同时紧抓京津冀一体化等政策导向机遇，紧密跟随政府和四大股东走出原有市场，主体公园项目和咨询业务的市场化运作取得成功，在京津冀、苏锡常、云南等地开展营销网络的搭建，具有较强的持续经营能力。

4. 存在主要问题、需关注的重大事项和建议

（1）企业文化的培育。GS 公司能树立助推 BQ 集团发展、服务 A 集团建设的战略思维，得益于自身良好的文化积淀，党建基础较好。但未能形成具体化、体系化的企业文化，体现 A 集团的文化还不多。GS 公司改制后要

从理念进行实质性转变，形成良好的企业价值观，要着手研究确定 GS 公司的使命、愿景，以及逐步建立健全与 A 集团倡导的精神等相融合并具有自身特点的企业文化体系。

（2）业务的拓展。GS 公司以 A 集团建设项目为载体，大力推进服务转型，构建联动机制，业务发展稳中有进。设计与项目管理业务 A 集团占大部分，其他股东业务较少。GS 公司今后要不断改变业务面狭窄的局面，提高市场占有率。在服务好 A 集团并争取其他三家股东业务的同时，要积极走向外地市场。设计要从工业设计拓展至民用设计，咨询要从项目咨询拓展至投资咨询，工程项目管理要从传统模式拓展至新兴模式。GS 公司在技术方案优化、模块化设计、限额组织设计、工程造价控制、工程总承包管理等关键环节的短板还比较明显，新兴经营模式如 EPC 亟待在实践中改进。尤其是海外项目 EPC 管理，要建立健全流程，配备充足的人员，强化考核激励，更好地满足业主需求。

（3）财务管控水平的提升。GS 公司会计核算规范，财务控制比较严格。目前财务管理状况还比较局限于事业单位的思维方式，偏核算与结算，财务与业务的相互促进机制尚未有效形成，财务工作岗位的层级和待遇还比较低，财务人员业务素质普遍不高，难以适应改制后的经营管理方式方法。GS 公司要从会计核算的视角转移至资源统筹的视角，设置专司财务的高层领导，实施全面预算管理，强化财务与业务的衔接，寻求与 A 集团财务公司在资金融通上的合作共赢，提升生财、用财、聚财的能力。

（4）后备人才的培养。GS 公司经过长期的发展，具备一定数量和结构的各类人才，但面对新业务、新模式，各专业人员配置需进一步完善，高水平人员不足，综合实力还不强，对规模较大的项目难以形成有效的工作团队。GS 公司中高层领导干部44人，平均年龄达50岁，新生代严重缺乏，要不断优化干部的年龄结构、知识结构、个性结构等，采取有效措施加快后备人才的培养，特别是稀缺人才的引进。

（5）知识管理体系的建立。GS 公司业务定位较为明确，市场细分工作逐渐深入，职工对承接的业务有一定的熟练度，基本能够胜任所承担的工作。业务的发展与维系需要知识的支持，GS 公司要围绕知识经济建设，全员参与，构建 BIM 工作室、知识交流群、知识档案、技术创新激励机制、专利库、"互联网 +"等知识管理体系。当前 GS 公司技术档案为纸质档案和电子档案双轨并存，档案利用以纸质的图纸及文件为主，电子档案存储在公司服务器上，未全部形成数字化信息管理。为此，GS 公司要积极推进数字档案系统建设，为知识管理打好基础。

（6）分支机构的清理。过去因为业务的需要，GS 公司在全国主要业务点设立了 10 家分院，但所占业务比重小，问题较多。为此，GS 公司要积极应对京外各分院的管控风险，尤其是或有负债和法律风险，权衡得失，对业务萎缩或失控的分院要及时清算，加大对分院的管理力度，完善分院设立、管理的具体办法。另外，对其参股公司某区域合作投资有限公司要依法及时掌握情况，适时评估并妥善处理。

（7）研发设计大楼等手续的完备。大楼所处地理位置好，交通方便，建设顺利，已投入运维两年，较好地提升了工业院的形象，但尚未缴纳土地出让金及未办理房产证。GS 公司要确保大楼手续合法合规，与 A 集团有关部门商量筹措资金缴纳土地出让金，加快办理房产证，以更好地发挥其在品牌宣传、实力保证及业务发展等方面的积极作用。另外，对收购等重大事项，GS 公司要依照 A 集团有关制度及时办理审批或备案手续。

（8）内部监督能力的增强。GS 公司认真落实市国资委审计整改工作，内部监事工作得到强化。工业院要进一步整合审计、监察等监督资源，结合自身实际，并与 A 集团有关政策相对接，树立合规意识，完善内部控制，建立健全全面风险管理体系。会议决策事项应有会议纪要，并建立督办机制，强化决策事项的执行力。在自身审计资源有限的情况下，依照内部审计职业道德及准则要求，GS 公司可委托 A 集团审计部或聘请会计师事务所对其下属单位或有关事项实施审计。

5. 对董事及高级管理人员勤勉尽责的评价

（1）董事。

①董事长某某。（详细情况略）

②董事某某。（详细情况略）

…………

（2）高级管理人员。

①总经理某某。（详细情况略）

②副总经理某某。（详细情况略）

…………